資賦優異教育概論

王文科　主編

謝建全　于曉平　王木榮
侯禎塘　蔡桂芳　李偉俊　著
賴翠媛　胡永崇　黃世鈺

五南圖書出版公司 印行

主編序

　　依照《特殊教育法》之規定，我國特殊教育雖然分成資賦優異教育和身心障礙教育兩大類，但是在國內特殊教育界，資賦優異教育算是較不受重視的一個領域。然而，一個國家國勢之興衰，與該國資賦優異人才是否受到發掘與培育，使人盡其才，有密切的關聯性。

　　如何找到資賦優異者，進而提供合宜之教育安排，使其能在正規教育體制下，接受培育，充分發揮其潛能，俾將來學有專精，貢獻所學於社會，使自己和社會同蒙其益。乃是探討資賦優異教育者，必須面對的重要課題。

　　任何教育領域的發展，有其奮鬥歷程的過去，充滿挑戰的現在，以及富有前景的將來。是以本書就以資賦優異教育的過去、現在與將來切入。又資賦優異教育之實施，欲達成理想的目標，有賴國家政策的導引、學校的積極辦理、家長的主動投入和支持，以及社會的重視和共襄盛舉，始能圓滿達成任務，是以如何對資優生進行鑑定和評量，乃是辦理資優教育的第一步，又為了避免遺珠之憾，甄選出資賦優異學生之後，如何安排適當課程，提供妥適的生涯輔導，使他們在求學過程之中，其認知和情意發展，得以順暢，當然有賴完備的資優教育體制的實施。又出自不同社經背景或受到文化歧異等因素制約的學生，常無法順利接受完整的資優教育安排，或現行教育體系未能提供合宜的教育服務，以啓迪其潛能，如何去鑑定這些比較少數弱勢族群的資賦優異者，輔以適當的輔導措施，促使他們得以順利發展和成長，也是亟需寄予重視的議題。

　　Howard Gardner於1983年提出的多元智力理論（theory of multiple intelligences）中，曾做出以下結論：即每個人均擁有全部的智力；任兩個人擁有的智力剖面圖不會完全相同；身具有某種智力的人，並不意味著他必然在該種智力的表現優異。換言之，任

何學生（包括資優學生在內）有其學習需求、興趣、優勢和缺點，施教機構和施教者應充分考慮其發展潛能，提供新穎與廣泛之學習機會，使其能發揮所長，最終不但可以達成自我實現之目標，也會發揮對社會人類的貢獻。是以本書配合國內法規對資賦優異教育的分類，分別探索培養其領導才能、創造力、思考技能等能力的教學。

至於資賦優異學生的親職教育、課程模式、加速和充實方案的規劃、以及能力分組的教學安排，均為資賦優異教育不容忽視的一環，本書均列有專章，分別作深入的分析。

本書各章的撰寫者，均屬國內資優教育領域研究的佼佼者，集體合撰本書，令人感佩。希能為國內資優教育的認知和推展，有所貢獻。

本書各章不但可各自形成一個獨立的單元，有其自身的完整性；且各章間也顧及其先後的銜接關係，具有延續性。

本書得以順利出版，要歸功於五南圖書出版公司陳念祖副總編的積極擘畫，該公司全體同仁的同心協力，以及作者群的鼎力支持和參與撰寫，謹一併敬致謝忱。

王文科

主編者資優教育領域相關著作與技術報告一覽表

王文科（1992）。**資優課程設計**。臺北：心理。

王文科（1994）。資優低成就的學習輔導與矯治。**學生輔導雙月刊**，**38**，48-55。

王文科（1993）。**資優生長大成人後之社會成就與生活適應**。10月12日發表於超常兒童與青少年教育研究十五周年學術研討會，北京中國科學院心

理學研究所主辦，北京。

王文科（主持人）（1993）。**高中數理資優班與普通班學生次級文化之比較研究**（國科會專題研究計畫成果報告No.NSC82-0111-S-018-018）。

王文科（1994）。**資賦優異教師培育之可行途徑**。6月4日發表於中華民國資優教育實施二十周年學術研討會，國立教育資料館主辦，國賓飯店，高雄。

王文科（1994）。資優低成就的學習輔導與矯治。**學生輔導雙月刊，38**，48-55。

王文科（主持人）（1994）。**國中資優班學生家庭環境、親子關係及其人格特質相關之研究**（國科會專題研究計畫成果報告No.NSC83-0301-H-018-005）。

王文科（主持人）（1996）。**資優學生之歸因型態及其相關因素關係**（國科會專題研究計畫成果報告No.NSC85-2431-H-018-005）。

王文科（主持人）（1996）。**我國資優教育全方位發展策略之研究（二）─子計畫(7)資優學生家庭動力之研究**（國科會專題研究計畫成果報告No..NSC85-2511-S-018-023。

王文科（1997）。我國資優教育師資的問題及改進芻議。**國立臺灣師範大學教育研究所集刊，38**，24-45。

王文科（主持人）（1997）。**我國資優教育全方位發展策略之研究─五年期整合型計畫：資優學生家庭動力之研究（II）**（國科會專題研究計畫成果報告No. NSC86-2431-S-018-014）。

王文科（主持人）（1997）。**資優學生的他人期望知覺與壓力感受及成就動機之關係**（國科會專題研究計畫成果報告 No. 86-2431-H-019-009）。

王文科（1999）。我國高中資賦優異學生家庭動力之研究。**特殊教育學報，13**，97-153。

王文科（主持人）（1999）。**高中資優生情緒智力之研究**（國科會專題研究計畫成果報告 NSC88-2614-H-018-010）。

王文科（2000）。資優學生家庭動力現況之分析。輯於中華資優教育學會（主編），**資優教育的全方位發展**（99-133頁）。臺北：心理。

王文科、林家宇（1995）。資深優良特殊教育教師之生涯歷程、人格特質及其相關因素之研究。**教育研究資訊雙月刊，3**(4)，1-25。

王文科、陳貞蓉（1996）。國中資優班學生家庭環境與人格適應之研究。**特殊教育學報，10**，143-172。

王文科、梁仲容（2000）。自主學習者模式（ALM）的評介及其在資優教育的應用。**資優教育季刊，76**，18-29。

王文科（主持人）（2001）。**增進資優學生成為自主學習者教學方案設計及實驗研究（I）——國小階段**（國科會專題研究計畫成果報告No.89-2413-H-018-020）。

王文科（2002）。國小資優學生家長參與學校教育之研究。**新竹縣教育研究集刊，2**，25-68。

王文科（主持人）（2002）。**增進資優學生成為自主學習者教學方案設計及實驗研究（I）——國中階段**（國科會專題研究計畫成果報告No.90-2413-H-018-007）。

王文科（主持人）（2003）。**高中數理資優學生生涯發展準備度之研究**（國科會專題研究計畫成果報告No.NSC91-2413-H-018-008）。

王文科、蔡美華、張寶珠、王智弘（2003）。高中數理資優學生生涯發展準備度之研究。**特殊教育學報，18**，85-106。

王文科（主持人）、蕭金土、王木榮（2004）。**資優學生社會適應評量表**。教育部委託專案成果報告。

李宛諭、王文科、王智弘（2006）。隱喻模式融入國中資優生國文科高層次思考教學成效之研究。**資優教育研究6**(2)，79-113。

王文科、李乙明、潘裕豐、李偉俊、蔡桂芳、于曉平、蔣勇男、王小萍（2009）。繁花盛開，成材之作——「其他特殊才能」資優教育的實踐。**資優教育研究，9**(2)，145-177。

孫瑜成、王文科（2005）。國中資優學生人格特質、壓力調適與其相關因素之研究。**特殊教育學報，22**，1-34。

目　　錄

謝建全

第一章

我國資賦優異教育的發展

　　回顧人類文明的演變，國家的興盛與社會的繁榮，除了需有豐富的天然資源，更需有充沛的人力資源。多年來，臺灣在有限的天然資源條件下，已面臨一些發展上的瓶頸與困境，如何再創「經濟奇蹟」，說明了人才培育的重要性。各先進國家對於人力資源的開發，除強調量的增加外，尤其對於各領域頂尖人才的培育，甚為積極。對於資賦優異者早日發掘、適性發展，使其充分發揮潛能，造福國家社會，已是各國教育發展的重點之一。綜觀我國資優教育的發展，最初以實驗性質，在臺北市進行優秀兒童的充實教育為主，成立國小資優兒童實驗班，漸而發展為北中南區分別由當時負責培養國民小學師資的師範專科學校附設的國小進行實驗課程；而後擴增至國中及高中亦推動資優教育實驗計畫，相繼辦理資優班。延續至今，各地區各類別資優教育的發展，已有相當的規模。於此同時，因升學主義影響及資優學生進路的管道未暢通，資優教育受到誤解與扭曲，面臨一些瓶頸與挑戰。因此，本章將先就資賦優異者的定義及其特質，分別就其相關理論及教育意義，加以說明；其次，再析述我國資賦優異教育的發展，探討其演變歷程；最後，針對我國資優教育未來的發展，提出其因應對策及建議。

第一節　資賦優異者的定義及其特質

　　「資賦優異」（簡稱資優）者，主要是指在智能、社會領導、創造力及其他特殊才能的表現較優於一般人的資質與稟賦。在英文裡，以gifted與talented二者並列，加以詮釋，簡稱為資優。有一些學者，將資優稱為able learner，亦即有能力的學習者。Gagné認為資優是指未經訓練的天賦；而特殊才能則是指學習到的能力（Davis, Rimm, & Siegle, 2011, pp.17-21）。一般而言，所謂gifted是指智能方面具較高層次的表現者；而talented則是指在各項才能方面具有較特殊優異表現者。

　　早期美國是以智力商數（IQ）作為界定資優的依準，尤其是在第一次大戰後不久，L. M. Terman發展「斯比智力量表」（Stanford-Binet Intelligence Scale），智商在130或140者，稱為資優者（Kirk & Gallagher,

1994）。及至1972年美國當時的聯邦教育署長S. Marland嘗試對資優兒童予以廣泛而周延的定義，其內容如下（Marland, 1972, p.10）：

資優兒童係指那些由專家鑑定出來，具有優異能力與卓越表現者。他們需要特殊的教育計畫與服務，有別於施予一般普通兒童的教育措施，以實現其自我並對社會能有所貢獻。

這些兒童能在以下的領域裡，表現出優異的成績，或顯現優異的學習能力：

1. 普通智能（general intellectual ability）。
2. 特殊學術性向（specific academic aptitude）。
3. 創造性或生產性思考（creative or productive thinking）。
4. 領導能力（leadership ability）。
5. 視覺與表演藝術（visual and performing）。
6. 心理動作能力（psychomotor ability）。

1978年美國的《資優兒童教育法》（Gifted and Talented Children's Education Act）沿用上述定義，將資賦優異定義如下：

資優兒童或青少年係指其在學前、小學或國中階段，被確認在某些領域中具有高於一般兒童的表現能力者；這些領域包括：智力、創造力、特定學科（specific academic fields），或領導才能、視覺與表演藝術等。他們所需要的服務或活動，不是一般學校所能提供的（Section 902）。

爾後，在美國亦陸續出現一些界定資優方面的法案，例如：1981年的《97-35公法》（Sec. 582）等。然而，資賦優異者是否必然兼具「智能優異」與「特殊才能優異」二者？兩者間是否有差異？如何在概念上界定清楚？又如何以操作性定義加以釐清？有待進一步探討。

於此，針對智力、智優、特殊才能、資優等概念，分別引用一些學者的看法，加以釐清：

Cattell（1963）認為智力可分為晶體智力（crystallized intelligence）與流體智力（fluid intelligence）。前者係指獲得的知識與技能，它受文化及後天教育環境的影響，結合個人的能力與經驗的結果。後者係指非語文、不受文化影響的心智能力，通常在青春期發展（受生理結構大腦皮質影

響）接近定型。

Taylor（1978）提出「多元特殊才能圖騰柱」（multiple-talent totem poles）的論點，以較為廣泛的角度界定資優，他認為資優者的表現可藉由每一位兒童在下列幾個向度：學業性向、生產性思考、創造力、計畫能力、執行力、溝通能力、預測能力、作決定、辨識機會等方面的表現，依圖騰柱各個能力的高低，可顯示兒童的個別差異。

Gardner（1983）建議由多元智能的角度看待智力的課題，因為從一套能力與（特殊）才能的角度，最能描述人類的認知表現。因此，他提出七種智能論：語文的、邏輯—數學的、音樂的、身體運動感覺的（bodily-kineshetic）、空間的、人際的與個人內省的（intrapersonal）智能。後來Gardner（1999）另增加「自然觀察者」的智能（naturalistic intelligence）。於2001年另再新增「存在」（existential）的智能，主要強調在宇宙間給自己定位的智能，找尋生命的重要意義。每個人或多或少都具有每一種智能，這八或九種智能不僅可能獨立表現出來，亦彼此相互隱然若現。

Gagńe（1985）認為智能優異是指在智力、創造力、社交—情緒（socio-emotional）或感覺動作能力（sensori-motor ability）等方面明顯優於一般兒童者；而特殊才能優異則是指在一項或多項領域，如：美術或表演藝術等方面，明顯優於一般兒童者。因此，智能優異者並不一定是特殊才能兒童，而特殊才能優異者亦不一定是智能優異的兒童。

Sternberg（1985）認為人的智力不能僅由測驗而測出，應由人的生活環境及其面對的情境而獲得。因此提出三元智力論（triarchic theory of human intelligence），分別包括：成分說（component subtheory）、經驗說（experiential subtheory）與內容說（外在環境）（contextual subtheory）等三個向度。(1)「成分說」係指智力的內在或基本訊息處理的過程，亦即找問題答案能力（屬於歸納、批判能力），包括：後設成分（meta-components）為解決問題時，事先的計畫、評估；表現成分（performance components）則為執行後設成分所決定策略；知識獲得成分（knowledge-acquisition components）則是經歷前述過程後所產生的新知識。(2)「經驗

說」係指源自於個人內在成分與外在環境交互作用的結果，以彌補成分說在解釋智力運作上的不足，此亦即創造能力（新奇、創新能力）。(3)「內容說」係指人類認知活動中與文化、環境互動的過程，亦即適應能力（實踐、應用能力），包含調適（adaptation）、選擇（selection）及形塑新的環境（shape of real -world environment）三個階段。

　　由於上述與資優有關的定義或有重疊，或有所偏，無法在鑑定上及教學與輔導上獲得實際的應用。因此，Renzulli（1977, 1978, 1986, 2005）以較為彈性的觀點界定資優者，他提出「資優三環定義」（three-ring definition of giftedness），資優者應同時具備：(1)高於一般人的智力或特殊才能；(2)高度的工作熱忱（task commitment）；(3)豐富的創造力（creativity）。如圖1-1。

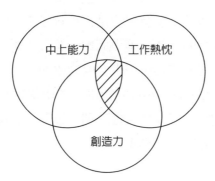

圖1-1　Renzulli資優三環論

　　綜合上述各家的論點，若要給「資優」下一個明確的界定，牽涉甚廣，吾人或許只能在範圍、性質及標準上，加以區分而已。由國外的學者們對「資優」所持的看法，不難想像其複雜性，因為其中所涉及的因素包括我們對資優者的表現、行為情境及潛能間的差異所進行的研判。它與資優者鑑定工具的使用、教育與輔導等，均有密切關係。

　　一般而言，雖然資優的定義或因學者研究興趣的不同，產生意義上、概念上及領域上解釋的差異，惟若分析其所引述或考慮的理論基礎，資優所指的內涵不外乎：(1)一般智能；(2)學術性向；(3)特殊才能、創造力、

領導才能等三個主要的面向。國內有關資優的定義，亦大都與此相似。我國修訂《特殊教育法》所規範的內容，有關資優包括一般智能、學術性向、藝術才能、創造力、領導才能及其他特殊才能方面的優異者（教育部，2004）。

歸納來說，資優不應侷限在學術任務的表現上而已，在創造性、生產性思考活動上與實際生活所需的行為表現，均是值得關注的。誠如R. J. Sternberg所倡言的「成功的智慧」（successful intelligence），係指能將學術、創意及實際生活知能三者結合為一體的生活者（Sternberg, 1996）。近年來，強調資優者的一些利他的人格（altruistic personality）及其行為，漸漸受到各界的重視。因此，真正的資優，應在日常生活中的行為上、在學校或在工作上、在與他人相處等各方面，皆有相當優異的表現。

對教師或家長而言，資優者會有哪些特質及行為表現？都值得關切。對教師而言，藉此對班級上所有學生是否具資優特質的認識，予以因材施教，因勢利導，使學生的才能，獲得適性的開展。對家長而言，亦須藉此瞭解子女是否具有資優的特質，提供必要的協助，以利潛能的開發。

David、Rimm與Siegle（2011）指出，資優學生在心智方面、情意方面與創造力方面有別於一般學生。惟下列所述有關資優生的特質，並非所有資優學生皆有，而是有其個別差異。

一、心智方面

1. 語言與思考方面較為早熟：資優學生在語言與思考方面均較同年齡兒童的發展要快，心理年齡與年紀較長之兒童相似。

2. 閱讀與理解方面較早發展：資優學生在三、四歲即會閱讀，由父母、幼教老師及周遭事物學習閱讀、識字的技能。同時，藉由豐富的字彙、文字結構的認識，增進複雜抽象的理解能力。

3. 有快速邏輯思考能力：與一般學生比較，資優學生的思考過程不但快而且很合邏輯。他們有持續的好奇心，凡事總要瞭解其因果，探究原委。

4. 在寫、算、音樂與美術方面的發展較早：資優學生在入學前，受

到父母、兄弟姊妹及一些視聽資訊的影響，較一般學生表現出強烈地準備學習、模仿的意願，對於寫字、算數及音樂、美術等藝能，均顯現特殊的才能。

5. 強烈的學習動機、毅力及興趣：資優生在這一方面所具的特質，往往表現出對事物的專注、好奇及鍥而不捨的精神。資優學生及成人，無論在學業或成就動機、毅力、挫折容忍力及對周遭事物的好奇心與積極進取等方面，皆有較優異的表現。

二、情意方面

（1-4屬於正向的特質；5-6亦可能形成負向的特質）

1. 社交技巧、自我調適及自我概念較佳：資優學生有低焦慮、沮喪及較佳的自我概念。

2. 獨立、自信及具有內控信念（internal control）：相對的，對於沒興趣的領域或課程，則有低成就學業表現。

3. 有自己偏好學習、思考與表達的型態：喜愛獨立研究、自我學習、進行思考與表達意見。

4. 具有高度幽默感、高的道德情操與同理心。

5. 心理發展衝突不平衡、人際關係因心智發展與他人不同而發生困難、對沒興趣的學科成為低成就者。

6. 過度完美主義、過度自我挑剔、自我懷疑、易於受挫及沮喪。

三、創造力方面

資優者的人格特質則包括：對創造力的意識感、自信、冒險犯難、充沛精力、好奇心、好動、理想主義與情感衝動、獨處及對美術、音樂等藝文活動、神祕科幻小說的嗜好。

除此之外，Dabrowski（1983）認為資優生在心理特質上，可能具有以下五種過度激動的傾向（overexcitabilities）：(1)心理動作的過度激動：說話快、動作快、冒險性強，但精力旺盛而有強迫性多話的傾向或神經質的表現。(2)感官的過度激動：對聽覺、視覺、嗅覺、味覺等的感覺敏

銳，但為紓解內在的緊張而尋求感官的滿足或縱慾、不能忍受噪音、不美好的事物。(3)智能的過度激動：渴望知識、好問、追求真理、思考獨特，但不滿現實與權威，批判或反抗性強烈。(4)想像的過度激動：想像力豐富，善用視覺表徵，但喜歡幻想、作白日夢、注意力不集中。(5)情緒的過度激動：人際敏感，關心他人及社會，但常有強烈而複雜的感受，因此對感情的記憶深刻鮮明，關切死亡問題、憂慮社會，可能產生心身性反應，如胃痛、焦慮、抑鬱等（張馨仁，2000）。

歸納而言，有關資優者的特質涵蓋範圍可能廣泛而多元，如國內學者毛連塭（1991）所認為的，它是一組人類優異特質的組合，若以數學公式表示，則為$G = (A \times B \times C \cdots \cdots)$，G代表資賦優異，A、B、C……代表各種優異特質。某資優者G，可能只有A特質，即$G = A$；另一資優者可能同時兼具A與B的特質組合，即$G = A \times B$，依此類推……。

事實上，部分資優學生的特質早在學前階段就已出現，學前資優兒童在其擅長的領域中表現的比同年齡、同經驗的小孩更為超前、成熟。換言之，資優學生比別人早開始學習，也學得比別人好。因此，資優學生的某些行為表現和思考方式，往往會讓人感覺他們應該比實際的年齡大一些。以學前資優兒童來說，他們通常會表現出超前他們實際年齡至少四分之一到二分之一的能力（Robinson & Weimer, 1991）。例如：一個四歲的資優兒童在其擅長的領域上，至少能表現出五歲兒童的能力。他們除了比一般人更早專精於某一個或是某些領域之外，在學習時進步的幅度也較一般兒童大，這是因為資優學生能夠在其擅長的領域，妥善運用他們的記憶、理解、分析、推理、應用等認知能力，使得他們能夠在短時間內把所吸收的知識加以統整。這些特質在資優學生的求學歷程中，如果學校及家庭可以提供適性的教育機會，資優學生的表現將比同年齡、同經驗的學生優異。

受到資優概念多元化的影響，有關資優者出現率常有不同的說法。一般而言，資優的出現率若僅以智商為推估的依據，智商160以上者約有1/100,000；智商150以上者約有1/1,000；智商140以上者約有1/100；智商130以上者約有2/100（Smith, 1998, p. 288）。事實上，由於資優的定義與人口分布的差異，資優的出現率可能會有區域性的不同。此種現象因區域

大小或某些特殊學區，可能出現懸殊比率；有些地區（例如：都會地區招收較多越區就讀的學生）出現較高的資優者的比率；有些則出現較低的比率。由此可見，依區域而言，資優者的出現率仍是一種相對的、比較的結果。

第二節　我國資優教育的發展

資優教育的發展，如前所述，先進國家除了因國家與社會發展的需要之外，主要亦可促進個人發展及教育改革的可能。就個人發展而言，資賦優異學生在班級教學型態下，面對一般程度的課程教材，也可能有適應困難的現象，而無法獲得適性的發展，因此需要因材施教，注重個別化的教學，因此，無論是能力分班（組）、分化性課程或加速，均可提高這一類「特殊教育需求」學生挑戰性經驗或充實的機會、以盡展所能（吳武典，2003）。就教育改革而言，傳統教育偏重課本的記誦，教學方式刻板。資優教育強調啟發創意思考、批判思考與實用思考，可提高教育的品質。若能普遍推廣至整個學校，可帶來革新的浪潮，教師盡皆參與，促成全校系統的改造；應用資優教育的知識，啟迪所有學生的潛能，同時亦營造出「水漲船高」（A rising tide lifts all ships）的效果（吳武典，2003）。

回顧國內資優教育的發展，迄今已有50年之久。前30年的發展，由開始辦理資優教育起，約可分為三個階段：(1)萌芽期（約從1963年至1972年）；(2)實驗期（1973年至1983年）；(3)發展期（1984年至1994年）。後20年的發展，由《特殊教育法》再修正起迄今，約可分為兩個階段：(1)重整期（1995年至2005年）；(2)轉型再出發期（2006年迄今）。因此，本節依資優教育前30年的發展及資優教育發展30年之後迄今，分別析述。

一、我國資優教育前三十年的發展

我國資優教育由開始創辦國小資優班至擴及國中、高中資優班，其發展概述如下（王振德，1994；吳武典，1994）：

1. 萌芽期：1962年第四次全國教育會議，經與會專家學者的呼籲，針對優秀兒童於1963年首先在臺北市福星國小和陽明國小分別辦理三、四年級普通班內「優秀兒童教育實驗」，進行充實課程的實驗；同年，針對特殊才能優異兒童，另於臺北縣私立光仁小學音樂教學實驗。1971年，臺灣省政府教育廳指示臺中師範專科學校附小辦理「才賦優異兒童課程實驗」，在五年級成立特殊班一班，進行國語、數學、自然三科的充實課程實驗，為期兩年，成效良好。而學者對資賦優異學生身心特質、教學方式與成效之有系統的研究，則始於1969年國立臺灣師範大學教育研究所賈馥茗教授「發展才賦教育」的研究，進行創造能力發展實驗至才賦優異者教育的探討。除此之外，教育部亦委託國立臺灣師範大學教育研究所，輔導臺北市大安、金華國中，進行「才賦優異學生教育實驗」。

2. 實驗期：此時期以1973年，教育部所訂的《國民小學資賦優異兒童教育研究實驗計畫》，最具有代表性。首先，該計畫最早在全國分北中南三區擇定若干國小，進行資優教育實驗，並指定各區師範院校負責實驗工作，為期六年（1973年至1978年）。其次，於1979年該計畫修正為《國民中小學資賦優異學生教育研究第二階段實驗計畫》，由國民小學擴延至國民中學階段，為期三年（1979年至1981年）。最後，於1982年繼續進行「第三階段」的實驗計畫，為期六年。這一系列在國民中小學辦理的資賦優異教育實驗計畫，主要的對象是一般能力優異的學生。同時，教育部亦公布《中學數學及自然學科資賦優異學生輔導升學要點》，期能發掘高中及國中階段，在數學與自然學科方面表現優異的學生，突破現行學制及高中、大學入學考試制度，以跳級報考及甄試保送方式，進入理想的學校，接受科學教育（魏明通，1996）。

自1983年開始，行政院國科會科學教育處，亦推動《高中數理科學習成就優異學生輔導實驗計畫》。同時，由科教處委託國立臺灣大學數學系進行臺北地區各高中數學資優學生，利用週末及假期做集中講解及個別輔導的實驗。1984年起，該計畫擴大至其他地區，分別由國立清華大學、國立成功大學、國立中山大學及中央研究院動植物研究所等機構，分別辦理物理、化學及生物科的高中資優學生的輔導實驗，由各校推薦對基礎科學

研究具有高度興趣而表現優異的學生，經長期觀察輔導後，擇優保送大學相關科系或准予提早參加大學聯考。

在特殊才能方面，教育部亦先後訂定了「國民中小學美術、舞蹈及音樂教育實驗班實施計畫」，進行特殊才能優異學生的培育及實驗工作。此外，《藝能科目成績優異學生出國進修辦法》准許年滿12歲，未滿15歲，在藝術科目確具發展潛力之學生，申請出國進修。而對於藝術方面具有優異表現之學生，教育部亦另訂有甄試保送升學辦法。

3. 發展期：此時開始進入資優教育較為法制化的階段，主要關鍵在於1984年教育部頒布《特殊教育法》，規範資賦優異教育分別包括一般能力優異、學術性向優異及特殊才能優異三類，使得資優教育的實驗有了法律的依據。資優教育在過去實驗期的基礎上，亦逐漸向高中階段擴充。依據特殊教育法，教育部亦訂定《特殊教育法施行細則》、《特殊教育學生入學年齡修業及保送甄試升學辦法》、《中小學資賦優異學生提早升學學力鑑定實施要點》等相關的法規，從此，資優教育邁向全面推廣的階段。

我國資優教育歷經萌芽期、實驗期與發展期三個時期，已有了良好的基礎。儘管如此，就政策或制度面而言，仍有一些問題待解決。王振德（1991）調查顯示資優教育實施的相關問題中，較嚴重者為：(1)資優教育缺乏完整的課程架構；(2)聯考制度妨礙資優教育正常發展；(3)沒有完整的資優教育發展計畫；(4)資優教育成效評估及追蹤研究有待加強；(5)教師缺乏獎勵措施，流動高；(6)缺乏資優教育專家協助指導。此外，資優教育的實施，亦呈現區域性不均勻的現象，其主因為早期資優教育實驗工作，在都會區辦理居多；相對地，偏鄉地區的學校則無資優教育方案。就學校實際運作，其中涉及課程教材方面，我國與其他先進國家作法類似，亦採取充實、加速及能力分組等三大類方案辦理。在「充實制」中，除課程、教材的加深、加廣外，尚有各種研習活動；另外「加速制」採取提早入學、縮短修業年限及保送甄試升學等。至於「能力分組」，集中式與分散式均曾採行，惟孰優孰劣，爭議甚多。因此，我國的資優教育方案，與世界資優教育趨勢相當吻合，具有相當高的多元性。此時期唯一缺乏的是我國尚未有資優教育學校，雖然各界對設立這樣的學校仍多

質疑，倒是類似美國磁性學校（magnetic school）或澳洲特選學校（selective school）的重點學校或特色學校，則尚頗能被社會所接受（吳武典，1996）。因此在都會地區籌設資優教育學校或單科高中，值得思考。

二、我國資優教育發展30年之後迄今

由於資優教育在各地區漸趨普及，其相關的類別與班級數、學生數，已發展至相當數量，一般社會輿論認為無須額外關注即可成長。然而在升學主義的作祟下，資優教育卻也面臨了一些檢討與考驗。此時期由於國民教育法強制規定各校不得能力編班。部分縣市乃以設置資優班的方式，吸引學生前來就讀；再加以各縣市資優鑑定的歷程並未能完全符合多元評量、多階鑑定的精神，不僅在資優的鑑定程序上不一致，工具的採用也有很大差異，以致資優教育受到不少詬病。尤其於2006年各地區國中所普設資優班及中部四縣市採聯招方式錄取資優班學生，引發輿論譏諷為變相的績優或升學班。因此，教育部在2006年9月13日公布最新的《身心障礙與資賦優異鑑定標準》（教育部，2006），其內容修定主要包含調整了對各類資優生認定方式的其中一項管道，將資優學生鑑定基準，由各該測驗平均數正一點五個標準差或百分等級九十三以上，調高為正二個標準差或百分等級九十七以上。

我國資優教育發展30年之後，由特殊教育法再修正至今推展十二年國民教育，約可再區分為兩個時期：

㈠ 重整期

教育部於1996年委請國立高雄師範大學召開「全國資優教育會議」，對資優教育的重要課題，進行不少的討論，並謀求改進，包括：(1)資優教育行政與體制；(2)資優教育師資；(3)資優教育支援系統（含家長參與）；(4)資優學生鑑定與安置；(5)資優教育課程與教學；(6)資優學生輔導與追蹤；(7)特定族群資優教育；(8)特殊才能資優教育（美術、舞蹈及音樂類）（國立高雄師範大學，1996）。於此期間，吳武典（1996）提出一些建議，包括：(1)研修資優教育法規，確立我國資優教育政策與行政

體制：例如：研擬資優教育發展計畫、增設資優教育行政專責單位、容許民間參與、容許學校自主規劃資優教育方案。(2)妥善規劃資優教育方案，擴大推展資優教育：例如：加強教育方案的檢討與創新、規劃成立資優的特殊學校或重點學校、規劃校外資優教育方案。(3)寬籌資優教育經費，提升資優教育質量：例如：研訂資優教育成本及其合理補助標準、鼓勵企業贊助人才培育計畫與資優教育活動，或甚至成立人才培育基金。(4)規劃彈性、多元且連貫之資優教育學制，促進資優學生適性發展：例如：擴大非聯考之升學管道、加強規劃資優學生追蹤輔導措施、加強規劃資優教育課程之銜接、規劃實施學前資優教育。(5)加強國際資優教育活動參與，促進學術交流與合作：例如：編列資優教育國際交流預算、恢復遴派優秀特教教師（含資優教育教師）赴國外考察之計畫、鼓勵我國學者專家參與國際資優教育會議、宣讀論文及發表論著於國際性刊物。王振德（1997）亦分別提出一些建議，包括：(1)設置資優教育的指導委員會，研訂資優教育政策。(2)設置資優教育研究及資料中心，蒐集並建立資料系統、設計課程、編訂教材、進行專案研究，以支援資優教師之教學。(3)加強師資培育與教師在職進修。(4)改進資優學生鑑定與保送制度。研發資優學生鑑定工具，採取多階段的鑑定程序，以確保鑑定的效度。建立多元的保送制度，使資優學生免於升學聯考的桎梏。(5)籌辦各項學藝才藝競賽，提供資優學生優厚獎助，建立人材檔案，加以追蹤輔導。(6)加強資優學生的追蹤研究與輔導，以顯資優教育的成果。(7)開放社教與學術機構，充分支援資賦優異教育，利用社區資源，加強大學輔導國中小階段資優教育計畫。(8)鼓勵民間社團企業，參與資優教育，促進資優教育發展。(9)推廣資優教育理念，提升教育品質，使開放性的資優教學理念成為全校性的充實模式。

㈡轉型再出發（約為2006年迄今）

　　如前所述，2006年各地區國中所普設資優班，引發輿論爭議，因此教育部將各類資優學生認定方式之一，將標準化測驗的標準由各該測驗平均數正一點五個標準差以上再調高到二個標準差以上。由我國資優學生鑑

定法令的演變來看，我國資優學生鑑定標準最早明定二個標準差，後來降至正一點五個標準差的原因是基於多元智慧的考量，並呼應學理上如Renzulli（1978）所倡資優學生的特質之一所具中等以上的能力，藉此發掘出具有潛能的資優生，立意甚佳。再若以Renzulli所倡議全校性旋轉門模式（revolving door model）的課程思考，亦可觀察到國外在資優教育的發展中，重視學生個別興趣，透過旋轉門模式可由學生依興趣與需求自由進出資優教育計畫，從事獨立研究及個別化的教育。

因此，這項政策的改變，引發不同的討論？如此調整雖能篩選出更優秀的資優生，並避免資優班落入績優或升學班之實，卻也容易遺漏某些特殊才能優異的學生，降低了引導學生優勢能力的機會。由於法令調整公布實施，因此如何使具備潛能的學生有機會進入小組合作或強化獨立研究的功能，值得深思。當時各地區國中紛紛設資優班所造成各界對資優教育的誤解，如吳武典（2006）論述此固然是為解決資優教育特殊爭議事件尋求藥方，也不無重整資優教育秩序之意，透過對話、反思，再出發，對資優教育的發展而言，是危機，也是轉機。而教育單位面對資優教育是否真正「鬆綁」（彈性、多元、自主、創新）及真正「卓越」（適性學習、盡展所能）？確有討論必要。因此，針對資優教育何去何從？他提出三項基本原則和七項行動方案。三項原則是：(1)提升資優教育為智慧教育；(2)以資優教育帶動教育革新；(3)以資優教育促進社會進步；七項行動方案是：(1)加強資優教育研究及其成果之應用；(2)釐清、落實或修正特殊教育法；(3)暢通資優學生升學管道；(4)加強培育優質合格的資優教育教師；(5)加強績效責任與追蹤研究；(6)儘速頒布國家《資優教育白皮書》；(7)規劃成立「全國資優教育研究中心」和「亞洲資優教育資源中心」。

距1996年召開的全國資優教育會議，十年之後，教育部於2006年7月再次召開「全國資優教育發展會議」，分別針對鑑定與安置、課程與方案設計、師資培育與支援系統、輔導與追蹤、弱勢群體資優教育及評鑑與督導等六大議題，進行研討，藉此探討各議題之實施現況、問題及發展策略，期能提高資優教育推動品質。其後，為落實資優教育之健全推展，使

國內資優教育之推動有所依據，教育部特委託中華資優教育學會參考全國資優教育發展會議之建議，編撰《資優教育白皮書》（教育部，2008）。從此，明確揭櫫我國資優教育目標為「培育多元才能、智慧兼備的資優人，打造適性揚才、優質卓越、創新和樂的國度」，以提供資賦優異學生適性平等的教育機會、營造區分學習的教育環境及創造多元才能的發展空間，進而引導資優學生能有回饋服務社會的人生目標。依全國資優教育會議之建議白皮書內容，另增列第一項，行政與支援，以凸顯其重要性，因此，白皮書包含七大要項：「行政與支援」、「鑑定與安置」、「課程與方案」、「師資培育」、「輔導與追蹤」、「弱勢群體資優教育」及「評鑑與督導」。其內容及相關策略，分述如下：

㈠ **行政與支援**

　　行政組織與運作、法令規章與經費、社區資源、網路資源、家長參與及支援系統等課題。主要發展策略，包括：(1)提升行政人員資優教育專業知能，加強宣導正確資優教育理念及實施策略。(2)修訂資優教育相關法規，確立資優教育政策推動方向。(3)調增特殊教育經費在教育總經費之比例，增編資優教育經費，充實資優教育設施設備，提升教學品質。(4)規範資優教育專家學者、教師及家長參與特殊教育行政組織，以協助主管機關及學校規劃資優教育發展。(5)鼓勵資優學生家長成立資優教育相關組織或團體，整合家長資源，並實施家長增能方案，以提升資優教育相關知能。(6)設置全國特殊教育研究發展中心，並鼓勵縣市政府設立資優教育資源中心。以專責規劃資優教育之推動，俾利資優教育發展。

㈡ **鑑定與安置**

　　鑑定標準、鑑定工具、評量程序、施測專業、鑑定公平性、多元適性安置、各教育階段資源分配及銜接等課題。主要發展策略，包括：(1)利用e化及典範案例等方式宣導資優教育理念，增進社會大眾對資優教育的正確認知。(2)訂定資優學生鑑定評量要點，落實多元多階段評量的執行。(3)建立資優學生鑑定施測人員培訓制度，強化施測人員專業知能及測驗倫理。(4)系統研發資優學生鑑定評量工具並訂定使用規範，提升資

優學生鑑定信效度。(5)規劃多元安置方式，加強各教育階段間資優教育服務之銜接，以符應資優學生需求。(6)規範縮短修業年限執行原則，落實縮短修業年限之推動。(7)研擬創造能力、領導才能及其他特殊才能優異學生之發掘與輔導措施，落實資優學生接受系統化資優教育服務。

㈢ 課程與方案

區分性課程、校本課程、彈性教育環境及課程銜接等課題，主要發展策略，包括：(1)建構區分性課程與適性化教育環境，以因應資優學生個別的學習需求。(2)實施及評估校本資優教育行動方案，提供資優學生接受資優教育服務的機會。(3)建置資優教育數位學習平臺，俾利資優教育相關訊息、教材、資源及支援等交流。(4)推動學前資優教育充實方案，以提供學前資優幼兒潛能發展之機會。

㈣ 師資培育

師資養成、甄選進用及專業發展等課題。主要發展策略，包括：(1)規劃與執行資優類教師師資培育方案，以有效培育合格且適宜之資優教育師資。(2)建構資優教育師資專業標準，使所培育的資優教育教師之專業知能，與學校實際在資優教育之教學需求相互結合。(3)擴增資優教育教師專業成長機會，建構資優教育教師專業社群。(4)實施一般教育人員資優教育增能賦權方案，以提升教育人員資優教育專業知能。

㈤ 輔導與追蹤

教育輔導及追蹤研究等課題。主要發展策略，包括：(1)增加情意教育、生涯輔導課程比例，以協助資優學生生涯抉擇與優勢發展。(2)建立資優學生社會服務方案，以增進其服務社會、照顧弱小的能力，並建立利他的人生觀，貢獻所能於社會。(3)建立及推廣資優教育追蹤資料庫，以長期且有系統地建立資優學生完整的學習輔導資料及追蹤轉銜管理系統，並落實追蹤及轉銜輔導工作。

㈥ 弱勢群體資優教育

弱勢群體資優的發展及範疇、鑑定安置與輔導措施及支援系統等課

題。主要發展策略，包括：(1)加強弱勢群體資優理念宣導，增進弱勢群體資優學生接受適性資優教育服務之機會。(2)研發弱勢群體資優之鑑定工具，訂定鑑定安置流程與模式，以利弱勢群體資優學生之發掘，並提供多元適性之教育安置方式。(3)開發弱勢群體資優教育相關資源，研訂弱勢群體資優學生之支援系統與輔導措施，並提升教師對弱勢群體資優之教學輔導專業知能。

㈦ **評鑑與督導**

資優教育的評鑑方式、評鑑指標、評鑑結果與應用等課題。主要發展策略，包括：(1)建置與執行資優教育績效評鑑督導機制，以制度化辦理資優教育評鑑及督導工作，裨利資優教育健全發展。(2)建立不同類別資優教育評鑑指標，以符應各類別資優教育之特性，並落實資優教育有效性之評鑑督導。(3)強化各級學校自我評鑑及改進效能，並建立獎勵及退場機制，裨利資優教育評鑑結果之有效運用。

我國資優教育自2006年召開的資優教育發展會議之後迄今，又邁入新的里程碑。依據教育部（2015）教育統計資料顯示：國小資優學生有6,277人，約占全體國小學生1,252,706人的0.50%，國小資優學生中數理資源班4,996人（79.59%）、藝術才能資源班168人（2.68%）、不分類資源班30人（0.48%）、音樂班53人（0.84%）、資優巡迴輔導299人（4.76%）、資優方案731人（11.65%）。國中資優學生6,096人，約占全體國中學生803,226人的0.76%，國中資優學生中一般智能資源班392人（6.43%）、數理資源班2,256人（37.00%）、科學資源班82人（1.35%）、語文資源班509人（8.35%）、藝術才能資源班95人（1.56%）、不分類資源班1,107人（18.16%）、資優巡迴輔導388人（6.36%）、資優方案1,267人（20.78%）。高中職教育階段資優學生共有10,340人，約占全體高中職學生818,869人的1.26%，高中職資優學生中集中式（數理、語文）資優班5,446人（52.67%）、美術班2,340人（22.63%）、音樂班2,032人（19.65%）、舞蹈班475人（4.59%）、數理

資源班25人（0.24%）及資優巡迴輔導22人（0.21%）。由此可見，國中小資優學生主要仍以資源班的安置為主，尤其以數理最多；高中則以集中式安置為主，包括數理、語文，其次依序為美術、音樂、舞蹈等。以此統計數據而觀，資優教育在中小學目前正呈現出較為常態而多元的方式發展中。

第三節　我國資賦優異教育未來的展望

在可以預見的未來，國家的進步與發展必須仰賴人力資源的充實與人力品質提升，菁英人才的培養已是各先進國家的重要課題。而隨著社會的變遷及教育改革運動的興起，教育部（2003）推動國民教育階段九年一貫課程，強調學生十大基本能力的培育，如何使資優學生接受適性的教育，發展其身心潛能及培養健全人格，增進其未來服務社會能力，仍待檢驗。如何導正社會觀念，使資優教育與升學主義脫鉤，一直是難以排解而又必須面對的課題。因此，吳武典（2006）認為資優教育仍面臨以下的課題：(1)如何規劃以學生為主、學校本位、專業取向的方案？(2)如何發展「弱勢族」與「頑皮族」的資優？(3)如何以創意思維帶動校園革新？(4)如何充實合格資優教育師資及增強普通教育教師的資優教育基本知能？(5)如何暢通升學管道、實施多元評量，以培養學生的實力與活力？(6)如何開拓與分享教育資源，以提升教育品質？(7)如何加強生涯規劃與追蹤輔導，建立終身學習社會？

由教育部（2008）公布的資優教育白皮書可知，在資優學生的鑑定、教育安置及課程與教學等問題，仍有一些觀念及配合措施未受到重視，亟須加以調整。教育行政機關若僅就資優教育的相關議題及其衍生的問題，重複提出一些因應策略，仍嫌不足。於此，教育部於資優教育白皮書公布後推展第一年行動方案，委託國內學者專家進行六個子計畫，加以落實。分別探討：資優學生的鑑定與安置標準、校本資優教育適才服務、資優教師的專業標準、資優教育師資與設施標準、身心障礙及社經文化不利資優生之發掘與鑑定、其他特殊才能優異學生之鑑定與輔導模式等。第二年亦

進行後續之行動方案及其子計畫的執行，其中亦將資優教育宣傳與推廣列入，對於學校及社會大眾具有宣傳及導正效果。以校本資優教育適才服務行動方案推廣為例（郭靜姿、王曼娜、顏靖芳、蘇筱嵐，2011），由資優教育學者專家巡迴訪視諮詢服務至各校，確實能將學校教學現場所引發的問題或一些困難與建議，進行討論與意見交流，成效良好。

　　回顧資優教育在臺灣已實施多年，也歷經不少會議的討論，惟仍有一些陳年的議題，仍未解決。吳武典（2013）特別於資優教育實施四十年時為文呼籲資優教育可採多類多元模式，但由於種種原因，獨缺菁英式的資優教育學校（如科學高中、外語高中）。各界對設立這樣的學校仍多疑慮，政府更是多所顧忌。他再次建議若以類似美國磁性學校（magnet schools）或澳洲特選學校的重點學校或特色學校，尚頗能為社會所接受，惟迄今尚未有具體規劃，可再思考。此外，在某些方面（如集中式與分散式編班，藝才班、體育班與科學班的歸屬、提早入學等），各縣市做法仍然不一，充實方案並未落實，追蹤制度仍未建立，升學管道尚未暢通，大學資優教育方案尚付之闕如。即以教育部2013年發布的《教育部人才培育白皮書》而言，對資優教育竟隻字未提，顯示在政策與實施上仍有諸多的「惑」與盲點，有待釐清與改進。因此，臺灣雖已有多元的資優教育方案和頗具規模的資優教育人口，但仍離「鬆綁」和「卓越」的願景甚遠，許多迷思待解，資優教育師資素質也有待提升。反思當前問題癥結，在於「鬆綁」與「卓越」。他期許未來資優教育應加強：(1)培養心腦俱佳的英才；(2)提升資優教育的素質；(3)突破升學主義的魔障；(4)把握十二年國教的契機。應以全球的寬廣視野，加上務實的在地行動，期能有所改進和突破。

　　我國於2014年8月實施的「十二年國民基本教育」（簡稱十二年國教），此時資優教育再次面臨了考驗，尤其以國中進入高中階段的特色招生究竟應如何辦理，其時程規劃或甄試方式，出現一些爭議。教育部（2014b）揭示推動十二年國教主要目的在透過免試升學，舒緩國中升學壓力，使素受批評的區域不平衡與城鄉落差的現象，獲得改善；在積極面上，更希望學前與大學資優教育能夠正式啟動，透過課程與教學創新，

做到「適性揚才」，提升競爭力。於此政策的推動，高中職階段「資優教育」，主要將以特色招生辦理。教育部（2013a）所規劃的各區特色招生名額，應占總核定招生名額之0-25%，各區特色招生名額，以學校所處之免試就學區為計算，且招生日期應於免試入學後辦理；同一類型特色招生之班（科、組）應同日辦理，並以聯合辦理為原則。特色招生則包括甄選入學與考試分發入學兩種，其中甄選入學包含：藝術才能班、體育班、科學班及其他經主管機關核定的特殊班別。有關「特色招生」及其相關配套措施，在觀念及作法上，仍待溝通。

以104學年度為例，教育部的理念雖強調有特色課程的學校未必皆須辦理特色招生，然而在招生壓力下，各校期望擠入特色學校的迷思，甚至力拼學區內的私立高中，特色招生就成為賣點而已。而一些所謂的明星高中其地位屹立不搖者，多以免試分發入學為主，進行超額比序篩選學生國中在校成績與會考分數較高的學生，依然招收優秀學生入學。以此而觀，菁英教育在十二年國教的配套措施上，正面臨挑戰。在目前的招生區域，亟需鼓勵資優學生能有機會進入大學接受該領域菁英或具特色的高等教育，在做法上與菁英教育的理想，仍有落差；而現階段一些高中與大學合作的科學班，吸引學生的誘因不多，值得關注。因此，我們仍須兼顧落實十二年國教免試入學的精神與推動資優教育二者，以提供資優學生獲致適性且合乎另一種公平、正義的教育機會。

有鑑於此，為減緩各界對於資優教育可能於十二年國教實施後未被重視的疑慮，教育部（2013b）公布《教育部人才培育白皮書》，在各議題中，亦論及研議各教育階段菁英教育之銜接，強化資優教育支援系統，惟並未深入建構具體行動方案。基於上述，最近教育部國民及學前教育署（2014）研擬《資優教育優質發展中程計畫》，規劃第一期五年計畫（104至108年度），各年度將陸續執行下列五大項重點工作。其主要目的及細項內容，分述如下：

一、資優教育支持系統

健全學生培育制度，建構資優教育支持系統。其細項包括：研擬建置

全國資優教育研究發展中心及資優教育資源中心；另重新檢討資優教育相關法規，健全資優教育制度，增進學生接受資優教育服務的機會。

二、資優學生鑑定與多元安置

研發資優鑑定工具，符合資優學生鑑定需求。其細項包括：系統化規劃研發資優鑑定所需的標準化測驗工具，除一般智能及學術性向、成就測驗及實作評量工具，另在創造、領導及其他特殊才能類的標準化測驗工具，仍需多元評估，以符實際需求。

三、師資與課程教學

強化資優教師培訓，提供資優教育優質課程。其細項包括：提升中等教育階段資優特教合格比率，除一般資優教育專業科目，其他專門科目（如數理、科學、藝術等）資優師資須再規劃，以滿足教學現場需求。另辦理資優教育人員研習及建立教師專業社群，並強化教師參與國際學術交流活動。

四、各類資優人才培育

研發資優教育教材，活化資優學生的充實學習。其細項包括：建立資優課程指引與審查機制，提供資優教育教材與交流平臺，各縣市除推動校本資優教育方案（各校大都以學科充實為主）外，另鼓勵推動區域資優教育方案，以建立地區特色或新興議題探討的課程，期以達到資源共享及彰顯方案的特色。為活化資優學生的充實學習，亦委請大學辦理多元資優充實方案；另因應資優學生個別差異的需求，繼續推展資優教學的個別化與區分性的資優教學。

五、促進國際交流與多元展能

辦理多元學習活動，啟發資優學生特殊潛能。其細項包括：提供資優學生學習成效展現的舞臺，除積極參與數理奧林匹亞國際競賽，國內亦籌辦資優領域的國際競賽，增進更多資優學生交流機會。為增進資優學生

適性發展，另亦強化資優學生的情意輔導、特殊群體資優學生的發掘與培育、資優學生個別輔導計畫及輔導轉銜機制等。

　　上述重點工作、實施策略及其相關子計畫，教育部國民及學前教育署依其近中程計畫的期程，目前已陸續委請學術單位規劃辦理中，期待對於我國資優教育未來的發展，將可帶來嶄新的面貌。

參考文獻

一、中文部分

毛連塭（1991）。資優教育概念的演變與趨勢。**國小特殊教育，11**，1-4。

王振德（1991）。我國資優教育相關問題及教學狀況調查研究。**特殊教育學刊，8**，249-264。

王振德（1994）。我國資優教育的發展與回顧。載於中華民國特教學會：**開創資優教育的新世紀**。臺北：國立臺灣師範大學特殊教育系所編印。

王振德（1997）。臺灣地區資優教育的實施與改進策略。檢索自http://www.kcjh.kh.edu.tw/gift/02/%E7%9B%B8%E9%97%9C%E6%96%87%E7%8D%BB.htm。

吳武典（1994）。資優教育的研究與課題。載於中華民國特教學會：**開創資優教育的新世紀**。臺北：國立臺灣師範大學特殊教育系所編印。

吳武典（1996）。我國資優教育政策分析與調查研究。**特殊教育學刊，14**，179-206。

吳武典（2003）。30年來的臺灣資優教育。**資優教育季刊，88**，1-5。

吳武典（2006）。我國資優教育的發展與展望。**資優教育季刊，100**，3-20。

吳武典（2013）。臺灣資優教育40年㈢：惑與解惑，**資優教育季刊，128**，7-14。

國立高雄師範大學（1996）。**全國資優教育會議實錄**。國立高雄師範大學特殊教育中心編印。

教育部（2003）。中華民國92年1月15日臺國字第092006026號函發布語文領域、健康與體育領域、生活課程、社會領域、綜合活動領域、藝術與人文領域。檢索自http://teach.eje.edu.tw/9CC2/9cc_97.php。

教育部（2004）。**特殊教育法**。臺北：教育部。

教育部（2006）。**身心障礙及資賦優異學生鑑定標準**。

教育部（2013a）。**高中職特色招生核定作業要點及備查原則**。臺北：教育部。

教育部（2013b）。**教育部人才培育白皮書**。臺北：教育部。

教育部（2015）。**高中職、國民中小學概況統計**。檢索自https://stats.moe. gov.tw/files/ebook/Education_Statistics/104/104edu_EXCEL.htm。

教育部國民及學前教育署（2014）。**資優教育優質發展中程計畫第一期五年計畫**。臺中：教育部國民及學前教育署。

郭靜姿、王曼娜、顏靖芳、蘇筱嵐（2011）。**99年度資優學生特殊教育方案行動方案子計畫一：校本資優教育適才服務行動方案推廣評估期末報告**。臺北：教育部。

張馨仁（2000）。從Dabrowski的理論看資優生的情緒發展。**資優教育季刊，74**，6-18。

魏明通（1996）。我國數理資優教育。載於**資優教育專輯**，臺北：國立教育資料館。

二、英文部分

Cattell, R. B. (1963). Theory of fluid and crystallized intelligence: A critical experiment. *Journal of Educational Psychology, 54*.1-22.

Davis, G. A., Rimm, S. B., & Siegle, D. (2011). *Education of gifted and talented*. (6th ed.). Upper Saddle River, NY: Pearson.

Gagne, F. (1985). Giftedness and talent: Reexamining a reexamination of the definition. *Gifted Child Quarterly, 29*, 103-112.

Gardner, H. (1983). *Multiple intelligence*. New York: Basic Books.

Gardner, H. (1999). *Intelligence reframed*. New York: Basic Books.

Kirk, S. A., & Gallagher, J. J. (1994). *Educating exceptional children*. Boston: Houghton Mifflin.

Marland, S. (1972). Education of the gifted and talented.(Report to Congress by the U. S. Commissioner of Eucation). Washington, D C: U. S. Government Printing Office.

Renzulli, J. S.(1977). *The enrichment triad model: A guide for developing defensible programs for gifted and talented.* Mansfield, CT: Creative Learning Press.

Renzulli, J. S.(1978). What makes giftedness? Reexamining a definition. *Phi Delta Kappan ,60*, 180-184.

Renzulli, J. S.(1986). The three-ring conception of giftedness: A developmental model for creative productivity. In R. J. Sternberg & J. E. Davidson(Eds.) *Conceptions of giftedness* (pp.53-92). Cambridge, M A: Cambridge University Press.

Renzulli, J. S.(2005). The three-ring conception of giftedness: A developmental model: A schoolwide plan for the development of creative productivity. In J. S. Renzulli (Ed.), *Systems and models for developing programs for the gifted and talented* (pp.216-266). Mansfield, CT: Creative Learning Press.

Robinson, N. M., & Weimer, L. J. (1991). Selection of candidates for early admission to kindergarten and first grade. In W. T. Southern & E. D. Jones (Eds.), *Academic acceleration of gifted children*(pp.29-50). New York: Teachers College Press.

Smith, D. D. (1998). *Introduction to special education--Teaching in an age of challenge.* Needham Heights, MA: Allyn and Bacon.

Sternberg, R. J. & Davidson, J. E.(1986). *Conceptions of giftedness.* New York: Cambridge University Press.

Sternberg, R. J. (1996). *Successful intelligence: How practical and creative intelligence determine success in life.* NY: Simon and Schuster.

Taylor, C. W. (1978). How many types of giftedness can your program tolerate? *Journal of Creative Behavoir, 12,* 39-51.

于曉平

第二章

資賦優異學生的
社會與情緒發展

　　資優學生因傑出的認知表現，在學校學習常受到關注，然也因獨特的身心特質，有的個體會出現人際適應的問題，以下就資優學生的身心特質與社會情緒發展、資優學生社會與情緒發展相關理論、資優學生社會與情緒發展輔導，以及協助資優學生社會與情緒發展之課程或方案設計等四節分別說明之。

第一節　資優學生的身心特質與社會情緒發展

　　資優學生突出的認知特質，使其在認知學習上常有超出一般人的表現而受到矚目，其中包括：早熟的語言興趣及發展、語言的運用流暢而精確、龐大的詞彙量、求知若渴的讀書興趣、絕佳的記憶力、豐富的知識背景、觀察力敏銳、對新事物常感好奇、喜歡追根究底且提出疑問、學習新事物的能力快速、能操作抽象符號系統、能舉一反三、快速的覺察與掌握相關原理及關係。能善用學習策略進而發展出適合自己的學習法則。當然，不會所有資優生同時擁有全部特質，但大部分的特質以及一部分的行為會出現在其非常年幼的時期。

　　因而，普通的課程設計並不適合這些智力表現突出的資優學生，為了發展他們的潛能，他們需要特別的教育服務，例如：充實、加速及特定專長領域發展的課程。然而，大部分的資優教育把重心放在發展這些學生的認知學習與學術性向發展上，而忽略其社交及情緒方面的問題。

　　資優學生有獨特的身心特質，而這些往往受到其社會情緒發展的影響，Hebert（2011）歸納了幾項資優學生常見的情意特質：

- ・高自我期待與完美主義
- ・內在動機與內控信念
- ・情緒敏感度高
- ・同理心高
- ・道德成熟度高／價值觀與行動表現一致
- ・自我實現需求高
- ・高幽默感

‧堅持

以完美主義為例，包含對自我與他人的高度期待，完美主義者會設定目標而期望一切都很美好，但如果結果不如預期，自尊就會受到打擊，心情也會受到影響。Silverman（1989）將完美主義解釋為資優生表現適當行為與獲取成就的重要驅力，師長應導引其往正向的角度思考，包含能欣賞他人的特質，接受每個人的不同表現，而非一直用高標準來要求他人達到。資優生的情意特質隨著不同個體發展與成長背景而有其差異存在。雖然情意特質與智能方面的優異表現沒有特定的關聯，但是某些情意特質被認為會形成資優學生的心理問題或情緒困擾。例如：強烈的正義感、過度的利他主義與理想主義、敏感、緊張、過早關注死亡、高期待、自我批判性強、對外在的期許感到壓力、難以面對失敗、抑鬱、旺盛的精力、強烈的依附與承諾等（Baker, 1996; Lovecky, 1994; Sowa, McIntire, May, & Bland, 1994; Webb, 1993）。

此外，部分研究發現（Moon & Hall, 1998），在文學、科學與藝術領域中，傑出表現者的情意與人格特質與創造表現有部分的關聯，包括：願意接受挑戰、堅持與對工作的承諾、強烈的內在動機、開放、對於模稜兩可的忍受力、直覺、獨立，以及對規範提出質疑而不墨守成規等，然而這些特質相對也會造成與所處環境的衝突，學校教師常常不喜歡特異獨行的人，他們希望學生在課堂上表現順從、一致，對老師的要求能接受而不反駁，這樣老師也比較容易管理；同樣地，家長對於一直挑戰權威的孩子感到困擾，因為這樣的孩子不容易管教。這種情境也常使具有獨創力及想像力的孩子受到壓抑，在團體中常常不能自在的表現，而社交與情緒問題就容易產生。因此，家長與教師都應特別留意孩子這些情意特質的發展，引導其發展良好的社交技巧及情緒調適能力，也需要瞭解哪些問題的出現可能會對學校或家庭造成影響。

許多研究比較資優學生與普通學生的心理適應情形，結果發現，資優學生在國小時有較好的情緒適應（Cornell, Delcourt, Bland, Goldberg, & Oram, 1994）。但是，部分社會與情緒發展不利其適應，高智商的資優學生常可以感受到自己與他人的不同而出現心理上的困擾，容易感到寂寞與

孤獨（Robinson & Noble, 1991），到了青春期，凡事要求完美和高期待的心理狀態下，比其他同儕承受更大的壓力，此外，在高成就與友好人際關係的需求下也常感到困擾，青少年同儕間的次級文化對學業成就表現佳的學生來說並不友善，因此，部分資優青少年為了減少同儕的排擠，會否認自己的能力，甚至為了取得同儕的認同而壓抑自己的表現（Clasen & Clasen, 1995）。

第二節　資優學生社會與情緒發展相關理論

　　本節介紹幾個與資優生社會情緒發展有關的理論，可包括人類發展理論、情緒與社會發展理論、認知與社會認知理論、人格發展理論、認同發展理論及道德發展理論等六個部分（Moon, 2009）。

一、人類發展理論

(一) E. H. Erikson的心理社會發展八大階段

　　Erikson從原本精神分析的角度思考自我發展，指出自我（ego）建構一個同一的個性，以便能維持個體存在的一致性和持續性。已經建立自我概念的個體，對於「自己是誰」的答案是明確且同一的，他們知道自己的人生將往哪兒去，也欣賞自己在社會中扮演的角色。在前面所提到的危機發生之前，會有一個所謂「停滯」（moratorium）的狀態，而這個狀態促使個體深切思考其所面對的矛盾，在他覺察到矛盾後，隨之而來便是危機的出現，藉此形塑他們的自我概念，瞭解自己，使他們的自我概念更加凝聚，促進個人潛能的發展。Erikson提出八個發展危機分別如下：

1. 信任v.s.不信任（trust v.s. mistrust）。
2. 自主獨立v.s.羞怯懷疑（autonomy v.s. doubt）。
3. 主動v.s.內疚（initiative v.s. guilt）。
4. 勤奮v.s.自卑（industry v.s. inferiority）。
5. 自我認同v.s.自我懷疑（identity v.s. self-confusion）。
6. 親密v.s.孤獨（intimacy v.s. isolation）。

7. 生產v.s.停滯（generativity v.s. stagnation）。

8. 自我統合v.s.絕望（integrity v.s. despair）。

青少年階段的主要目的是要建立自我認同感。他需要知道自己在別人眼中是什麼形象，同時也需要知道自己在自己眼中的形象為何。而Barbara和Philip（1999）指出，在青少年後期結束時形成的自我認同還是很抽象的，還沒有歷練與機會承擔很多責任以及面對成人生活中的壓力與衝突。因此步入成年是動態自我認同過程中的一個轉捩點，會面臨到許多考驗，或是扮演其他的新角色，此時個體的自我認同會產生變化，而此時良好的自我認同，是個體找到自己定位的重要前提。

Neihart（2006）指出，青春期資優生在日益加深的歸屬感下，對於建立和諧的自我概念會產生衝突。資優生具備獨特的認知、情意特質，但繁重的學習壓力及環境賦予資優生的期許，加上知覺自己與他人差異，而產生嚴重的自我懷疑，影響資優生的潛能發展及自我認同（Gross, 1998）。除了個人內在能力發展的不一致外，進入青少年階段，資優生在學校的生活面臨比一般生更多的適應壓力，再加上自我與家長的期許，影響資優學生的自我認同，間接對自己的生涯發展也承載著他人的期許與想法，而非自己的理想與目標，面臨更嚴苛的自我認同危機。

㈡ A. H. Maslow的需求論

Maslow於1943年提出需求層次理論，認為每個人天生都有某些基本需求，由下而上包括：基本生理需求、安全感需求、愛與歸屬需求、尊重需求與自我實現需求，以一種階層、發展的方式彼此關聯，當低一層的需求獲得滿足時，高一層的需求就會出現，成為個人的優勢需求，需求滿足是需求改變的基本要素，其內涵包括（Maslow, 1970）：

1. 基本生理需求：與個人生存有關的需求，是最基本需要滿足的項目。

2. 安全感需求：讓個體覺得安全與穩定，有秩序的處理事情。

3. 愛與歸屬需求：愛與被愛的需求，希望獲得他人接納成為團體的一分子。

4. 尊重需求：自尊與受人尊重的需求，包含成就感與受人賞識等。

5. 自我實現需求：完成個人目標與發揮個人潛能的需求。

後期又提出包含認知需求（求知欲與對意義的追求）、審美需求（尋求美的衝動）與自我超越需求。資優學生因有較高的自我實現需求，會勇於追求自己的目標並努力達成，甚至會不斷超越目標，表現最佳的一面。

㈢ U. Bronfenbrenner的生態理論

Bronfenbrenner（1989）認為兒童的成長發展會受到生物及環境因素的交互影響，因而提出生態環境系統理論，描述影響發展中的個人之影響因素，且說明這些影響因素是如何彼此互動，其將環境因素區分為五個部分：

1. 微觀系統（microsystem）：是指與兒童有切身關係的生活環境，如：家庭、學校等。

2. 中介系統（mesosystem）：係指家庭、學校、友伴及社區之間的聯繫與相互關係，如：父母與學校相互合作情況、友伴群體相處的影響等。

3. 外在系統（exosystem）：係指兒童未直接參與，但影響兒童及青少年成長的因素，如：父母的工作環境與社區資源等。

4. 巨觀系統（macrosystem）：係指文化傳統、信仰與價值觀等對個體的影響，如：國際環境的變化必然波及或影響各國的政治、經濟生活。

5. 時間維度系統（chronosystem）：係指隨著時間而影響個體成長與心理變化的因素，以及社會歷史影響等。

在學校教育中，教師可透過建立良好的師生關係，引導資優學生進行正向的社會情緒發展，幫助他們找到感興趣且適合的課外活動，進而協助其建立良好的人際關係與社交能力。

二、情緒與社會發展理論

㈠過度激動理論

K. Dabrowski以「過度激動」解釋資優生的特質（張馨仁，2000），

他認為資優者自幼即精力充沛、活潑好動，有時可能會被認為是過動兒，但也因此種特質，使其對感興趣的事物能夠持續專注地投入，認為資優生具備的五種過度激動特質，包括：

1. 心理動作的過度激動：說話快、動作快、冒險性強，但精力旺盛而有強迫性多話的傾向或神經質的表現。

2. 感官的過度激動：對聽覺、視覺、嗅覺、味覺等的感覺敏銳，但為紓解內在的緊張而尋求感官的滿足或縱慾、不能忍受噪音、不美好的事物。

3. 智能的過度激動：渴望知識、好問、追求真理、思考獨特，但不滿現實與權威，批判或反抗性強烈。

4. 想像的過度激動：想像力豐富，善用視覺表徵，但喜歡幻想、作白日夢、注意力不集中。

5. 情緒的過度激動：人際敏感，關心他人及社會，但常有強烈而複雜的感受，因此對感情的記憶深刻鮮明，關切死亡問題、憂慮社會，可能產生心身性反應，如胃痛、焦慮、抑鬱等。

另外從情緒智能的觀點，資優學生雖有較佳的認知能力，但在情緒方面會受到個人的人格特質所影響，部分資優生有較強的情緒敏感度，如同過度激動特質中的情緒過度激動，而使情緒受到影響。

(二)社會發展

所謂的社會智能在過去的研究中逐漸受到重視，其所呈現的多樣性不同於學業方面的智能。H. Gardner的多元智能觀點中提到的人際智能，代表察覺並區分他人的情緒、意向、動機及感覺的能力，即瞭解他人、與人相處的能力，有這方面優勢智能者，較易與人建立良好的關係，適應社會群體生活，也較能辨別不同人際關係的暗示，並做出適當反應；此外，比較擅於解決衝突，設身處地為他人著想，進而從人際互動中學習，有很多朋友，並成為團體中的領導者（王為國，2006）。

另從社會心理學與社會發展理論來看，包括：依附理論、利社會行為以及有關於人際問題解決、友誼與社會能力等理論，都可以瞭解資優學生

的社會情緒發展情形。部分資優學生有比一般人強的道德判斷能力，願意從事利社會行為以促進社會的發展，不過也受資優生的人格特質與成長經驗影響。

三、認知與社會認知理論

Crick和Dodge（1996）透過社會訊息處理模式解釋人際互動的歷程，當兒童面對社會線索做出反應前，會有一連串包括線索編碼、線索解釋、目標澄清、反應搜尋、反應決定與行動的心理歷程。此認知歷程中任何一個步驟的不足或缺陷可能會影響個人適當的行為表現。另外，Kuhl（1985）所提出的行動控制理論乃針對個體自我調整（行動控制）的心理歷程提出相關的理論架構，個體不顧其他競爭意向的干擾，仍能維持並啟動其所承諾的意向，應用在學習歷程中發現，失敗挫折可能降低學習者的學習動機，但卻不影響其目標追求的行為，因此意志力在意向至目標完成之間所扮演的動機維持角色。

對資優學生而言，目標導向或行動導向者較不易受負面情緒的影響，即使受到影響，也較能夠主動面對挫折，尋找合適的解決方法。

四、人格發展理論

㈠心流理論

Mihaly Csikszentmihalyi首次從心理學角度提出「心流」的概念，是指完全投入在某項事物或情境中無視於周遭事物的存在，極端的專注於做某件喜歡做的事，是一種暫時性、主觀的體驗，當技巧及挑戰都最高的時候，心流體驗具有最豐富的心靈能量。其中，體驗樂趣的九大特徵或要素包括（1990）：

1. 技能與挑戰的適配：指有在個體的自身技能與挑戰感達到平衡時，心流經驗才會出現。

2. 清楚明確的目標：個體必須在確知目標後，才知道該如何運用自己的能力從事活動，以獲取樂趣。

3. 立即的回饋：回饋能幫助個體瞭解自己是否朝向目標努力，且是

否達成目標，但回饋的方式因人而異，要特別注意。

　　4. 行動與知覺合一：當個體運用技術應付挑戰時，注意力集中在所從事的活動上，達到知行合一的境界。

　　5. 專注於所做的事情：當個體全神貫注在所做的事情上時，心理狀態根本容不下與活動不相干的資訊。

　　6. 潛在的控制感：讓個體願意去冒險，進而體驗心流的感受，認為自己可以控制一切。

　　7. 暫時失去自我意識：當個體完全投入時，不只會忘卻不相干的訊息，同時對自我也會暫時消失於知覺中。

　　8. 時間感的變化：個體投入在某些狀況下，有時候會感覺過了很久，但實際上卻只有幾秒鐘，有時候相反。

　　9. 自發性的經驗：強調活動本身帶來的樂趣，而非外在的報酬。

　　資優學生針對自己有興趣的事物常被形容是廢寢忘食，而忘記自己是身在何時何地，透過心流理論所描述，有助於瞭解資優學生的心理狀態並妥善引導之。

㈡ 正向非統整理論

　　Dabrowski指出，資優者情緒發展的潛能包含四個要素：智力、特殊才能、過度激動及動能。在發展的過程中，個體之改變有賴低層次心理結構之分解，在經歷情緒不統整時產生內在高度的張力，以形成更高一層的心理結構，進而使個體有向上提升的動力。所謂正向非統整是指個體在覺醒自己的思考方式後，朝向同情、統整、利他的方向發展；而負向非統整則是指個體的心理結構缺乏道德及倫理的成分（郭靜姿，2003）。其中過度激動引發內心衝突，而此內心衝突提供正向非統整所需的動力。其將資優生之情緒發展分為五個階段：

　　1. 第一階段—初層次統整階段：自我中心、責他取向，缺乏責任感與自我檢核能力。

　　2. 第二階段—單層次的非統整階段：由迎合重要他人及獲得稱讚中得到自我肯定，價值取向來自社會團體或主流價值觀。

3. 第三階段—自發性多層次的非統整階段：自發的價值系統逐步發展建立，內在的衝突來自實際行為表現無法達到自己理想。

4. 第四階段—組織性多層次非統整階段：邁向自我實現，個人內在衝突已減退，對人類生存關懷。

5. 第五階段—高層次統整階段：因實踐理想而獲致統整。

配合五個發展階段，Dabrowski亦提出一套教學模式，其教學重點分別是：第一階段的自我概念與情緒管理課程、第二階段的人我關係課程、第三階段的價值澄清、第四階段則強調自我統整、自我實現與生涯規劃的引導，以及第五階段是自我超越與社會關懷的課程安排，用以輔導資優學生的正向情緒發展。

五、認同發展理論

除了Erikson所提青少年階段所發展的自我認同，Marcia則參考Erikson理論而提出自我概念建構論，他認為自我認同並非二分，其將青年依其對未來的承諾和探詢的程度分成四種認同狀態，分別是早閉型（foreclosure）、迷失型（identity diffusion）、未定型（moratorium）、定向型（identity achievement）。這四類型分別表現出以下特徵（Marcia, 1993）：

1. 早閉型：個體從未經歷過認同危機，他們做出承諾，但是卻沒有經歷過探索的過程。通常是跟隨著父母的期待，來決定他們的自我概念／認同，而不是經過自己的探索和評估，是一種假的自我概念狀態。

2. 迷失型：個體也許曾經經歷過認同危機，但是並沒有得到解決。他們沒有一定的方向，對於自我概念也不積極尋找，更未做出承諾。

3. 未定型：未定型的個體是正處於自我概念／認同的危機中。他們對不同的職業或意識型態做嘗試，但是尚未做出最後的決定。

4. 定向型：個體已經經歷了探索的階段，並且堅決地對未來做出承諾。他們的信仰是堅實的、不易被改變的。他們也很明白，所做之決定是來自於自己，而非受他人之影響。

這些自我發展狀態其實也會影響到青少年的情緒。例如：未定型的青

少年，其焦慮傾向最高；而早閉型的青年，焦慮程度最低。Marcia的理論有助於資優學生瞭解自己目前自我概念／認同的位置及發展，也許在瞭解自己所處的位置後，就能夠更確認自己的下一步應該往哪兒走。

六、道德發展理論

L. Kohlberg提出道德發展三期六段論，認為人的道德價值觀是隨年紀經驗的增長而逐漸發展的，並透過實證研究，發現人類的道德思想遵循一種普遍性的順序，但道德判斷並非單純是非對錯問題，個人會從己、人、利、害和社會道德規範等考慮。其中，三個階段與六個時期包括：

1. 道德成規前期的懲罰服從導向階段（4-5歲）。
2. 道德成規前期的工具相對導向階段（6-9歲）。
3. 道德成規期的乖男巧女導向階段（10-15歲）。
4. 道德成規期的法律秩序導向階段（16-18歲）。
5. 道德成規後期的社會契約導向階段（19-21歲）。
6. 道德成規後期的人類價值導向階段（22歲以後）。

資優生自小就十分關心道德與全球性議題，具同理心、同情心、理想主義，對道德議題有超前的理解力與判斷力，極高資優兒童比同年齡的同儕更能瞭解公平、正義等概念，以及自己與他人的責任，會透過身邊人的價值觀，以及他們對日常生活情境的反應，發展他們的道德認同（花敬凱譯，2007）。

第三節　資優學生社會與情緒發展輔導

有關資優學生社會或情緒發展輔導，可是學生的需求，從預防性的融入一般課程或情意課程的安排，到針對特定問題或行為學生的諮商與輔導。而學校提供資優學生所需要的情意教育，可由以下方向進行（吳武雄，2000；Delisle, 1986; Silverman, 1993; Weisse, 1990）：

一、課程設計的納入

資優學生情意課程的內涵可包括下列主題：認識資優、積極的自我對話與自我概念、學習分享、主動傾聽、尊重與欣賞他人、服務貢獻的價值觀、人際關係技巧，情緒管理、善用幽默、壓力調適、問題解決、家庭互動、責任感、生涯探索、利己與利他、生命教育等。

二、個別或團體輔導的安排

各校如能適當安排資優生的諮商與輔導，協助其加強社會適應，當有極多助益。尤其對於具有情緒統整失調或過度敏感、焦慮的學生，預防性的諮商更能防止嚴重行為問題的產生。

三、讀書治療的進行

利用孩子的書去幫助她們瞭解自己及解決自己的問題，選擇的書籍很重要，以與資優生相關且優良的文學作品、內容豐富多樣、真實有趣的，不但可增加自己的知識，且可緩和情緒及洞察問題之所在，透過老師引導討論書中人物的意義，產生人格特質或行為的改變。

四、教學過程的結合

平日教學時，資優班教師如能多注意學生的需求，提供言語或行為的引導當能協助學生建立正確的態度。並在教學時多花點時間在人生目標的指引、價值觀念的澄清、處世的方式、或針對資優生之特質與需求予以引導，都對資優生有莫大的助益。

五、個案輔導資料的建立

對於情緒嚴重適應不良甚至是已兼具情緒障礙的個案，校方應積極建立輔導資料，同時組成個案研討小組，加強個案研討，以給予學生必要的協助，適當化解危機。

六、資優生輔導網路的建立

　　包括專業人員到校輔導、諮詢專線，以及各項社會單位的人力資源或相關資訊，如：張老師或生命線，使教師能夠適時、有效的運用資源，當能提供學生多元的輔導管道。

　　郭靜姿（2003）亦提出針對學生特殊需求之輔導方式可包括以下訓練：

　　1. 壓力調適訓練：輔導資優學生調適壓力，諮商員及教師應在課堂上及日常生活上經常協助他們發展下述的能力，包括：人際溝通、自我覺知、解決問題、作決定、時間控制與休閒。

　　2. 自我調節訓練：自我調節訓練可採取下列主要策略：自我評估、組織與轉換、目標設定與計畫、尋求資訊、紀錄與監控、環境建構、自我影響、演練與記憶、尋求協助、複習。教師通常需要先評估學生現有的後設認知狀況，然後引導學生進行策略性學習作業，以及反省自己的修正歷程。

　　3. 歸因再訓練課程：對於習慣性採取負向歸因方式的學生，歸因再訓練課程被設計用來提升學生的動機信念，教師依據學生在執行過程中，所設定的不同層次目標，隨時提供學生與其努力有關的回饋，用以有效增進個體對其自我效能的知覺與歸因模式。

　　4. 理情治療訓練：對於完美主義過高的學生，教師可運用理情治療法，透過認知結構的改變與信念的修正去除非理性想法、信仰、思想所造成的不適應行為，其程序包括：既存事實的瞭解、個人信念的澄清、情緒或行為的可能結果、駁斥，以及以合宜思考代替不恰當思考的效果。

　　5. 高危險群學生之支持性諮商及輔導：對於憂鬱、躁鬱或經常情緒過敏、情緒失控的孩子，家庭除了必須與心理醫師聯繫，提供必要的醫療及諮商輔導外，平日應多注意孩子行為所表現的各種問題徵兆，以預防不幸事件的發生。

第四節　協助資優學生社會與情緒發展之課程或方案設計

　　根據《特殊教育課程教材教法及評量方式實施辦法》第三條（教育部，2010）：資賦優異教育之適性課程，除學生專長領域之加深、加廣或加速學習外，應加強培養批判思考、創造思考、問題解決、獨立研究及領導等能力。雖然在其中並沒有提到情意課程，但根據教育部民國102年修訂公告之《身心障礙及資賦優異學生鑑定辦法》第22條明列：各類資賦優異學生之教育需求評估，應包括：健康狀況、認知、溝通、情緒、社會行為、學科（領域）學習、特殊才能、創造力等，因此，資優教育著重的不僅是資優生的認知或技能方面的學習與開發，更重要的是引導學生在社會與情意方面的正向發展，而視資優學生個別需求安排情意教育或課程，從認識資優特質、增進情緒管理、適應環境到生涯發展抉擇，有其必要性。

　　根據特殊教育新課程大綱之說明，情意課程實施的目的在預防適應困難之產生，即以積極預防觀點的心理健康出發，以資優生情意發展最需要的知識、技能、態度與最常面臨的適應問題擬定課程綱要與能力指標。其中特別提到可採融入學科的方式，如在國文、英文、自然等學科列及情意發展相關之能力指標，另外考量課程的完整性及資優生與一般生群體特質的差異，教導同一情意指標時的內涵與需求仍不相同，在教學活動的比重與內容上需予以斟酌，對有特殊適應困難的學生，建議視學生需要由個別輔導計畫安排治療性諮商輔導（教育部，2008）。

　　特殊需求領域課程中之情意課程之目標包括：第一，協助資優學生瞭解情意發展對個體學習與生活適應的影響，從自我瞭解、自我悅納進而自我認同以增進心理健康；第二，培養資優生環境適應的能力，獲得適性發展的機會，以充分發展潛能並達成自我實現與服務社會之理想。情意課程兩大主軸與次項目內涵說明如下（教育部，2008）：

一、個人發展

㈠ 知的層面

1. 能力成就與期待：認知內在能力的差異，欣賞自己長處及接受弱勢能力；評析自己的學習成就表現與能力相符程度，訂定合宜的成就標準，調整學習策略以減少低成就的負向影響；瞭解自我與他人的期待，並做適當的抉擇與調整。

2. 生涯試探與規劃：認識資優生生涯發展之特殊管道（如跳級與加速），試探與擬定生涯發展目標與方向，充分發展潛能與生命的價值。

㈡ 情的層面

1. 正向情緒維持與激發：瞭解與體認正向情緒的感受與影響，維持自己良好的情緒，甚或適時倡導與激發正向情緒。

2. 壓力調適：感受、區辨、評析壓力的來源和強度與對個體的影響，進而學習如何面對壓力、舒緩壓力、解除壓力，及認識可求助的管道。

3. 挫折容忍力：培養同理心、瞭解挫敗的因素並能適當歸因，展現挫折容忍力及對抗逆境的能力。

㈢ 意的層面

1. 資優特質：覺知資優生獨特的身心特質，尤其過度激動特質、敏感性與完美主義等對學習與生活適應的影響，善加利用資優特質，成為正向地追求卓越表現者。

2. 興趣與動機：探索個人感興趣的領域，提高內在動機，透過興趣與動機的支持以達成目標。

3. 利己與利他：瞭解社會文化對資優生的看法，培養道德勇氣與責任感，澄清價值觀與成功的意義，以求自我實現與服務社會人群。

二、環境調適：從適應家庭與學校環境著手

㈠ 家庭適應

建立與父母、手足與其他家族成員等人適宜的互動關係，維繫良好家庭支持力量。

㈡ 學校適應

適當地與普通班同儕、資優生同儕與教師等人互動學習，並學習如何處理個人在校的事務，如作業、師長威權、學校規範等。

VanTassel-Baska（2009）規劃有關資優學生的情意課程與方案，提出理想的方案應包含以下幾個要素：

一、自我評估

為協助學生瞭解自己，可透過測驗、檢核表、自評表等協助學生瞭解自己的潛能、性向與興趣，例如：可透過語句完成測驗瞭解孩子目前的情緒或心情，亦可透過壓力檢核表瞭解資優學生現在的壓力狀態並進行適時的輔導，另外也可透過自我的反思進行相關能力、性格或情緒狀態的評估。

二、人生哲學

為了讓資優生瞭解個人所抱持的信念或所在意的價值觀，在情意課程中教師可利用價值澄清活動協助學生瞭解自己的價值觀，也可透過生涯探索活動，瞭解在生涯抉擇過程中個人所在意的事項。另外，為建立學生利己利人的價值觀，關懷他人與社會，透過相關課程的討論與檢討，並帶學生前往一些養護機構進行服務學習，引導學生建立正向積極的價值觀。

三、讀書治療

當資優學生面對一些困境或在人生方向或抉擇中出現迷惘時，教師可利用讀書治療，挑選一些可推薦學生閱讀或可與學生討論的書，其中讀

書治療所挑選的書本要具有以下特性：書中角色的特質（文化特質、性格等）與資優生相近、書中角色的遭遇與資優生現在所處情境接近（生長環境、學習情境、所遇困境等）、書中的描述包含一些主角如何克服困難的過程，資優生可以透過閱讀的過程學習處理困境的辦法，也可自我療癒或刺激其思考，甚至從讀書治療中找到自己的角色楷模。

四、才能發展計畫／個別輔導計畫

為協助資優生發掘自己的專長與興趣，進而掌握自己的生涯，教師可協助學生訂定才能發展計畫，擬定有關的才能發展目標、策略，進而紀錄評估進步的情形，也可結合資優學生的個別輔導計畫，考量其性向、優勢能力、學習特質及特殊教育需求，提供相關的課程與教育輔導方案，尤其是優勢能力的發展、專長與興趣的探索，甚至是定向輔導與情意發展，引導學生瞭解自我、主動學習，進而發展出適合自己的生涯之路。

五、情緒智商／EQ課程

為協助資優生適當管理自己的情緒，教師可透過如：瞭解自己或他人的情緒、確認自己的情緒與感受、適切地表達情緒、區辨情緒反應等活動，協助學生有效控制自己的情緒、瞭解別人的情緒，並知道如何在適當的時間與場合表達自己的情緒，進而更能適應群體、更能適當地與他人溝通並與同儕相處。

六、書寫情緒／調整情緒反應

寫作也是協助學生抒發情緒、引導學生反思的方式之一，學生透過書寫情緒的過程中紓解壓力、釋放壓力，調整自己的情緒，也藉由書寫的過程中，檢討自己的行為表現與情緒反應，甚至重新檢視自己的人際互動問題與處事方式，進而不斷調整、修正。

整體而言，資優學生的社會與情緒發展有其獨特的樣貌，需要老師加以引導與關心，透過團體教學、小團體輔導或個別輔導，規劃相關的情意輔導與課程方案，協助學生正向發展，展現長才。

參考文獻

一、中文部分

王爲國（2006）。多元智能教育的理論與應用。臺北市：心理。

吳武雄（2000）。資優學生的情緒特質與輔導。資優教育簡訊，**13**，4。

花敬凱（譯）（2007）。**啓迪資優—如何開發孩子的潛能**（第六版）（原作者：Barbara Clark）。臺北市：心理。（原著出版年：2002）

特殊教育課程教材教法及評量方式實施辦法（2010）。

張馨仁（2000）。從Dabrowski的理論看資優生的情緒發展。資優教育季刊，**74**，6-18。

教育部（2008）。**特殊教育課程發展共同原則及課程綱要總綱及配套措施**。臺北市：教育部特殊教育工作小組。

郭靜姿（2003）。從資優生特質研究談情意輔導需求。載於情意思考教學研**討會會議手冊**（第22-30頁）。國立臺灣師範大學特殊教育中心。

二、英文部分

Baker, J. A. (1996). Everyday stressors of academically gifted adolescents. *Journal of Secondary Gifted Education, 7*(2), *356-368.*

Barbara, M. N. & Philip R. N. (1999). *Development through life: a psychosocial approach* (7th ed) . Belmont, CA: Brooks/Cole.

Bronfenbrenner, U. (1989). Ecological systems theory. In R. Vasta, (Ed.), *Six theories of child development: Revised formulations and current issues* (pp. 185-246). Greenwich, CT: JAI Press.

Clasen, D. R., & Clasen, R. E. (1995). Underachievement of highly able students and the peer society. *Gifted and Talented International, 10,* 67-76.

Cornell, D. G., Delcourt, M. B., Bland, L. D., Goldberg, M. D., & Oram, G. (1994).

Low incidence of behavior problems among elementary school students in gifted programs. *Journal for the Education of the Gifted, 18*(1), 4-19.

Crick, N. R. & Dodge, K. A. (1996). Social information-processing mechanisms on reactive and proactive aggression. *Child Development, 67,* 993-1002.

Csikszentmihalyi, Mihaly (1990). *Flow: The psychology of optimal experience.* New York: Harper and Row.

Delisle, J. R. (1986). Death with honors: Suicide among gifted adolescents. *Journal of Counseling and Development, 64,* 558-560.

Gross, M. U. M. (1998). The "Me" behind the mask: Intellectually gifted students and search for identity. *Roeper Review, 20*(3), 167-173.

Hébert, T. P. (2011). *Understanding the social and emotional lives of gifted students.* Waco, TX: Prufrock Press.

Kuhl, J. (1985). Volitional mediators of cognitive-behavior consistency: Self-regulatory processes and actions versus state orientation. In: J. Kuhl & J. Beckmann (Eds.), *Action control: From cognition to behavior* (pp. 101-128). New York: Springer-Verlag.

Lovecky, D. V. (1992). Exploring social and emotional aspects of giftedness in children. *Roeper Review, 15*(1), 18-25.

Marcia, J. E. (1993). The ego identity status approach to ego identity. In J. E. Marcia, A. S.Waterman, D. R. Matteson, S. L. Archer, & J. L. Orlofsky (Eds.), *Ego identity: A handbook for psychosocial research* (pp. 1-21). New York: Springer-Verlag.

Maslow, A. H. (1970). *Motivation and personality.* New York: Harper and Row.

Moon S. M., & Hall A. S. (1998). Family therapy with intellectually and creatively gifted children. *Journal of Marital and Family Therapy, 24,* 59-80.

Moon, S. M. (2009). Theories to guide affective curriculum development. In J. VanTassel-Baska, T. L. Cross, & F. R. Olenchak (Eds.), *Social-emotional curriculum with gifted and talented students* (pp. 11-39). Waco, TX: Prufrock Press.

Neihart, M. (2006). Achievement/ affiliation conflicts in gifted adolescents. *Roeper Review, 28*, 196-202.

Robinson, N. M., & Noble, K. D. (1991). Social-emotional development and adjustment of gifted children. *In* M. C. Wang, M. C. Reynolds, & H. J. Walberg (Eds.), *Handbook of special education: Research and practice* (pp. 57-76). Oxford: Pergamon Press.

Silverman, L. K. (1989). Invisible gifts, invisible handicaps. *Roeper Review, 12*, 37-42.

Silverman, L. K. (1993). *Counseling the gifted and talented.* Denver: Love Publishing Company.

Sowa, C. J., McIntire, J., May, K. M., & Bland, L. (1994). Social and emotional adjustment themes across gifted children. *Roeper Review, 17*(2), *95-98.*

Tomlinson-Keasey, Lynda, W. W., & Janet, E. E. (1986). Suicide among gifted women: Aprospective study. *Journal of abnormal psychology, 95*(2), 123-130.

VanTassel-Baska, J. (2009). Affective curriculum and instruction for gifted learners. In J. VanTassel-Baska, T. L. Cross, & F. R. Olenchak (Eds.), *Social-emotional curriculum with gifted and talented students* (pp. 113-132). Waco, TX: Prufrock Press.

Webb, J. T. (1993). Nurturing social-emotional development of gifted children. *In* K. A. Heller, F. J. Monks, & A. H. Passow (Eds.), *International handbook of research and development of giftedness and talent* (pp. *525-538).* Oxford: Pergamon Press.

Weisse, D. E. (1990). Gifted adolescents and suicide. *The School Counselor, 37,* 351-358.

王木榮

第三章

資賦優異學生的
鑑定與評量

　　資賦優異與特殊才能學生是國家重要的資源，若能給予適當的支持與培育，日後他們可能是專業教授、藝術家或國家領導人。資優教育發展自1920年以來，已有許多專家從不同角度發展出資優的理論，諸如最早L. M. Terman的對資優者採g因素高智力定義並進行長期追蹤研究，到1990年代後期，J. Piirto的特殊才能發展金字塔論（The Piirto's Pyramid of Talent Development），各資優理論家都詳細描述其主張的資優概念及包含的因素成分，也提出主要的鑑定方式，進而影響從事資優教育工作者不再墨守於單一的資優概念，以更寬廣的視野建構新的鑑定與評量方式，能與資優教育方案更密切結合。各家的論點有共通性的亦有彼此互異的闡述，例如：H. Gardner的理論就主張要透過一些媒介和活動，在與兒童彼此互動中觀察表現後研判；而R. Sternberg的理論則強調量化認知能力，要用他們發展的新測驗工具評量。質言之，資優教育發展至今，「資優」（gifted and talented）一詞已是包含多元與複雜性的概念，資優生的課程方案形式與內容亦隨之蓬勃發展，不易綜合出最佳的鑑定與評量模式，故本章不擬就各家的殊異性分別論述資優學生的鑑定與評量，僅就一般教育界實務上所認知的內容論之。

第一節　資賦優異學生鑑定與評量的主要議題

　　鑑定是資優教育很重要的一環，關係著資優教育方案的成效。述及資賦優異學生的鑑定與評量，經常有一些議題會引起多方的討論，這些議題也是資賦優異學生鑑定的核心問題，Heller和Schofield（2008）曾提出資優教育專家和評述者間常討論的議題，如要鑑定什麼？為什麼要鑑定？或是鑑定的目的是什麼？資優生如何才能被鑑定出來？在什麼時間點或哪一發展階段鑑定，對資優兒童和特殊才能青少年較具有準確度？要用單一或是連續評量的方式？特殊才能的發掘是志願參與或是有義務接受鑑定？等議題，底下是綜合理論與實務上較常討論的議題：

一、確定評量的內容

　　資優是一種標記，一種社會的結構（Pfeiffer, 2003）。學校教師與輔導人員和資優教育專家經常被詢問是否該給學生資優資格身分。此問題看似簡單可直截了當地回答，這得視相關人員的資優概念及所作決定的標準，是明白的還是含糊地。如果強調資優是等同高智力或g能力，則選擇較側重g能力的測驗評量工具或程序；相反的，如果較強調資優概念是等同特定領域能力、多元智能或其他創造力，則會選擇特定領域的工具或在鑑定程序上也將有很多的差異。所以依據的資優理論概念不同，要評量或診斷的特質與變項範疇也有差異。(1)是否有關鍵性的特定領域表現可以代表個體的能力？普遍存在的「資優兒童就是智力測驗上得高分者」信念，在多數資優專家認為如此的高智商定義資優太簡單，但卻仍然以高智商兒童的研究為基礎討論資優（Tannenbaum, 1986），Tannenbaum提醒如此之假設與類推將使教育人員陷入資優就等於是高智商迷思的陷阱。(2)若以綜合能力的評估是否會忽略掉一些特殊能力的表現？學術能力表現的評量普遍是以統計方法萃取出的兩項語文和數學兩大領域為主之綜合性能力，往往一個學生可能在某一領域是資優但在其他領域的表現卻不是資優，例如：在語文領域的表現相當突出，可是在數學與自然領域卻只有平均水準的成就，多數學生是在某特定領域上是有很好的成就但在其他領域則只是一般的表現水準，一般對高智商學生的認知是在所有領域的表現都是傑出優秀的。(3)評量的變項間是否存在本質上的獨立性的或是低相關？評量實務上大量使用心理計量學（psychometric approach）的假設與技術，以觀察變項（observed variables）推論潛在變項能力（latent variables），透過各種統計方法區分抽象心理特質的獨立與關聯的現象，屢屢發生測驗所得分數與真實能力表現有落差。事實上，測驗並非所想像的客觀或數量上的可信賴，但測驗在篩選過程是一主要的方式不應該被拋棄（Callahan, Tomlinson, & Pizzat, 1994）。

二、鑑定評量的目的

地方行政辦理資優鑑定的目的純粹是發掘資優生並給予適性安置，至於與後續提供的課程教學方案是否相結合，並無太多的直接連結。單純的鑑定到安置模式與教學實務上的評量與教育互動模式，評量的本質是不同的，因此鑑定與評量的程序及方法也會不一樣。鑑定要與課程緊密結合才能產生鑑定的真實意義，如果只是鑑定卻未提供後續適當的課程教學服務，對學生而言將更會凸顯鑑定的負面與限制效應。對心理與教育測驗有不當的使用，未能將測驗的潛在的用途發揮，甚少與課程和教學、個別化教育相連結，如此只徒具守門員形式與功能的鑑定，未能與提供適性的教育相互連結，其利與弊是必須慎重權衡的。

三、鑑定標準的訂定

資優鑑定標準的認定有從寬的主張，如以創造力、領導能力或藝術才能等為優勢能力參與鑑定，其標準多數採平均數正一個或1.5個標準差以上，但要綜合多項表現成績研判後方能確定身分，如J. Renzulli的資優三環論及H. Gardner的多元智能論；亦有主張從高標準者，主要關鍵性領域的測驗成績必須達平均數正二個標準差以上或更高的水準，方能進入資優課程方案接受培育，如L. M. Terman選取智商在130以上者接受其長期研究的對象。此議題的爭論點在於從事資優教育者的哲學信念，菁英培育論者視資優為天才，必須是尚未給予資優課程教學，就已經有極為卓越的表現者，在團體中只有極少數者方可稱之；儲備菁英論者視資優乃是具有潛能若經適性培育，未來可能有極佳的表現者，其在一般群體中約有3-5%的出現率。我國自1973年實施資優教育以來，資優鑑定標準亦經數次調整，從初始實驗階段的百分等級98以上，到1985年《特殊教育法施行細則》正式發布實施後將標準訂在百分等級97以上，復於1998年修正為百分等級93以上，2006年又再度調整為百分等級97以上。在歷經數次變更標準的背後，存在著資優教育專家所信奉的資優理論遞嬗與國民教育政策的變革跡象，如此的變化有基於資優教育本質而導引，亦有因防弊而昧於資優教育

理論基礎所致。

四、鑑定程序的效能與效率（effectiveness & efficiency）

　　無論以學校或一行政區為單位辦理資優鑑定，參與鑑定的學生經常為數不少，要以有限的資源與時間正確鑑定出符合資優資格標準的學生，其思維點即是鑑定正確性與完成任務的效率問題。如何避免鑑定結果出現評量上所謂「偽陽性」（false positive）與「偽陰性」（false negative）的兩種現象，以提升鑑定的效能。前者是指鑑定評量時各項能力表現均優，但進入課程方案教學後表現並未如預期般的理想；後者是錯誤地淘汰，亦即參與鑑定與評量時沒有突出的表現，但經過教學輔導啟發後，呈現優異的成果且不亞於同年級資優生的表現。雖然多元化的評量可以有效提升鑑定結果的正確性，卻因評量的時程加長及必需要有更多的人力與財政資源挹注，且實際上並無法有大量接受相關專業研習過的評量人員可支援辦理資優鑑定評量工作，鑑定評量的效率隨之降低。另外因參與評量人員與單位增加後，難免受到彼此對資優概念持不同理論見解和評量技術的熟悉度影響，其結果的公平性與客觀性易受質疑。

五、鑑定評量的時間

　　能測量到受試學生的最大能力表現與最佳典型表現，評量才具有可接受的效度。此議題關係到個體的發展與評量工具和情境的限制，幼兒期的發展速率與接受教育刺激的機會，個別差異很大，而可使用的評量方法與工具種類有限，且信效度變異量較大；小學之後各項學習表現除受到遺傳因素影響外，增加後天教育與社區文化情境的刺激所產生的交互作用影響，加以評量工具無法避免因文化與教育因素的影響，資優生的出現率高低互見。兒童在哪一階段接受鑑定的正確性與穩定度較高？只能鑑定一次，還是經常鑑定？這是關係密切且棘手問題，有些兒童只根據他們一年內的測驗分數接受鑑定，而隔年他們的測驗分數滑落，依據鑑定的標準就不再有相當的能力品質。而另外也是相當棘手的問題，某些兒童也許有高的測驗分數而被安置在資優課程方案中，但在方案中的表現並未達所設定

的標準。對此問題專家間有不同的看法，此相當明顯地與回歸平均數現象有關。在某些測驗的確在一至二年內再測將會發生此現象，但就發展心理學與評量工具的條件而言，兒童應該正常地接受再鑑定和重新安置，學生應每兩年重新評估一次（Lohman, 2006）。

鑑定時間的另一個爭議點是「入學前」或「入學後」鑑定，揆諸鑑定與評量工作乃是一具高度專業性的行為，應不受政策制度或社會因素的介入干擾，方可有真實的結果。事實上，專業的理念與作為常被蒙蔽，取而代之的是學校或行政單位利益取向的做法。「入學前」與「入學後」的區分是指學生登記入學下一教育階段學校之前與後，入學前鑑定會結合之前的表現成就與未來預測發展的可能性向，但普遍是以成就為主要判定的依據；而入學後除前者的成就與性相兼顧外，還增加進入高一階段的學習表現觀察。其次再就配合標準化測驗常模建立的時間而言，以學業成就測驗為例，若在12月施測，但以年級的課程綱要指標編製的學年學科成就測驗，實務上會選在六月學年結束前後時取樣施測，因此施測時間與常模建立時間有半年差異，以常模為對照標準是不利於受試學生；若採用跨年級的學科綜合成就測驗，以受試學生的前一年級常模為參照標準，則是有利學生，若是採同一年的常模對照表則是不利於學生，測驗結果的評量效度受到質疑。

六、鑑定與評量的權益

參加資優的鑑定應是每位學生的合法權益，有些時候也是一種特權（Lohman, 2006）。對於具有多元才能優秀表現與潛能的學生，應否提供相對足夠的機會去發掘這群資優學生，以及資優課程方案的運作能否配合少數多元才能資優生的需求等問題，決定了他們權益被保障的程度。以我國實務為例，基於行政作業的方便，各行政區普遍將認知能力的各類資優生的鑑定時間做統一規範，因此具有多元領域資優性向的學生只能被迫就其中選擇一項接受鑑定；其次是受限於政府規定每位資優生每週只能就專長領域抽離進行加深與加廣的課程時數為十節，多少也影響到學生的鑑定意願。

　　權益的行使以必須要有相對的足夠條件，鑑定結果是一種標記作用，是否要接受鑑定必須充分尊重當事人的意願，在民主國家中每位個體都有權利去主張是否要參加正式教育以外的其他評量，當事人要意識到資優教育對他所賦予的社會責任，他們也有權利決定最大的社會化機會（Schofield & Hotulainen, 2004）。

　　在家長對子女有高度期待發展的文化國度裡，是否參加資優鑑定經常是由家長決定，而鑑定與評量結果勢必會產生有利與不利於兒童的影響，在學前與國小階段的鑑定更應審慎處理，避免受挫的夢魘及學習壓力傷害兒童的心靈。

七、鑑定與評量的辦理單位

　　此議題並非結果的正確性的問題，而是一種鑑定與評量程序公平性的爭論。維護程序公平正義是民主開放社會處理公共事務的基本原則，也是實踐實體正義的基礎。緣自於可用的測驗種類與數量不足所衍生的鑑定結果公平性問題，在現行教育制度下，學校基於發展特色的需求而設定辦學目標與願景，提供資優教育課程服務是其中做法之一，或由地方政府規劃計畫性發展資優教育政策，指定學校辦理資優教育，如此落實學校本位的特色課程或配合政府達成目標，學校依規定程序與方式辦理鑑定與評量，篩選出適合參與學校本位資優課程的學生，自是合理且適當的做法。但往往行政區內有多所學校辦理資優教育，如各校辦理的評量時間不一致，而所使用的標準化客觀測驗種類或複本有限，測驗內容易外洩而遭致不公平的批評聲浪，再者，因以學校為單位參加鑑定學生數較少，可以採行兼顧量化與質性的多元評量方式，必能提高鑑定的效度與效率。從減少客觀測驗題目內容外洩，引起的不公平爭議與投入辦理鑑定工作人力來看，地方行政單位統一辦理有其必要性與正當性，但此舉卻易遭受各界以另類聯合招生被詬病之。公平與適性、效力與效率應如何兼顧，是資優鑑定與評量的重要課題。

鑑定與評量方式

不同的鑑定方式就會有不一樣的結果，而各資優類別亦有其特定的鑑定與評量的方式，發展至今仍無最佳可供為典範的鑑定與評量系統（Feldhusen, Hoover, & Sayler, 1990）。在實際執行鑑定與評量時，應由資優教育專家、教育行政人員等組成的鑑定小組或委員會（我國《特殊教育法》規定是各縣市的特殊教育學生鑑定及就學輔導會，簡稱為鑑輔會）討論決定鑑定程序與評量方式及工具，以下分別就我國實務上的鑑定標準、程序與方式說明，並參酌國外的資料敘述。

一、各類資賦優異學生的鑑定標準

依據《身心障礙及資賦優異鑑定辦法》（教育部，2013）第15條至第20條規定之各類資優定義及鑑定基準，其內容如下：

㈠ 一般智能資賦優異

鑑定基準應符合下列規定：

1. 個別智力測驗評量結果在平均數正二個標準差或百分等級97以上。

2. 經專家學者、指導教師或家長觀察推薦，並檢附學習特質與表現卓越或傑出等之具體資料。

㈡ 學術性向資賦優異

鑑定基準應符合下列規定之一：

1. 任一領域學術性向或成就測驗得分在平均數正二個標準差或百分等級97以上，並經專家學者、指導教師或家長觀察推薦，及檢附專長學科學習特質與表現卓越或傑出等之具體資料。

2. 參加政府機關或學術研究機構舉辦之國際性或全國性有關學科競賽或展覽活動表現特別優異，獲前三等獎項。

3. 參加學術研究單位長期輔導之有關學科研習活動，成就特別優異，經主辦單位推薦。

4. 獨立研究成果優異並刊載於學術性刊物，經專家學者或指導教師推薦，並檢附具體資料。

㈢ 藝術才能資賦優異

鑑定基準應符合下列規定之一：

1. 任一領域藝術性向測驗得分在平均數正二個標準差或百分等級97以上，或術科測驗表現優異，並經專家學者、指導教師或家長觀察推薦，及檢附藝術才能特質與表現卓越或傑出等之具體資料。

2. 參加政府機關或學術研究機構舉辦之國際性或全國性各該類科競賽表現特別優異，獲前三等獎項。

㈣ 創造能力資賦優異

鑑定基準應符合下列規定之一：

1. 創造能力測驗或創造性特質量表得分在平均數正二個標準差或百分等級97以上，並經專家學者、指導教師或家長觀察推薦，及檢附創造才能特質與表現卓越或傑出等之具體資料。

2. 參加政府機關或學術研究機構舉辦之國際性或全國性創造發明競賽表現特別優異，獲前三等獎項。

㈤ 領導能力資賦優異

鑑定基準應符合下列規定之一：

1. 領導才能測驗或領導特質量表得分在平均數正二個標準差或百分等級97以上。

2. 經專家學者、指導教師、家長或同儕觀察推薦，並檢附領導才能特質與表現傑出等之具體資料。

㈥ 其他特殊才能資賦優異

鑑定基準應符合下列規定之一：

1. 參加政府機關或學術研究機構舉辦之國際性或全國性技藝競賽表現特別優異，獲前三等獎項。

2. 經專家學者、指導教師、家長或同儕觀察推薦，並檢附領導才能

特質與表現傑出等之具體資料。

綜合上述各類資優的鑑定基準可歸納如下：

㈠ 除領導才能優異只需要符合達標準化測驗的標準「或」相關人員觀察推薦之一即可外，其他各類都可以採達標準化測驗的標準「及」相關人員觀察推薦。

㈡ 若以標準化測驗結果為基準，其標準均訂在平均數正二個標準差或百分等級97以上。

㈢ 如以參加競賽表現特別優異為基準，具體規定是政府舉辦的全國性或國際性比賽獲前三等獎項。

㈣ 評量方式採標準化測驗、提名法、檔案評量及競賽成績等級的多元方式。

二、鑑定程序與步驟

資優的鑑定程序應採用多元多階鑑定的步驟逐一篩檢及鑑定學生，適當的程序應循：提出申請→觀察及推薦→初審或初選→複選→綜合研判（鑑定）→安置輔導。上述各階段所用的評量方式與審查標準不盡相同，觀察提名、評定量表、檔案評量、團體測驗（含標準參照測驗與常模參照測驗）、晤談和個別測驗等是常用的評量方式。審查標準一般是先放寬標準接受系統的觀察與評量，再對參與複試（選）學生實施更深入的評量並採逐步趨嚴的審查標準。

Johnsen（2004）提出資優鑑定的三步驟：提名（nomination）、篩選（screening）、遴選（selection）。

㈠ 提名階段

學校應該提名較多的學生，只要學生稍具資優的特徵即可推薦提名。應注意來自不同文化、種族等背景的學生有均等的機會被提名；學校應將相關訊息利用各種管道傳達到家裡，家長、社區團體和學生等知悉提名作業方式、如何填寫檢核表與檢具佐證資料。

㈡ 篩選階段

　　一般作業程序會先從學生中選取20-25%，再從這群團體中以各種評量工具進行篩選，此階段是不會以任何一種分數或截斷分數來決定學生是否可參與資優課程方案。進入到篩選階段的學生數比較少，應該給予施測個別智力和成就測驗，從中觀察學生是否具有資優特質。

㈢ 遴選階段

　　經過前兩階段逐步篩選後綜合所有量化與質性的資料，進一步比照資優的標準確定可參加為各類資優生規劃的課程名單。

　　K. A. Heller於2000年提出如圖2-1之鑑定資優生的序列策略模式（引自Heller & Schofield, 2008），該模式指出從觀察推薦到篩選與評量安置各階段合理的篩選比率，於初始的推薦階段是全體學生的10-20%，初選評量篩選出約全體學生的5%，再經最後複選階段的測驗與晤談確定全體學生的2-5%，這與我國採的標準訂在平均數正二個標準差或百分等級97以上約略相似。

三、評量方式

　　資優是一個相當複雜和多元的概念，因此對於資優的鑑定均朝向多元化發展，資優教育對象自早期單以智商高的學生為主，逐步重視兒童多元才能的發現與培育，唯有發展多元面向的資優教育觀，方可避免過度以「單一智能」決定其他「多元才能」造成的遺珠之憾。因應資優教育觀念的改變，評量也隨之從傳統強調紙筆式虛擬問題情境的評量發展出多元化的實作評量、真實評量和檔案評量等方式，自注重評量結果的靜態（static）評量延伸到重視診斷、訓練與再評量的思考歷程分析之動態（dynamic）評量，以強調公平、客觀的量化資料為主到兼採適性化質性資料，由側重認知的評量到兼重情意的評量。

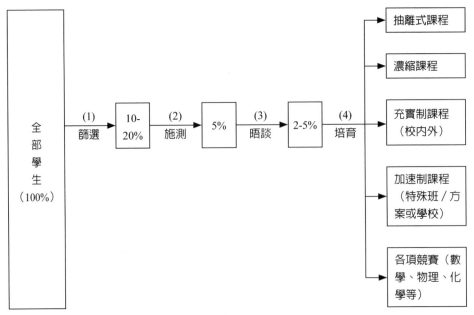

圖2-1　鑑定資優生的序列策略模式（引自Heller & Schofield, 2008）

(1)根據資優特徵採教師檢核表方式提名每班前10-20%學生。
(2)針對特定領域施測選出10-20%和／或由專業科任教師評定。
(3)如有必要可進一步與學生晤談。
(4)為選出的學生安排各種教育方案。

　　我國於《身心障礙及資賦優異鑑定辦法》（教育部，2013）第二條第二項的規定，「資賦優異學生之鑑定，應以標準化評量工具，採多元及多階段評量，除一般智能及學術性向資賦優異學生之鑑定外，其他各類資賦優異學生之鑑定，均不得施以學科（領域）成就測驗。」內容清楚指出資優鑑定評量方式應採「多元與多階段」與「標準化工具」原則辦理，另外為避免資優被不當定義為「學科成績優異」，所以特別限制學科成就測驗的使用時機。

　　資優評量的「多元」概念，有下列幾項的特性：

　　1. 多元領域的評量：領域（domain）包含：認知能力、創造力、學科領域、動機、人格等。

　　2. 多元方法的評量：可以使用標準化測驗、行為觀察、晤談、教師

自編非正式測驗、動態評量、實作評量、檔案評量、優秀作品與競賽成果等。

3. 多元評量者的評量：學生在不同情境可能有特殊的行為特徵，家長、教師、輔導人員、社會人士與同儕等能分別就不同觀察點提供評量資料。

4. 多元情境的評量：經過持續一段時間在不同情境（學校的教室、實驗室、戶外營隊、家庭和社區等）連續觀察評量所得的資料，如果有穩定的表現方能有效證明具有顯著的資優特徵。

5. 多元工具的評量：對相同領域的評量施以不同的測驗，雖然測量的領域特質（traits）名稱上是相同，但在編製時建構試題的內容與反應（task）會因依據的理論概念不同出現評量效度的差異，同時施測並不影響結果反而有補單一工具不足之處，如：團體智力測驗與個別智力測驗的結果可以有互補的效果。

㈠ 多元評量方法

1. 標準化測驗的運用

標準化測驗（standardized test）亦稱正式測驗（formal test）或常模參照測驗（norm referenced test），係指經標準化歷程編製的測驗工具，具有較高的信效度，且強調施測過程、計分方式與結果解釋不受施測人員、時間與地點的不同而有差異，因為有建立參照的常模，可得知受試者的測驗結果在團體中的相對地位，客觀程度較高。在目前的資優教育制度下，最容易測量的方式是實施標準化能力測驗和在傳統的課程表現成就，因此它是最方便用於選擇學生參與資優方案的方式。

資優鑑定上常用的正式評量工具，如下：

(1) 智力測驗，分為團體智力測驗與個別智力測驗兩種，團體智力測驗又可分為圖形式（非語文）、語文式和綜合式等三種。

(2) 特殊性向測驗，可分單科的學業性向測驗，如：數學性向測驗、科學性向測驗、國文性向測驗與綜合多科的多元性向測驗，和藝術才能類的音樂性向測驗、美術性向測驗、舞蹈性向測驗等。

(3) 學科成就測驗，如：國語、數學、自然科等單科成就測驗和綜合

成就測驗。

　　(4) 其他能力測驗，如：圖形式與語文式創造力測驗、批判思考能力測驗、問題解決能力測驗等。

　　(5) 其他行為評量表，如：資優生社會適應評量表、資優行為觀察量表等。

　　選擇標準化測驗前要先檢核測驗是否適合用於資優鑑定，選擇良好的測驗前，必須先瞭解測驗的目的，並要熟悉各種可能被選用的測驗之編製技術與指導手冊內容。一份適合使用的好測驗必須有嚴謹的標準化過程、最近編製完成的及實用性佳之要件。測驗工具本身的條件影響鑑定評量結果甚巨，但仍要求施測人員是有專業背景和接受完整的研習訓練。以下是參考Piirto（2007, p.148）提出的檢核項目，擇其重要者列述供參考：

選擇測驗工具的檢核項目：

‧是否有正當理由評量學生？

‧選擇測驗的人員有測驗的專業背景嗎？

‧施測人員是否有經過專業的訓練？

‧測驗的常模樣本是否夠大且適合受試者對照測驗結果？

‧測量的行為樣本（題目）代表性如何？

‧測驗所測量的特徵是否與測驗所要測量的特質相符？

‧測驗是否有預測未來在此領域成功個案之行為？

‧測驗指導手冊內容是否有清楚適當地說明常模、信效度等資訊？

‧是否有令人信服的理由使用團體測驗？

‧是否有令人信服的理由使用個別測驗？

‧測驗的天花板高度是否足夠評量特殊才能？

‧測驗的計分是否容易完成？交給其他單位處理是否符合成本效益？

‧測驗結果的解釋報告提供哪些資料？這些資料是否已解釋充分？與家長溝通的訊息足夠嗎？

‧團體施測時最大的人數是多少？

‧施測所需的時間長短？

‧學校如何將測驗結果的資料解釋給家長知悉？

‧測驗的結果會登錄在學生永久紀錄中嗎？

‧學校如何將測驗結果向學生解釋？

2. 評定量表

　　評定量表（rating scale）一般是配合觀察法使用，觀察者就量表所列的行為項目經觀察學生後予以做適當的等級判定。可以同時由多位觀察者針對要觀察的特定行為進行評等第，取得多元觀點的資料，也能聚焦觀察的重點，形成較具結構性的觀察。教師評定量表法是最廣泛用於鑑定資優生的方式，僅次於智力測驗及其他標準化測驗的使用頻率次數。

　　評定量表是要求教師、家長或社區人士針對擬推薦轉介接受資優鑑定的對象，就量表上所列之各行為特徵，分別依自己所觀察到情形按程度分別勾選適當的等級。所列等級一般分為二分等第量表與多元等第量表，前者如「有」與「沒有」或「符合」與「不符合」等，後者是分「經常出現」、「偶爾出現」與「從未出現」三等第的形式或「完全符合」、「小部分符合」、「部分符合」、「大致符合」、「完全不符」等五等第的形式。

　　量表題項內容必須要與評定的目的結合，如果是要甄選參加以團體或合作學習為本的課程方案之學生，量表內容就必須有一些是與具備在團體中能和他人合作完成任務的態度與行為有關之題項。

　　教師與家長共用的量表題項必須是不分家裡、社區或學校都可以觀察到的行為特徵，若要區分教師用版與家長用版，量表的題項則可考慮分別於各版的內容列出在特定情境下方可以觀察到的關鍵性資優特徵。

　　評定量表方法是最適合用於鑑定的初始推薦階段，辦理單位規劃一套篩選程序與時程，要求於規定的時間內提出推薦名單給承辦單位，之後再委請具實務經驗與專業人員組成的委員會進行資料審查，依既定的標準比對所推薦學生的評定量表得分與學生其他表現佐證資料後，決定疑似資優的名單再安排下一階段的評量。提名者可以是教師、家長、社區人士、同儕或學生本人，一般除了要求教師以外的人員提名外，多數學校或行政單位還是以教師的提名資料列為主要的資訊，以求符應公平、客觀與真實的篩選原則。表2-1是一般智能優異之觀察推薦表。

表2-1　臺中市104學年度國民小學一般智能資賦優異學生鑑定安置

基本資料	學生姓名		就讀學校		國民小學　年　班			
能力	表現特質			完全 不符 1分	小部分 符合 2分	部分 符合 3分	大致 符合 4分	完全 符合 5分
認知〈思考〉	1. 詞彙發展超過同齡學童，語言的運用流暢而精確。			☐	☐	☐	☐	☐
	2. 興趣廣泛，常識豐富，超過同齡學童。			☐	☐	☐	☐	☐
	3. 訊息處理與記憶能力優異。			☐	☐	☐	☐	☐
	4. 喜歡追根究柢，提出疑問。			☐	☐	☐	☐	☐
	5. 喜愛並自動閱讀，讀物的難度，範圍與水準超過同齡讀物。			☐	☐	☐	☐	☐
動機〈情意〉	1. 對感興趣的事物專注執著，能持之以恆的完成。			☐	☐	☐	☐	☐
	2. 要求完美，對於自己的表現不易滿意。			☐	☐	☐	☐	☐
	3. 喜歡獨自工作，不太喜歡別人干預。			☐	☐	☐	☐	☐
	4. 是非分明，要求公平正義，並常對人、事、物進行批判。			☐	☐	☐	☐	☐
	5. 對於重複與機械性作業容易厭煩。			☐	☐	☐	☐	☐
創造	1. 對於許多事物富好奇心。			☐	☐	☐	☐	☐
	2. 對於問題常能提出各種構想，並有獨特新奇的點子。			☐	☐	☐	☐	☐
	3. 勇於發表意見或提出異議，並常堅持自己的看法。			☐	☐	☐	☐	☐
	4. 富冒險精神，喜歡嘗試和探究。			☐	☐	☐	☐	☐
	5. 不順從權威，不拘小節。			☐	☐	☐	☐	☐
社會〈領導〉	1. 與人相處頗有自信。			☐	☐	☐	☐	☐
	2. 能與人和諧相處，喜歡交朋友，人緣不錯。			☐	☐	☐	☐	☐
	3. 常扮演領導者的角色，有支配他人的傾向。			☐	☐	☐	☐	☐
	4. 善於表達自己的意見，容易被瞭解。			☐	☐	☐	☐	☐
	5. 適應環境的能力強，有彈性。			☐	☐	☐	☐	☐
觀察期 （三個月以上）	年　月　日～　年　月　日			得分 小計				
觀察推薦 教師簽章			填表日期		104 年　月　日			
＊本觀察推薦表須達80分以上，始得推薦報名一般智能資賦優異學生鑑定。								

3. 檔案評量

受到文化人類學、進步主義和多元智能論等哲學思潮的影響，1990年以後興起了一種強調兼具學習歷程與成果的檔案評量法（portfolio assessment）（歐滄和，2002）。檔案評量是有目的地持續蒐集學生作品，展現出學生在一個或數個領域的努力、進步與成就。從選擇的內容與標準，評斷優劣的標準和學生自我反省的證據，都應有學生參與（Paulson, Paulson, & Meyer, 1991; Stiggins, 2000; Vavrus, 1990）。檔案評量是非正式評量（informal assessment）方式之一，它是注重質性的評量，藉由檔案中的資料，可以瞭解學生在全部領域或特定主題領域學習的成長過程，也能夠從分析作品中得知實作技能的層次與進步情形，比起單純以測驗或單篇主題報告更能瞭解其能力與學習變化情形，在資優鑑定上可補標準化測驗和傳統紙筆測驗量化資料不足之處。檔案的內容由教師、家長和學生共同有系統的蒐集與組織，教師或家長定期就內容給予回饋，學生也可以從中自我反省，在回饋與反省過程中瞭解學生在知識、技巧及態度上的成長。Slavia和Yesseldyke（2001）認為，檔案評量主要有展現學生的努力成果、提供學生的成長及學習表現、提供較其他評量方式的更多資訊和對學校教育的成效提供具體說明等四個目的。

實施檔案評量必須要先明定評量規準（rubric），才能降低主觀偏誤，提升判斷學生檔案作品的品質水準。規準或指標類別可以包括：語言的應用、複雜精密的水準、問題解決策略、資訊的深度、創造力、對複雜或新奇的偏愛和分析、解釋、綜合的能力。為增加檔案評量的準確性，將規準或指標轉換為數字的或計量的量表形式是比較適當的做法（Smutny, 1998）。另外此方式需要花較多的時間與金錢及需要額外的訓練，不像一些測驗可以在短時間內完成，且計分都是人工方式，因此要經常對評量人員實施訓練與再訓練，才能得到較客觀可信賴的評量結果（Slavia & Yesseldyke, 2001）。

4. 實作評量

實作評量（performance assessment）不是在測量基本的、機械性的心理動作能力，而是在測量結合知識與複雜動作協調的技能領域，可以用口

語表達方式進行，或是以紙筆完成的建構式，亦可以是操作工具或設備（歐滄和，2002）。實作評量是一種依據觀察和專業判斷去評量學生能力的方式（Stiggins, 1987），強調將知識轉換成具體的行動歷程，而非僅靜態知識的評量。在工具上，實作評量係以真實世界或生活中可能遭遇的事件做為評量的題材，學生須從相關的問題情境脈絡中，使用學習過的知識或技能去解決問題。由實作評量的反應中，可以觀察到學生對於問題情境建構解決途徑，及以行動解決問題的技巧，對於學生的能力評量可以提供相當豐富的訊息（郭靜姿，2006）。

實作評量方法包含：紙筆作業、問卷、檢核表、報告、教師觀察、晤談、問答討論，資優鑑定與評量是著重高層次的思考與解決問題技巧，因此評量時選取的題目會與實際生活經驗有關，要求學生利用已有的知識概念提出解決問題的策略，必要時可以要求現場實際操作。實作評量是在較為真實的情境中觀察學生智能與學術能力的應用，也能持續觀察某些特定的智能表現，如：好奇、專注、堅持、推理與問題的發現等。無法在標準化的測驗情境中表現能力的學生，或許在這類彈性與多元的評量中，可充分的表現他們的興趣、知識與專長的領域（呂金燮，1999）。

實作評量是要求學生就所描述的方法去完成一項成品的反應過程，在藝術創作上的評量即是一例，其他實作本位評量的實例尚包括要求學生寫短篇故事或電腦程式，凡涉及展演、設計、實驗、歌曲創作、規劃假設性的作戰或政策方案、規劃增加財物的策略等，當然也要發展相關的評量指標（規準）以便判斷產品或表演的品質（Van Tassel-Baska, 2002）。學生答題是要用擴散性思考與聚斂性思考的推理與歸納能力，不強調反應結果的唯一正確性與標準答案，是採標準參照（criterion-referenced）的模式進行結果解釋，所以評量的效度、公平性與客觀性也常被提出來討論。為控制評分者間的誤差，題目設計者在設計題目時，務必將評分標準（規準）或原則詳細列出。評分標準若能及早讓學生知道，可以瞭解並設定自己應達到的精熟程度，以及教師的期望，亦可促使學生激盪思考問題。

實務上，考慮到實作評量需要較多時間、人力和實驗器材資源投入，且參與實作評量的學生數較多，所以我國現行各階段的資優鑑定多數縣市

做法是將實作評量與施測標準化測驗安排在複選階段中實施。國民教育階段參與一般智能優異及學術性向優異兩類鑑定的學生人數多，所以並無提供實際操作的情境供評量，而採用紙筆式的實作評量為主。高中階段則由各校辦理，接受鑑定的學生人數較少，能夠安排實作情境。

5. 正式觀察

觀察法在資優鑑定與評量過程普遍用於提名推薦階段時的一般觀察，此時可配合使用資優特質觀察量表；一旦學生經初步審查通過初選後列入複選階段再觀察名單，必要時有些學校或行政單位會進行再經設計較具結構式的情境以觀察學生的行為表現，蒐集更多的客觀實情資料提供最後綜合研判之佐證依據。觀察者可能是學校資深教師、專業輔導員（學校心理學家）、校長、參與資優課程教學方案的教師等，他們必須在一般或特定情境中與學生近距離的互動，蒐集學生如何與他人相處與學習的資料。為了避免觀察的偏差現象發生，參與觀察者必須經過專業訓練，且配合使用檢核表或設計好的觀察記錄表，以有效掌控觀察結果的客觀性（Palmer, 2006）。

教師觀察法是普遍認同可行的方法，因為教師與學生接觸的機會較多，最能瞭解課堂上各種學習的行為態度與表現，可以有效發掘具有潛能的學生。但此法亦被質疑其客觀性，如：教師對資優概念的認識是否正確、是否有對特定學科表現的偏好、是否會對品行好課業亦佳者有偏好等主觀思考的介入推薦，因此若要實施，必須先經過縝密的專業訓練，提升觀察、記錄、分析行為的能力，所蒐集的資料方具較高的參考性。實施的過程最重要的在於細緻的觀察個人表現，例如：和學生進行討論、對話，觀察他的思維邏輯或思維模式，這是屬於質化的部分，它雖然無法量化或標準化，但在鑑定上卻非常重要。即使是施測個別智力測驗，也有實作與觀察的部分，絕對不只是單純的紙筆測驗而已。

6. 競賽成績評比

無論在學業、技能或藝術領域表現出眾者，經常都會被提名代表學校或單位或自行報名參加各項競賽，累積獲獎成績是具有高度效力證明個人能力的資料，若是單一領域連續多年屢獲佳績，持續表現優異，其符合資

優的意義等同於一些標準化測驗的結果。我國現行的資優鑑定基準亦明列參加競賽表現優異者，經地方的鑑輔會委員確認後可取得資優身分並參加資優課程方案。因辦理競賽的單位繁多，有鼓勵性地從寬給獎，也有精選優良從嚴給獎者，雖獲相同等第因參加競賽者的背景實力殊異，其所代表的真實能力不宜類比。為避免爭議，資優鑑定應採較高位階單位辦理的競賽成績（國內或國際競賽前三等獎）為當然要件，其他地方性或協會等私人團體的競賽成績可作為參考的充分要件。

7. 動態評量

動態評量又稱互動式評量（interactive assessment）是設計用於評估潛在學習能力，如學生從教學中得到的利益（Sternberg, 1986）。大多數的動態評量模式的主張都會與L. S. Vygotsky的「最近發展區」概念有關，「動態評量」是相對於傳統化心理計量測驗的「靜態評量」性質而提出的。動態的涵義有二：(1)是著重於學習歷程或認知改變的評量；(2)在評量進行中教學，評量者與被量者的關係是互動的（Haywood, Brown, & Wingenfeld, 1990）。Campione與Brown（1987）以「評量內容」與「評量本身」的角度來解釋「動態」之意，動態評量具有下列特性：(1)強調認知能力的可變性；(2)重視歷程導向的評量；(3)評量者與受評者是互動關係；(4)提供教育方案有關的訊息；(5)結合教學與評量。

動態評量的模式主要有：(1)學習潛能評量模式（learning potential assessment, LPA）（Budoff, 1987），運用「前測—訓練—後測」的程序評量學生從訓練中所獲得的能力；(2)學習潛能評量計畫模式（learning potential assessment device, LPAD）（Feuerstein, Rand, & Hoffman, 1979），採取「前測—中介／教學—後測」的程序評量學生經中介訓練後的表現；(3)極限評量模式（testing-the-limits）（Carlson & Wield, 1978），採取「測驗中訓練」的標準化介入模式以瞭解學生實際智力，分析學生人格因素和測驗情境的互動關係，以評析不同施測情境介入的最佳表現及介入策略的有效程度；(4)心理計量取向評量模式（psychometric approach assessment, PAA）（Embretson, 1987），採取「前測—訓練—後測」的程序評估學生的能力，運用標準化介入來協助學生，以評估學生訓練後學習能力改

變的情形；(5)連續評量模式（Continuum of Assessment Model），由Burns（1987）結合學習潛能評量模式與漸進提示評量模式而成。採用「前測—訓練—再測—訓練—後測」的方式，分兩大階段評量學生的認知能力和缺陷；(6)漸進提示評量模式（graduated prompting assessment, GPA）（Campione & Brown, 1987），採用「前測—訓練—遷移—後測」的方式。介入教學的方式採用標準化的方式，潛能評估的方式係計算受試者在前後測得分之差距、所需的提示量、與表現出的遷移效率。

傳統靜態的標準化客觀測驗常會低估文化殊異或不利兒童的潛能，另外對少數具身心障礙且有資優特質的雙殊學生（twice-exceptional gifted children），往往因使用的鑑定程序、方式及工具不利於他們，致難以進入資優課程方案接受適性學習，如何適切運用動態評量方式鑑定資優生將是發展資優教育的當務之急。

第二節 雙殊資賦優異學生的鑑定

資優鑑定的另一議題是特殊群體的鑑定，對資優教育領域的專家與教育人員而言這是一項具有挑戰性的問題（Braggett, 1990），自1983年資優教育人員開始意識到學習障礙與特殊才能並存的現象以來（Fox, Brody, & Tobin, 1983），過去對這類特殊群體的研究較偏向他們的障礙缺陷，而在優勢發展的部分則顯得不足（Baum & Owen, 1988），但近年國內外已累積了一些研究成果（吳昆壽，2001、2004、2008；鄒小蘭，2006、2007；鄒小蘭、盧台華，2011、2015；盧台華，1995、1996、2009；Baum & Owen, 2004; Hua, 2002; McCoach, Kehle, Bray, & Siegle, 2001; Neihart, 2008），有關此類學生的鑑定已被廣泛注意，我國在《特殊教育法》（2013）及《特殊教育法施行細則》（2012）規範身心障礙資優學生鑑定、安置、輔導、服務等各項特殊教育服務，地方政府亦訂定身心障礙資賦優異教育的相關計畫。

根據美國全國資優教育研究中心（The National Research Center on Gifted and Talent）在1993年的報告指出，特殊教育學生中有2-7%為身心障

礙資優學生（引自鄒小蘭譯, 2013）。我國目前因相關的鑑定程序與方式等仍無具體共識，故未正式調查較符合實際情形的身心障礙資優學生出現率，不可否認的是這群學生在地方政府積極推廣宣導下，人數已有逐年增加的趨勢。

「雙殊」含有兩層意義，以「資優障礙」論之，是資優特質顯著兼有軟性障礙（學障）特徵，但其障礙特徵部分較不易被發現；若以「障礙資優」論之，是具有明顯的身障特徵與資優特質，但因其障礙的特徵較明顯其特殊需求度也高，因此資優的特質與需求容易被掩蓋。雙殊資賦優異學生通常其身障的類別是學習障礙、自閉症、情緒行為障礙、和其他生理感官障礙，教育輔導人員在這方面較常被諮詢的是那些已被確認為資優生但卻有學習上的困擾者，該給予如何教育介入的建議，但卻很少家長會對自己的孩子已被確認為身障後，請求協助診斷其孩子是否為資優（Neihart, 2008）。而健全的鑑定系統基本上要透過一系列的步驟才能完成，包括決定步驟順序、釐清目標、確定每一要項內容、修正系統等，這些步驟對一個可接受的鑑定系統是重要的基礎。此系統的步驟及其目標端視為資優生所提供的方案屬性如何而定，換言之，雙殊生的鑑定務必要與提供的課程目的相結合（Feldhusen & Jarwan, 2002）。

在雙殊資優生中討論較多的是同時有資優與學障兩類特殊需求身分的鑑定問題，傳統鑑定學習障礙的方法是採用性向（能力）與成就間有顯著差距，及個體內在能力間的差異模式，但這種方法已遭受許多的爭議與批判，此法在心理計量與理論上是有缺陷的，而神經心理學的方法也尚未得到有效的證明（Fletcher et al., 2005; Sweetland, Reina, & Tatti, 2006; Vellutino, Scanlon, & Lyon, 2000）。Neihart（2008）綜合相關文獻認為，若依據分測驗的剖面分析鑑定學障生會有以下四點的爭議：(1)分測驗間分數達統計的顯著水準是很普遍的現象；(2)語文與作業智商間的差距是不能有效區分資優生是否有學習障礙；(3)個體內在能力差異模式是依據低信度的個別分測驗分數；(4)在資優生，當全量表分數增加和最高的分測驗分數增加時，會產生分測驗愈分散的現象。有些學生很明顯的是資優同時也有學習的障礙，他們可能是在數學是優勢，但在閱讀卻是有問題的，或者他們

在語文技能有優越的表現但卻是一位自閉症者。在學障的團體中資優常是被忽視的，如Baum與Owen（2004, p.32）所述：存在於學障群中的資優生出現率將會是比我們所預期的還高。McCoach等（2001）提出建議，若欲提高資優學障生的鑑定效度，應考慮：(1)依據政府所制定的鑑定基準與方式指導原則；(2)使用多元化的成就評量；(3)蒐集學生在教室表現的功能和成就測驗分數（非正式的評量資料）；(4)運用課程本位評量，尤其是領域或特定工作評量，如閱讀量表及學生作業的檢視等；(5)測試成就表現應有較長的時間；(6)找尋一種成就低下與具有優越能力表現跡象間的配對模式。

　　學習障礙和其他自閉症、情緒行為障礙與感官障礙者的資優鑑定，就前述所言，採行一般的程序與方式主要標準化的客觀測驗評量，是不利於這些群體的學生被篩選出為資優生的機會，所以Feldhusen和Jarwan（2002）建議必須使用多元標準，參與評量人員必須接受充分的訓練且使用多元的評量方式及具有可信賴及有效的篩選測驗和評量表。至於鑑定標準有主張必須放寬者，如此方能確保這些雙殊資優生可以被鑑定出來，並提供適性的資優服務；亦有主張不應放寬標準者，因會擔心過度的鑑定與服務，可能產生偽陽性的鑑定結果，稀釋掉既有的資優教育資源，不能將有限資源充分投注於那些真正需要服務的資優生。此爭議點仍有待資優教育專家與教育實務工作人員及早建立共識，提出有利此類資優生的篩選與進入資優課程服務的鑑定運作模式。國內目前的鑑定實務仍相當強調公平性原則，雙殊生的篩選普遍是先通過教育部訂定的各類資優生標準後，再從中找出是否已確認有身障者，並未針對他們制定特別的鑑定實施計畫，而相關的評量工具除杞昭安（2002）的「視覺障礙學生圖形認知發展測驗」，及吳昆壽、邢敏華、林淑玟、梁仲容、高日青（2010）發展的「身心障礙資優學生整合性鑑定工具」外，可供使用的評量工具極為有限，亟待有關單位研發編製。

第三節 社經文化地位不利的資優生鑑定

我國在《特殊教育法》（2014）第41條明文規定「各級主管機關及學校對於身心障礙及社經文化地位不利之資賦優異學生，應加強鑑定與輔導，並視需要調整評量工具及程序。」多年來國內多數研究對社經文化地位不利的定義採「指在深層文化層面具特殊性或差異性背景的學生，因種族、語言、價值觀、信仰、經濟不利、居住地理位置偏遠或獨特之家庭教養方式致使早期經驗剝奪、語言發展受限、社會經濟困難等，導致經濟和教育的資源不足而有文化不利的現象。」（郭靜姿、吳昆壽、劉貞宜、范成芳、陳彥瑋，2009），這些偏遠地區、低收入戶、原住民、新移民等個別類型或綜合類型之學生隱藏著具有資優潛能者，即是所稱的「社經文化地位不利之資賦優異學生」。上述定義仍非我國正式對這類學生的定義，究竟要以單一條件說或是要採複合條件說尚無定論，也影響到鑑定與評量方式的運作。其綜合性的做法是鑑定流程仍依照各階段各類別採多元、多階、適性之方式鑑定，鑑定時須考量學生的特殊性與需求，在鑑定的每一道程序、工具、方式與標準等過程，均須視情況作適性調整（郭靜姿、吳昆壽、劉貞宜、范成芳、陳彥瑋，2009）。至於如何調整，如：成立跨領域的鑑輔會；報名時繳附資優特質行為量表及學習檔案；根據學生文化與經驗調整評量內容及方式，剔除具文化影響的題目，且以分測驗結果進行研判；研判時應廣為參考多方訊息及多元資料；教師及心理評量人員應熟稔社經文化殊異相關知能及工具使用；認識社經文化殊異學生的表現特質及其在評量過程中的可能反應；採多元評量、尋找學生優勢、進入方案試讀、個案研究或教學再鑑定方式並及早鑑定；先評估學生的母語和中文學習背景及流暢程度，據此判斷使用中文或學生之母語進行施測；以多元文化概念為基礎設計觀察活動；進行訪談，以瞭解學生的思考、志向、在家與在學校參與的活動及其對自我的認識；採「主動鑑定」的態度；調整鑑定標準，以提供社經文化殊異學生接受資優教育的機會；重視學生在鑑定歷程中展現的各種行為及能力；各教育階段的安置具連續性，針對個案需求設計適性的充實方案，或搭配現有之安置形態採外加名額方式提供其進

入方案的機會（郭靜姿、吳昆壽、劉貞宜、范成芳、陳彥瑋，2009；盧台華、鄒小蘭、黃彥融，2009）。綜合以上，社經文化地位不利資優學生的鑑定流程調整大抵可從鑑定組織增能、鑑定工具、鑑定方式、鑑定流程、標準及安置等方面來進行（鄭聖敏，2009）。

第四節　學前幼兒資賦優異學生的鑑定

　　學前幼兒資優的鑑定方式要以多元評量的理念實施之，兼採客觀性及主觀性的評量方式，包括特質檢核表、家長晤談、智力測驗、角落觀察、多元智能觀察活動及檔案評量。另基於幼兒在語言、概念、人際情緒互動與精細心理動作能力等的發展尚未臻成熟穩定，完全仰賴使用正式的標準化測驗篩選未必適合，郭靜姿（2011）認為若要實施鑑定，應適度調整對國小以上的兒童所實施的標準化鑑定程序與方式，且不宜固執於一般資優的鑑定標準，應運用觀察推薦及檔案評量等多元的方式發掘之。其鑑定流程及各階段鑑定標準如後所述：

一、初選標準

　　符合下列三種條件任一的幼兒得以進入複選：(1)在非語文推理能力智商及魏氏幼兒量表之作業智商、語文智商、全量表智商四種分數中，任一分數達到全國常模平均數以上1.5個標準差。(2)智商未達標準，但作品及檔案資料顯示具有特殊的智能表現。(3)晤談人員及觀察人員經由晤談或觀察訊息所推薦之幼兒。

二、複選標準

　　在複選過程中，幼兒在語文、數學、自然、音樂、美術與舞蹈等六項被觀察的領域中，任一領域被推薦為前四分之一者得以通過鑑定。

　　就資優鑑定與教育安置要緊密結合的原則，若幼兒園或教育機構無法提供相關的課程方案服務資優幼兒，是不宜為「標記」而實施鑑定評量。

參考文獻

一、中文部分

呂金燮（1999）。實作評量─理論。載於王文中、呂金燮、吳毓瑩、張郁雯、張淑惠（著），**教育測驗與評量：教室學習觀點**（頁169-204）。臺北：五南。

吳昆壽（2001）。資優障礙學生家庭生態系統研究。**資優教育研究，1**(1)，85-110。

吳昆壽（2004）。資優障礙學生學校生態系統研究。**特殊教育與復健學報，12**，81-97。

吳昆壽（2008）。資優障礙學生介入服務模式初探。載於張蓓莉（主編），**中華民國特殊教育學會97年度年刊：邁向成功的融合**（271-284頁）。臺北：中華民國特殊教育學會。

吳昆壽、邢敏華、林淑玟、梁仲容、高日青（2010）。**身心障礙資優學生整合性鑑定工具**。臺北：教育部特殊教育工作小組。

杞昭安（2002）。**視覺障礙學生圖形認知發展測驗**。臺北：教育部特殊教育工作小組。

特殊教育法（2013）。中華民國102年1月23日總統華總一義字第10200012441號令修正公布。

特殊教育法施行細則（2012）。中華民國101年11月26日教育部臺參字第1010214785C號令修正發布。

張世彗、藍瑋琛（2014）。**特殊教育學生評量**（七版）。臺北：心理。

郭靜姿（2006）：多元評量方式在資優鑑定的運用。資優教育課程進階研習（2006年5月3日）講義。

郭靜姿（2011）。資優與障礙的融合學習：以「學前資優幼兒多元智能與問題解決能力充實方案」為例。**資優教育季刊，120**，1-10。

郭靜姿、張蘭畹、王曼娜、盧冠每（2000）。文化殊異學生學習潛能評估之研究。**特殊教育研究學刊**，**19**，253-278。

郭靜姿、吳昆壽、劉貞宜、范成芳、陳彥瑋（2009）。特殊群體資賦優異學生之鑑定調整與安置輔導模式。載於林坤燦（編），「**資優學生鑑定評量及安置要點訂定**」執行推動手冊（1-44頁）。臺北：教育部。

鄒小蘭（譯）（2013）。**特殊族群資優教育：身障資優生與低成就族群**（Beverly A. Trail著：*Twice-exceptional gifted children: Understanding, teaching, and counseling gifted students.*）臺北：華騰。

鄒小蘭（2006）。另類天才：亞斯伯格症資優生初探。**資優教育季刊**，**101**，22-30。

鄒小蘭（2007）。學校本位資優教育支援系統運作模式之探究：以雙重殊異個案為例。**資優教育季刊**，**105**，8-14。

鄒小蘭、盧台華（2011）。身心障礙資優生優弱勢分析結果之探究。**特殊教育學報**，**33**，57-92。

鄒小蘭、盧台華（2015）。身心障礙資優學生支援服務系統建構之行動研究。**特殊教育研究學刊**，**40(2)**，1-29。

盧台華（1995）。殘障資優學生身心特質研究。**特殊教育研究學刊**，**13**，203-220。

盧台華（1996）。特殊族群資優教育。**教育資料集刊**，**21**，265-282。

盧台華（2009）。**身心障礙及社經文化不利資優生之鑑定與安置流程與模式訂定**，教育部資優教育行動方案報告。

盧台華、鄒小蘭、黃彥融（2009）。弱勢群體資優學生有福了─身心障礙及社經文化不利資優生之鑑定與安置流程與模式訂定。載於中華資優教育學會（編），**2009資優教育學術研討會會議手冊：「資優教育行動方案」**（40-59頁）。臺北：編者。

鄭聖敏（2009）。社經文化殊異資優教育─我們已經做了什麼？我們應該做些什麼？**資優教育季刊**，**113**，1-9。

歐滄和（2002）。**教育測驗與評量**。臺北：心理。

二、英文部分

Baum, S. & Owen, S. V. (1988, summer). High ability/learning disabled students: How are they different? *Gifted Child Quarterly, 32*(3), 321-326.

Baum, S. & Owen, S. V. (2004). *To be gifted and learning disabled.* Mansfield, CT: Creative Learning Press.

Braggett, E. J. (1990). A wide concept of giftedness: Providing for special populations. *Gifted International, 6*(1), 71-80.

Budoff, M. (1987). The validity of learning potential assessment. In C. S. Lidz (Ed.), *Dynamic assessment: An interaction approach to evaluation learning potential* (pp.52-80). New York: Guiford.

Burns, M. S. (1987). Static and dynamic measures of learning in young handicapped children. *Diagnostigue, 12*(2), 59-73.

Callahan, C. M., Tomlinson, C. A., & Pizzat, P. M.(Eds.).(1994). *Contexts for promise: Noteworthy practices and innovations in the identification of gifted students.* Charlottesville: National Research Center on the Gifted and Talented, University of Virginia.

Campione, J. C., & Brown, A. L. (1987). Linking dynamic assessment with school achievement. In C. S. Lidz (Ed.), *Dynamic assessment: An interaction approach to evaluation learning potential* (pp.173-195). New York: Guiford.

Carlson, J., & Wield, K. H. (1978). Use of testing the limits procedures in the assessment of intellectual capacities in children with learning difficulties. *American Journal of Mental Deficiency, 2*, 559-564.

Embretson, S. E. (1987). Toward development of a psychometric approach. In C. S. Lidz (Ed.), *Dynamic assessment: An interaction approach to evaluation learning potential* (pp.141-170). New York: Guiford.

Feldhusen, J. F., Hoover, S. M., & Sayler, M. F. (1990). *Identifying and educating gifted students at the secondary level.* Unionville, NY: Royal Fireworks.

Feldhusen, J. F., & Jarwan, F. A. (2002). Identification of gifted and talented youth for educational programs. In K. A. Heller, F. J. Mönks, R. J. Sternberg, & R. F. Subotnik (Eds.), *International handbook of giftedness and talent*(2nd ed.) (pp.271-282), Kidlington, Oxford: Pergamon Press.

Feuerstein, R., Rand, Y. & Hoffman, M. B. (1979). *The dynamic assessment of retarded performers: the Learning Potential Assessment Device: Theory, instruments and techniques*. Baltimore: University Park Press.

Fletcher, J. M., Francis, D. J., Morris, R. D., & Lyon, G. R. (2005). Evidence-based assessment of learning disabilities in children and adolescents. *Journal of Clinical Child and Adolescent Psychology, 34*, 506-522.

Fox, L. H., Brody, L., & Tobin, D. (Eds.). (1983). *Learning disabled/gifted children: Identification and programming*. Baltimore: University Park Press.

Haywood, H. C., Brown, A. L., & Wingenfeld, S. (1990). Dynamic approaches to psychoeducational assessment. *School Psychology Review, 19*(4), 412-422.

Heller, K. A., & Schofield, N. J. (2008). Identification an nurturing the gifted from an international perspective. In S. I. Pfeiffer(Ed.), *Handbook of giftedness in children: Psy-educational theory, and best practices* (pp.93 -114). New York: Springer Science+Business Media, LLC.

Johnsen, A. R.(2004). *The fallacies of research on mental ability*. Lecture given at the Seventh Biennial Henry B. & Jocelyn Wallace National Research Symposium on Talent Development, Iowa City, IA.

Lohman, D. E. (2006). *Understanding and predicting regression effects in the identification of academically gifted children*. Paper presented at the annual meeting of the American Educational Research Association, San Francisco.

McCoach, D. B., Kehle, T. J., Bray, M. A., & Siegle, D. (2001). Best practices in the identification of gifted students with learning disabilities. *Psychology in the School, 38*, 403-410.

Neihart, M. (2008). Identifying and providing services to twice exceptional children. In S. I. Pfeiffer(Ed.), *Handbook of giftedness in children: Psy-educational theory, and best practices* (pp.115 -137). New York: Springer Science +

Business Media, LLC.

Palmer, D. (2006). *Parents' guide to IQ testing and gifted education: All you need to know to make the right decisions for your child with a special section on bright kids with learning problems*. Long Beach, CA: Parent Guide Books.

Paulson, F. L., Paulson, P. R., & Meyer, C. A. (1991). What makes a portfolio? *Educational Leadership, 48*(5), 60-63.

Pfeiffer, S. I.(2003). Challenges and opportunities for students who are gifted:What the experts say. *Gifted Child Quarterly, 47*, 161-169.

Pfeiffer, S. I., & Blei, S. (2008). Gifted identification beyond the IQ test: Rating scales and other assessment procedures. In S. I. Pfeiffer (Ed.), *Handbook of giftedness in children: Psy-educational theory, and best practices* (pp.177-198). New York: Springer Science + Business Media, LLC.

Piirto, J. (2007). *Talented children and adults: Their development and education* (3rd ed.). Waco, Texas: Prufrock Press Inc..

Salvia, J., & Ysseldyke, J. E. (2001). *Assessment* (8th ed.). Boston, MA: Houghton Mifflin.

Schofield, N. J., & Hotulainen, R.(2004). Does all cream rise? The plight of unsupported gifted children. *Psychology Science*, 46, 379-386.

Smutny, J. F.(Ed.). (1998). *The young gifted child: Potential and promise, an anthology*. Cresskill, NJ: Hampton Press.

Sternberg, R. J. (1986). The future of intelligence testing. *Educational Measurement, Issues and Practice, 5*(5), 19-22.

Stiggins, R. J.(1987). Design and development of performance assessments. *Educational Measurement: Issues and Practice, 6*(3), 33-42.

Stiggins, R. J.(2001). *Student-Involved classroom assessment*(3rd ed.). Upper Saddle River, NJ: Merrill/Prentice Hall.

Sweetland, J. D., Reina, J. M., & Tatti, A. F. (2006). WISC-III Verbal/ Performance discrepancies among a sample of gifted children. *Gifted Child Quarterly, 50*, 7-10.

Tannenbaum, A. J. (1986). The enrichment matrix model. In J. S. Renzulli & S. M. Reis(Eds.), *Systems and models for developing programs for the gifted and talented*(pp.391-429). Mansfield Center, CT: Creative Learning Press.

Vavrus, L. (1990). Put portfolios to the test. *Instructor.August*, 48-53.

Van Tassel-Baska, J. (2002). Assessment of gifted student learning in the language arts. *The Journal of Secondary Gifted Education, 13*, 67-72.

Vellutino, F. R., Scanlon, D. M., &Lyon, G. R. (2000). Differentiating between difficult-to-remediate and readily remediated poor readers: More evidence against the IQ-achievement discrepancy definition of reading disability. *Journal of Learning Disabilities, 33*, 223-238.

侯禎塘

第四章

資優教育實施方案：充實制、加速制與能力分組制

　　資優教育是全體學生接受適性教育之一環，資優教育提供資賦優異學生個人發展潛能的途徑，更為國家社會培養科技、人文與社會等領域的優秀人才。資優學生之所以需要特殊教育，是因為他們具有記憶力強、理解力高、反應迅速、學習速度快、吸收能力強，想像力豐富、好奇心高、觀察力敏銳、或善於批判與創造思考等身心特性，這些特性使得他們在普通教育為適應一般學生而強調統一課程、單一教材、齊一進度的學習環境下，無法獲得完全的滿足或適應（林幸台，1995；George, 1995）。因此，需要有別於一般學生的教學與輔導，必須在普通教育課程之外，給予適性揚才的教育機會，才能滿足其學習需求，並培養國家社會所需要的優秀人才。

　　資優教育的實施方案，可概分為三大類：充實（enrichment）、加速（acceleration）和能力分組（ability grouping）。我國資優教育之發展，依據相關法令，參酌採取以上三大類辦理，在「充實制」中，除課程、教材的加深、加廣外，也利用寒暑假辦理的營隊或研習活動；「加速制」方面採取提早入學及縮短修業年限等措施；至於「能力分組」方面，依不同的階段別採行分散式資優資源班或集中式資優班方式辦理（吳武典，1994，1997）。本章分三節敘述充實制、加速制與能力分組制的資優教育方案與相關議題。

第一節　充實制的資優教育方案

　　充實制教育在因應資優學生的能力特質和學習需求，以加深加廣方式調整同齡或同級學生的學習課程與內容。充實的方式有加深（推理思考與問題解決）、加廣（水平思考與想像創造），並著重充實課外經驗，鼓勵自發學習。充實制的課程活動設計，包括如：獨立研究、學習中心、田野旅行、週末或夏冬令研習營、海外學習、生涯課程、大學暑期多元課程、良師典範、未來問題解決及參觀訪問等，所提供的活動和教材期望提升或支持資優學生的高層次思考（吳武典，1994，1997；吳昆壽，2015；謝建全，2013； Davis & Rimm , 1994; Renzulli, 1977; Renzulli & Reis, 1994），

以下說明四種充實制模式，俾供瞭解及實務參考。

一、充實三合模式

Joseph S. Renzulli認為資優行為是人類的三類特質相互作用的結果。這些特質包括：具有中等以上的能力、工作專注力和創造力。資優係指擁有或能發展這些特質的個人，把它投注到具有潛在價值的領域上，因此資優教育的目的，在於培養資賦優異學生具有創造力和工作專注的行為，並運用適當的方法探究實際問題。據此理念，Renzulli主張應發掘資優生的興趣領域和學習風格，依資優生的不同學習經驗，設計所需的學習內容，提供適性課程教學與輔導，並引導學生習得研究技能，進而探究實際問題，構成一套有系統化步驟的三類型充實活動，稱之為充實三合模式（The Enrichment Triad Model），綜合說明此三種類型的活動（王文科，1989；毛連塭，1989；吳昆壽，2015；李琛玫，2000；蔡典謨，1998；Baum, 1988; Davis & Rimm, 1994; Renzulli, 1977），如下：

第一類型（Type I）的充實活動是「一般試探性活動」（General Exploratory Activities）：本類型的充實的活動，在提供學生多元領域的探索內容，使學生能從各類主題活動的學習經驗中，探索興趣、擴充知識領域與生活經驗，以增進學習的深度與廣度，並引導學生進一步找到有興趣的主題與探究方向。試探的充實的活動，是一個持續不斷的歷程，在這些試探及學習活動中給予學生機會，引發好奇心，發現興趣，不斷充實課程領域知識與活動。

第一類型活動目的：(1)擴充學生知識領域與生活經驗。(2)試探並培養學生從事高層次研究的興趣。(3)做為安排學生學習知識領域與研究方法的基礎。

第一類型活動的內容，例如：

1. 提供學生接觸各類主題有關的書籍、雜誌、海報及視聽媒體等資源；或建立資源中心，分類蒐集各類主題資源，如：視覺藝術、表演藝術、數學、科學、電腦、文學、寫作、傳播、社會科學、文化、語言、商業、經濟及其他才藝資料等。

2. 實地參觀或參與專業活動，如：藝術、表演、科學、博物館、美術館等。

3. 拜訪社會資源人士或專家學者。

4. 其他，如：參與在地文化或景觀特色的活動等。

第二類型（Type II）的充實活動是「團體訓練活動」（Group Training Activities）：本類型的充實活動，著重在發展資優生的認知思考歷程，啟發高層次的創造思考力和批判思考力的心智運作能力，同時注重情意技能的教育輔導與研究方法訓練。

第二類型活動目的：(1)發展創造思考、解決問題、感覺、欣賞與評價等能力。(2)學習如何學的技能，如：筆記、晤談、分類與分析資料、歸納結論等。(3)發展使用工具書的技能，如：索引、文摘、百科全書、期刊與電子圖書資料庫等。(4)發展寫作、語言溝通及使用視聽媒體的能力，以便學生能有效的發表作品。

第二類型活動的內容，例如：

1. 規劃與實施批判思考、問題解決、綜合、應用、分析與評鑑等高層次思考能力的學習活動。

2. 實施創造力思考教學活動，啟發創造力。

3. 實施情意、態度與價值澄清等課程教學活動，建立正確價值觀和健全人格。

4. 實施溝通協調、寫作、錄音、錄影等表達技能活動。

5. 教導研究方法，培養觀察、紀錄、實驗、調查、蒐集資料、摘要、整理、分析、歸納結論和呈現資料的研究技巧。

第三類型（Type III）的充實活動是「個人或小組研究實際問題活動」（Individual and Small Group Investigations of Real Problems）：本類型的充實活動，採個別和小組方式實施，將第一類型和第二類型所學到的知能和經驗，運用探究解決實際問題。教師在這個活動中，扮演引導和認同學生興趣的任務，給予學生方法上的指導，指導學生進行實際問題的研究，並協助學生發表研究作品，使學生學習如何成為知識、技術或藝術的生產者，而非只是知識的消費者。

　　第三類型活動目的：(1)使學生有機會將其興趣、知識、創見及毅力應用到自選的問題研究；(2)學習應用研究方法，實際探求知識與學問；(3)發展創意作品或具影響力的產品；(4)發展獨立研究的技能；(5)發展毅力、自信、鑑賞、創作及溝通表達能力。

　　第三類型活動的內容，例如：

1. 撰寫活動觀察紀錄或日誌，設計及執行研究。
2. 提出立法議題的意見或質詢問題。
3. 成立視聽諮詢中心、出版圖書、編寫劇本。
4. 發展新觀念或新理論。
5. 創作藝術或技藝產品。
6. 進行個別研究、小組研究或藝術創作。
7. 撰寫手冊、規劃演出或展示活動。
8. 提出研究報告或發表。

　　實施第三類型活動的研究方案，可參考下列步驟：(1)學生找出真正的興趣；(2)進一步學習興趣領域有關的資訊，找出想進一步瞭解或學習的若干問題；(3)學生與教師共同發展一個學習計畫和流程；(4)運用多元的資料學習欲探討的主題；(5)學生與教師共同決定所要研究的主題；(6)決定研究過程所需的技巧（例如：晤談、觀察記錄、實驗、調查……），並加以學習；(7)執行研究工作，安排工作綱要及日程，分配工作事項；(8)運用腦力激盪，產生研究或創作的想法；(9)戮力完成主題研究或創作；(10)評鑑工作施行與結果的成效（蔡典謨，1998；Renzulli, 1984）。此外，為學生的成果作品，安排展覽、發表及觀眾，也是激發和滿足學習動機的重要部分。因此，可安排學生的成果作品在博物館、購物中心、機關團體、醫院大廳或學校文化走廊等空間展出，或是可以鼓勵學生把作品投稿到刊物、雜誌與報章發表。若無適當的發表場所，則安排學生在班級教室展示，導覽給同學們觀摩交流，亦是可行的發表途徑。

二、全校性充實模式

　　全校性充實模式（Schoolwide Emrichment Model）以較彈性方式評選

具有優異潛能的學生。本模式源自於旋轉門鑑定（Revolving Door Identification）和充實三合模式理念，成為美國廣泛採行的資優教育充實制型態，主要理念如下（吳昆壽，2015；Renzulli, 1984; Renzulli & Reiss, 1994; Reis, et al., 1993）：

㈠ 人才庫理念

全校性充實模式主張資優學生的遴選過程中，應多納入學生而非排除學生，因此最初宜選出能力優異的前15-20%學生，稱之為人才庫（talent pool）。若未被遴選進入人才庫的學生，具有強烈的意願想要參與執行獨立研究方案，也允許加入人才庫。鑑定過程持續一整年，所規劃進行的充實活動，亦可服務許多學生，儘量避免發生鑑定偏誤或被批評只為少數人服務的菁英主義（elitism）教育。

㈡ 全校性的活動

將充實三合模式的第I和II類型充實活動，規劃為以全體學生為對象，並融入每個班級內實施，必要時才依學習材料的難度與學生的興趣，實施小組的充實教學。本模式可由資優資源教師來規劃，並邀請所有學生參予探索活動和發展興趣，再進而從事第III類型的研究方案活動。

人才庫的學生，除參與第I、II類型活動外，需要提出研究行動的構思，由資源教師指導執行研究計畫，執行期間也許數日、數週、數個月或更久，約有50-60%的人才庫學生，每年至少可從事一個第III類型的充實方案，其過程要經歷由興趣探索、方法訓練及研究方案執行等步驟。

㈢ 課程濃縮

教師幫助人才庫學生進行課程濃縮（curriculum compacting）的學習活動，以便騰出時間實施充實活動和執行研究方案。課程濃縮常由數學、語文、自然或社會等學科領域予以精簡，先依學生的各項記錄資料、標準化評量分數、教室作業或教師觀察，瞭解學生的能力專長，並依學生的專長和程度，進行課程的濃縮。課程濃縮的執行可藉由前測或單元結束的測驗，評估學生是否已經知道學習的材料，或藉由加速教學，使學生進行經

濟有效的學習，以便空出多餘的時間，來實施充實活動。有關能力優異學生的教學研究發現，濃縮40%或50%的內容與教學，對資優學生不致有成績下降的情形，反而激發學生更積極的學習態度（Reis, et al., 1993）。

㈣ 彈性的模式

Renzulli指出沒有所謂純種或最正確的三合充實方案及全校性充實方案。不同的地區、學校應考量其教育理念、資源和行政組織，再調整充實模式的某些部分，以因應各地區學校的個別差異的需求，才是具有可行性的充實方案。

三、普度三階段充實模式

普度三階段充實模式（The Purdue Three-Stage Enrichment Model）著重在發展三種層次的技能，以培養學生的創造力為主要的核心，並同時增進學生的各種思考能力、研究技能和自學能力。此一模式的目的在發展並維持學生良好的自我觀念，經由挑戰性任務的互動和獨自工作，啟發資優學生的能力（吳昆壽，1999；Daivs & Rimm, 1994; Feldhusen & Kolloff, 1981, 1986）。

此模式可在抽離式資源班中實施，先篩選智商及數學、語文、自然、或社會等學科成就測驗分數優秀的學生，再施予創造力測驗和行為檢核表，綜合選出符合接受資優教育條件的學生，施予三個階段的訓練：

第一階段：先用數週時間實施擴散思考、聚斂思考和其他思考技巧的教學，例如：創造思考的流暢力、變通力、獨創力、精密力，以及邏輯、批判、分析、綜合、評鑑、做決定等能力之教學。本階段的創造技巧教學活動，可融入數學、語文、自然、社會、和藝術等學科領域的教學活動中實施。

第二階段：再用12至16週的時間，發展創造性問題解決的能力。本階段著重於較複雜及有系統的創造技能實務教學，例如：腦力激盪術、創造性問題解決模式和其他問題解決模式或技術的教學，每一種教學活動都以真實問題的解決，作為學生學習解決問題的內容與策略。

第三階段：最後階段進行獨立研究的方案，發展獨立研究技能。經過一、二階段的創造性問題解決教學後，開始引導學生進行獨立研究，其步驟可依研究需要包括如：(1)選定主題；(2)確認可用的資源；(3)界定和釐清待答問題；(4)蒐集文獻資料；(5)執行實驗、調查或資料蒐集分析；(6)綜合發現；(7)撰寫報告；(8)發表研究結果；(9)評估研究結論。獨立研究方案的成果，可提供給政府機關或社區參考，並可尋求於地方廣播電臺或其他媒體發表的機會。

四、綜合充實教育模式

毛連塭（1989）參酌各類充實教學模式，設計一套以學習內容為基礎，以訓練方法及過程為活動重點，而以產生適當成果為依歸的教育模式。本模式以充實為主要目的，涵蓋過程的充實（問題解決能力、創造力、創造性問題解決能力等）、內容性充實（如：歸納法、縮短課程、典範良師等）、以及結果充實（如：充實三合模式、情意教育、生涯教育和領導能力等），統稱之為綜合充實模式。

綜合充實模式的發展，參酌Renzulli的充實三合模式，始自興趣的發掘，方法的訓練，以至實際問題的研究解決。本模式亦參考G. Betts的主動學習模式，首先建立積極的自我觀念，繼而培養主動學習的意願和技能，進而選擇實際問題深入研究，以培養資優學生成為一位積極主動的學習者。活動的進行儘量和原班課程之教學相結合，每週課程安排之教材，均以原班課程為基礎，密切配合。

舉凡專書研讀、專題講座、專題研討及方法訓練等，均以原班課程為選材依據，期使資優生能由資源班教學的安排，達到下列加深加廣的目標：

1. 精熟核心課程之內容與技能。
2. 展現高層思考能力。
3. 顯示主動獨立學習之習慣。
4. 獲得並產生獨特知識。
5. 將學習活動與個人成長結合在一起，亦即在活動中學習個人成

長。

　　其他已發展出來的相關充實模式，尚如充實矩陣模式、智力結構模式、自我導向模式、思考與情意過程模式、多元才能模式等可供參考，或可透過良師典範、學習中心、田野旅行、週末或夏冬令研習營、海外研習、生涯課程、及參觀訪問等活動等來進行充實（吳昆壽，2015；謝建全，2013；Davis & Rimm, 1994; Tannenbaum, 1986）。充實課程與教學的提供或進行，並無單一的模式，常會從多種的模式或方法，加以考量其適用性。當要採行某一種課程或方法時，應考量下列的因素（George, 1995）：

　　1. 提供的課程與方法應保持開放與彈性，能讓學生依其速度學習及發展。

　　2. 課程與方法應適切的強調高層次思考的技能、概念和態度。

　　3. 課程與方法所提供的學習環境，兼重智能的激發和情感輔導。

　　4. 課程與方法的選用和實施，著重於學生的真實學習益處，而非考量學生的作品或成果，能帶來何種額外的好處。

　　5. 當選擇隔離同儕團體的實施方式時，宜考量其學習內容不會有重複學習的現象，導致學習無趣的不利影響。

　　綜觀上述的充實模式及考量因素，在實施資優教育時應顧及資優學生的特質，適應個別的差異與需求，採取較為開放和彈性的方式，注重學生的高層次思考和創造思考學習，以學生的學習福祉做為最優先的考量，兼重認知和情意的學習，鼓勵學生經由興趣、性向的探索，進而更深、更廣的學習，並能夠主動的研究和解決實際問題。老師的職責與角色，則在協助資優學生辨認與確立自己的興趣，並協助學生尋求特殊興趣領域內問題解決的資源、方法和研究技能，也要協助學生以發表、展示或其他方式，推廣學習成果或作品。讓學生從一連串具有系統性、多樣性、持續性和挑戰性的學習活動中，發展卓越的潛能與傑出表現，並且願意為社會服務貢獻。

第二節 加速制的資優教育方案

　　加速制提供資優學生超越同齡孩子所受的教育安置或安排，讓資優學生以較快速度完成普通教育的課程，是因應學習能力較佳的資優學生，所常運用的一種便捷教育模式。高能力的資優學生具有優異的認知、學科和心理社會需求，需要有別於普通課程的學習挑戰與發展才能的環境機會，提供資優生加速學習方式，也是資優學生教育的可行模式。

　　加速制教育方案的目的在適應資優學生的學習特質和學習速度，提供給資優學生加速學習與適性挑戰機會，鼓舞資優生培養積極的學習態度，提升學習動機與信心，並加速增進學識知能，以能提前完成各階段的學業。加速教育方案的另一作用，在避免資優生處於缺乏激勵和挑戰的同儕學習環境，而逐漸養成心智的惰性或自負自大的心理，也避免造成學習的無聊感與低成就。接受加速制教育的資優學生，在相關的研究結果顯示對於學科學習和社會情緒發展均具有助益（Assouline et al., 2003; Colangelo et al., 2014; Kulik, 2004）。因此，教育政策與法規常會訂定資優加速學習制的規範，作為推行資優教育加速制實務的依據。不過Renzulli認為加速制容易忽略學生的學習興趣和學習風格，加速制方案的實施也可能對社會適應力或心理準備度不足的學生，因過早離開同齡同儕的學習環境，而產生負面的影響或衝擊（Davis & Rimm, 1994; Renzulli, 1977），須審慎評估個別學生的適切性，並考量應注意的事項。以下就加速制教育的類型和考量因素，分別說明。

一、加速制教育的類型

　　加速制教育的實施方案，可因各地區學校的環境資源差異，採行不同類型的加速教育方式。George（1995）曾提出七種加速制教育方式，包括：(1)提早入學；(2)跳級；(3)縮短年限；(4)濃縮課程；(5)學科加速；(6)班級內加速；(7)跨年級能力分組。Stanley小提出六種加速制教育方式（引自Kirk, Gallagher, Anastasiow, 1997），如下列說明：

　　1. 提早入學（early school admission）：智能優異和社會成熟度足夠

的兒童，准予較同齡兒童提早進入幼稚園或小學就讀。

2. 跳級（skipping grades）：兒童完全免修學校的一個學期或一學年的課程，直接跳到較高的年級學習。跳級的主要缺失，在於可能造成學生的短暫適應問題。

3. 縮短年級（telescoping grades）：兒童以較短的時間，修完各年級所有應修習的課程內容。例如：三年的課程，資優學生僅用二年時間修習完畢。

4. 進階預修（advanced placement）：仍在高中就讀的學生，提早修習大學課程的學分，待進入大學即可縮短大學的修習課程和年限。

5. 雙重學籍（dual enrollment in high school and college）：同時在高中和大學註冊學籍。在高中就讀時，即同時修習大學的課程。

6. 提早進入大學（early college admission）：能力極優異的學生允許可在13-15歲的年齡，即進入大學就讀。

綜合加速制資優教育的類型，大致可歸納為：內容本位（content-based）或年級本位（grade-based）兩大類型。二者的主要區別在於是否縮短所就學的教育階段年限，分別敘述如下（Colangelo et al., 2014）：

1. 內容本位加速制（content-based acceleration）

(1) 單科加速：語文或數學等學科優異學生，該科到高一個年級的班上學習，其他學科則留原班級學習。

(2) 跨階上課：國小數學優異的五年級生到國中修讀數學課，或是高中數學教師到國中教授數學課，其他課程則留原班上課。

(3) 進階預修：高中生提早修習大學課程，經測驗及格後取得學分。

(4) 課程濃縮：資優生經評量已達精熟的課程，可學習進階與精簡濃縮的課程。

(5) 雙重學籍：資優生在學期中分別赴二個階段別的學校就讀，例如：數理資優國中生到高中階段修讀數學課程，社會科優異學生可部分時間到大學階段修讀歷史或社會學科課程。

(6) 學分檢測：資優生已經精熟的年級課程，經評量達到該學科領域標準者可取得學分，進一步學習該學科的進階課程。

(7) 國際文憑修課：參加本方案的高中資優生，可修讀與學校合作的跨國大學階段課程，經評量通過後可取得跨國大學課程的學分。

2. 年級本位加速制（grade-based acceleration）

(1) 提早入學：能力優異而未足齡的幼兒，經鑑定安置提早進入幼稚園或提早入小學就讀。例如：未滿六歲的幼兒，其閱讀與社會適應已達到六歲年齡的成熟度，可經鑑定通過提早進入小學就讀。

(2) 跳級：資優生成績優異，經鑑定通過後可跳過一個年級就讀。例如：一年級生跳過二年級直接到三年級就讀，或如讀完五年級上學期後跳到六年級下學期就讀。

(3) 縮短年限：將一年以上的課程濃縮為一年，或將三年的課程濃縮為二年內修讀完畢，資優生修畢縮短年限方案即可提前畢業。

(4) 提前上大學：提供資優學生以多元管道提前進入大學就讀。例如：經由參與加速學習方案，資優生可用五學期修足高中畢業學分後，授予高中畢業文憑，提早進入大學就讀；或是尚未取得高中畢業文憑，因表現優異經鑑定安置，直接進入大學就讀。

我國教育當訂有資優加速學習制的政策與法規，作為推行資優教育加速制的依據。如教育部於民國88年發布的《資賦優異學生降低入學年齡縮短修業年限及升學辦法》，第三條及第四條指出加速方式，可採行：提早入學、免修課程、逐科加速、逐科跳級、各科同時加速、全部學科跳級、提早選修高一年級以上之課程、提早選修高一級以上教育階段之課程。民國101年修正發布的《特殊教育學生調整入學年齡及修業年限實施辦法》，第三條指出年滿五歲之資賦優異兒童，得申請提早入小學就讀，及第五條指出縮短修業年限之方式如下：

1. 學科成就測驗通過後免修該學科（學習領域）課程。

2. 部分學科（學習領域）加速。

3. 全部學科（學習領域）同時加速。

4. 部分學科（學習領域）跳級。

5. 全部學科（學習領域）跳級。

郭靜姿（1997）綜合提出縮短修業年限的實施方式與詮釋如下述：

　　1. 學科成就測驗通過後免修該科課程：資賦優異學生某一科或多科學業成就具有高一學期或年級以上程度者，在校可免修該科課程。

　　2. 逐科加速：依據資賦優異學生學習成就優異之科目，將就讀教育階段內應修習之課程，以較少的時間逐科加速完成。

　　3. 逐科跳級：資賦優異學生的部分學科程度，超越同年級學生一個年級以上者，採逐科跳級學習的方式，提早修習較高年級或較高教育階段之課程。

　　4. 各科同時加速：資賦優異學生各科學習成就均優時，將就讀教育階段之課程，採全部學科同時加速之方式，以較少之時間完成。

　　5. 全部學科跳級：資賦優異學生之全部學科程度，超越同年級學生一個年級以上者，於學期結束時，跳級一個年級就讀。

　　6. 提早選修高一年級以上之課程：資賦優異學生，其部分學科學業成就優異，超越同年級程度者，可提早選修高一年級以上的部分課程。

　　7. 提早選修高一級以上教育階段之課程：資賦優異學生，其部分學科學業成就優異，超越同年級程度者，可提早至高一級以上教育階段之學校選修部分課程。

　　綜合上述，資優教育的加速方案型態，可因各國各地的教育環境、學校教育資源和學生資優特質與需求的不同，採行諸如：提早入學、免修課程、部分學科加速、全部學科加速、部分學科跳級、全部學科跳級、縮短年級、濃縮課程、班級內加速、跨年級能力分組、選修高年級課程、進階預修、雙重學籍、提前上大學等多種方式中的若干項。在各項加速方案中，Stanley的研究發現提早入大學與同時就讀高中和大學的雙重學籍制，對於數學資優學生而言具有良好的學習成效（引自Kirk, Gallagher, Anastasiow, 1997）。

二、實施加速教育的考量因素

　　加速制方案的妥善規劃與實施，確實能提供資優學生的學習挑戰機會。尤其是非急進或小幅的加速方式，不至於對學習或適應造成不利的負面效果，是一項經濟有效益的資優教育模式。然而單純加速制之實施，學

生常只能專注於課內功課之學習，較難有機會依自己的期望和喜好，發展自己的興趣專長，因此容易忽略資優學生對學習內容的興趣，及學生喜歡的學習型態或風格（Kirk, Gallagher, Anastasiow, 1997; Renzulli, 1977）。此外，加速制方案對有些學生也可能產生下列的若干缺失（郭靜姿，1997）：

1. 加速程度太急速，成績可能在班上成為落後者。

2. 因未能熟練一般主題和概念，使學習上產生困難。

3. 著重學術知識的層面，缺乏發展創造力和擴散性思考的機會。

4. 學習成績可能不再保持名列前矛的位置，自我概念受到影響而降低。

5. 學習上功課量較重，加上人際互動上的挫折感，增加了心理壓力。

6. 缺乏課外興趣，沒有機會參與同年齡的課外活動，社交技巧亦較貧乏。

7. 標記作用而產生以自我為中心或高人一等之感覺。

8. 太早投入專門職業中，未發展出特有的興趣。

因此，在考量安排學生實施加速教育之前，應仔細評估下列相關事項（George, 1995）：

1. 父母的贊同度和對孩子能提供的支持或支援程度。

2. 學生的社會、情緒、生理等的成熟準備度。

3. 學生離開同儕朋友的心理準備和適應程度。

4. 學生在課業的表現，能否具有高度的能力和潛能。

5. 學生熟練一般課程主題和概念的程度。

6. 學生的興趣性向與學習風格。

7. 學生的毅力及面對壓力和焦慮的忍受度。

8. 對家庭或其他孩子的影響。

9. 洽詢輔導老師、諮商人員或其他教育心理專家的意見。

總之，考量安排學生實施加速教育時，應從學生的學業適應、環境適應、壓力調適、學習毅力、個性和體能的成熟度、心理準備度、個人期

望、父母與老師的期望，以及將提供的學習環境和輔導的方式等多方面，加以審慎評估。並應讓父母、教師及學生均有正確態度與期望，俾使學生的潛能和人格均能因加速教育方案而得到良好的發展。

第三節 能力分組

能力分組（ability grouping）係依照學生的能力與學習程度的評量結果，安排學生於班級或小組內學習（Kulik, 1992b）。曾經實施的能力分班型態，已經不符合目前的教育思潮與法規，而常態分班對學業成就居於前端與後端的學生，又不能滿足其適性學習的需求。因教師在普通班教學，需要面對各種不同能力差異的學生，其教學內容與教法通常著力在適應多數中等能力學生的身上，或者關注在具有特殊學習困難的學生需求上，較少能提供給資優學生足夠的適性資優課程與教學。Kulik & Kulik（1984a）和Kulik（1992b）等人的研究結果，顯示資優學生若與能力相當的學生一齊學習時，較能持續在學習中獲得良好效益；相反地，資賦優異的學生，若安置在異質性的普通班級中，則只能處於妥協的地步，一般教師很難有餘力或能力，提供普通班的資優生足夠適性教育機會。為此，因應資優學生的需求，也應適切採行合宜的能力分組教學，以助益資優教學目標之達成（Davis & Rimm, 1994; Rogers, 2014）。以下分述能力分組的發展、類型、實施考量因素，並舉一叢集分組的實例，供作實務參考。

一、能力分組的理念發展

能力分組教學存在美國教育發展史中已超過100年，教師在學生人數較多的班級，自然會依學生的不同程度實施學科能力分組教學。早在1919及1920年代美國的Detroit、ST. Louis和Utah等地區，就開始採用年級的能力分組。1940年代兒童發展學家大力提倡應依據相同生理年齡的兒童來編班的理念，更促使能力分組的普遍施行（Piirto, 1994）。

1940年代和1950年代，美國中小學生的編班，普遍流行XYZ分組（XYZ Grouping）的型態，參照年級和測驗分數或成就表現，依高、中、

低的學生能力，分組成X、Y、Z三種程度類型。成績前20%的學生在X班
（X classes），成績次之的60%學生在Y班（Y classes），成績最後的20%
學生在Z班（Z classes），此三種班級或稱A段班（A classes）、B段班（B
classes）和C段班（C classes）。這三種班級學生的學習課程和教科書均相
同，但是教學的速度和充實（加深加廣）的程度則不相同。然而進步主義
教育學者從社會互動學習因素考量，主張學生應採行異質性分組教學，反
對XYZ的能力分組，加以1960年代和1970年代的社會意識主張平等觀念，
更強調異質性分組的理念，學者的研究也發現XYZ各組中的成就表現，
並無進步的顯著性，對學生的自尊表現也無益處，因而倡導取消XYZ分
組和其他能力分組的措施，認為異質性的編班才是較好的安排方式（Pi-
irto, 1994; Winebrenner, 1992）。

　　Kulik（1992b）探討XYZ分組對成績和自尊無顯著效果的原因時，指
出採用相同的課程內容可能是其無顯著效果的主因。換言之，雖然以能力
分組安置，卻全部採用相同的課程，以致成效不佳。另Kulik（1992a）針
對51個XYZ分組教學成效研究的後設分析研究，發現較高資質的學生能由
此一分組教學模式中獲得益處。Kulik的研究指出：若取消所有學校實施
能力分組制度，將嚴重損害學生的教育與學生的成就表現。換言之，取消
XYZ能力分組之後，成績中、下的學生成就表現可能維持不變，但成績
較佳的學生成就表現會下降，若又調整課程難度以適合全體學生能力，則
對優異學生的成就表現影響更大。Kulik的研究與建議得到一些回響，許
多地區學校因而在科學、數學、社會和語文等學科，繼續採用榮譽班級制
（honors classes）的能力分組型態，而未編在榮譽班的多數學生，則以不
分能力程度的異質性分組來實施教學（Kulik, 1992b; Piirto, 1994）。

二、能力分組的類型

　　能力分組教學的類型，除過去曾經採行的A段班、B段班和C段班分
組，及後續採用的榮譽班級制外，為實施資優教育的充實教學或加速教
學，也有多元的分組教學方式。Rogers（2014）指出資優學生的分組教學
實施方式有：全時制充實方案分組、全時制加速方案分組、學科充實分組

教學、跨年級學科分組教學、抽離式分組教學、異質性班級內叢集分組、班級內能力分組和合作學習分組等。Tieso（2005, 2015）也歸納指出能力分組的實務類型，有三種：(1)整班教學模式（whole-class instruction）；(2)班級間分組模式（between-class grouping）；(3)班級內或彈性分組模式（within-class or flexible grouping）。目前我國《特殊教育法》第35條，對於資賦優異教育實施方式，規定如下：(1)學前教育階段：採特殊教育方案辦理。(2)國民教育階段：採分散式資源班、巡迴輔導班、特殊教育方案辦理。(3)高級中等教育階段：依第11條第一項及第三項規定方式辦理（即集中式特殊教育班、分散式資源班、巡迴輔導班和特殊教育方案）。其中的集中式特殊教育班、分散式資源班和巡迴輔導班，以資優教育的班級類型規劃，包括應有的師資設備和基本學生員額等規定，而資優教育的特殊教育方案，則可以區域性資優教育方案、校本資優教育方案、小組教學或個別方式實施。

　　以下綜合提出能力分組的類型與詮釋（吳昆壽，2015；謝建全，2013；Gentry & MacDougall, 2009; Kulik, 1992a, 1992b; Kulik & Kulik, 1984a., 1984b, 1987, 1990）：

　　1. 整班分組模式（whole-class grouping）：全班均實施相同的課程，採用傳統的教科書，以同等的時間速度和教材教法實施教學。

　　2. 班級間分組模式（between-class grouping）：依學生的程度，於同年級的能力分組或跨越不同年級的能力分組，安排學生到不同的教室接受教學，並依據不同需求規劃課程，本模式常用於閱讀和數學領域的高能力分組。

　　3. 班級內分組（within-class grouping）：在普通班級內依據學生的能力程度分組，並進行課程教學的調整。通常依照教學活動及目的，把班級內的學生分成若干較小的組別，老師先對全班學生教學，再依據學生的學業表現、興趣、知識等基礎，實施班級內分組。

　　4. 跨年級分組（cross-grade grouping）：跨年級分組打破年級的限制，把學生依能力分成若干組，學生在同時段依其能力進入各不同程度的組別，實施適合其能力的教學。

5. 彈性分組（flexible grouping）：依課程與教學的需要，採用不同型式的分組，使學生可依其學習狀況的需要，在小組之間移動。

6. 學科能力分組：學科能力分組係依學科的重新分組，把學生依成績分成三種或三種以上的程度，各種程度的學習內容與教材不同。

7. 特殊班級（special classes）：依學生於智力能力、學術性向或特殊才能的性質與優異表現，規劃如集中式特殊班或分散式資源班的形式，提供資優生多元的學習環境。

8. 叢集分組（cluster grouping）：針對資優生而設計的一種班級內能力分組型態，讓若干個資優生安置在一個普通班內，由受過資優教學訓練的教師，對這一小組的學生施以區分性課程與教學。

9. 特別興趣及社團（special interest and clubs）：透過組成社團、學會等組織，吸引資優生參與，培養特殊才藝、創造力與領導能力。

10.合作學習（cooperative learning）分組：是普通班級內的一種教學分組，安排班級內的異質能力學生組成小組，可讓能力較佳的學生協助需要幫助的同學。

Kulik（1992b）的研究發現能力分組類型和其後的課程與教學調整，對學生的學業成就表現，會產生不同的影響。密西根大學和約翰霍普斯金大學的研究發現：班級內能力分組型態，對於低、中、高能力的學生均有益處，能普遍提升學生的能力，產生良好的學習成效（Kulik, 1992a, 1992b; Kulik & Kulik, 1984a, 1984b, 1987, 1990）。合作學習分組的實施，常會要求已熟悉課程的資賦優異學生，擔任同儕小老師，協助需要幫助的同學，雖然提供資優生學習服務及合作的機會，但提供的教材內容，卻也容易忽略資優生的真正學習挑戰與需求，為解決此一問題，既要資優學生與能力相當的同質團體學習，同時也兼顧讓資優學生能夠與異質團體學習，則可於普通班中實施叢集分組的教學型式。

三、實施能力分組的考量因素

Feldhusen和Moon（2014）提出實施資優生能力分組時宜考量下列因素：

1. 依資優學生能力給予適性分組與提供具有挑戰性的學習內容，才能提升學習動機與增進學習效果，學習內容太難或太簡單都會降低學生的學習動機。

2. 資優學生的學習環境可視需要採用同質性分組、異質性分組、獨立工作或多元分組方式，以幫助學生發展學習動機，追求卓越生涯目標。

3. 異質性分組的合作學習對教導基本技能的學習內容具有成效，但對教導加深加廣及高層次思考概念的學習內容，則較難發揮資優教育的效果。然而對同樣是高能力的資優學生，再實施合作學習教學並著重加速及高層次概念的學習內容，則能達致良好的資優教學效果。

4. 資優教育教師應瞭解分組和合作學習等教學方式，適切選用，才能助益資優學生提高動機與知能，達致高度潛能發揮的效果。

5. 不同認知能力的學生在處理複雜概念和抽象課程時，具有明顯的個別差異。認知能力優異的學生較能從非指導式與少結構化的教學及分組環境中受益。反之，能力弱的學生需要指導式與結構化的學習環境，才能顯現較佳的學習成效。

6. 能力優異的學生，若長期處於普通生或能力較弱學生的學習環境與學習內容，易會感到無趣而缺乏學習動機。

7. 性向、學業成就、學習風格與動機顯著殊異的學生，愈到高年級愈需要實施能力分組教學。

8. 對認知能力強和具有高度學業成就表現的資優學生，需要安排學科內容的加速和分組教學的學習情境。

9. 可依學生於數學、科學或閱讀等學科的學業成就為基礎，進行進階的分組安排，再以學生於學科領域的學習進步狀況，給予定期的評量、遴選和更動。

10.資優學生是國家必要的人力資源，宜依其性向和智力能力實施能力分組教學，以助益其發揮學習潛能，獲致良好的學習效果。

四、能力分組實務舉例——叢集分組

茲以普通班級的叢集分組為例，說明其涵義及實施方式：

㈠ 叢集分組的涵義

　　叢集分組（cluster grouping）是一種普通班級內的資優生能力分組，係甄選出一小組的資賦優異學生，並安排在某一普通班級中，由具備資優教學素養的教師，有計劃的對這一小組資優生施以個別化的資優教學。叢集分組的小組人數可約四至六位或五至十名資賦優異學生，並與普通班的其他學生共同在普通班學習，亦即在普通班級中從事該小組的充實教學活動，例如：進行獨立研究、學習概念構圖及學習進階的數學、電腦、科學和語文等課業。另一種變通方式，可把興趣和能力相當的同學組成為各小組，以便在共同約定的一段期間探討某一特殊問題或計畫。叢集分組的安排，並非刻意執行菁英主義（elitist）教育，而是在提供資優學生適性教育的機會與權利（Davis & Rimm, 1994; George, 1995; Winebrenner, 1992）。

　　普通班級內組織叢集分組的模式，有助於提供全時制的資優教育活動（full-time gifted program）。資優學生在具有資優專長教師帶領下，經由課程的濃縮和富有挑戰的學習情境中，獲學習的樂趣和潛能的啟發。因此，此種模式是一種經常性的資優教育型態，其提供的教學時間量，非只是每週一、二次，每次一至二小時的抽離式或資源班型態所能迄及。Winebrenner和Devlin（1991）指出在普通班級內組成一個小組的資優生，方便於老師實施個別化的教學，其工作負荷量也不至於過大。這種方式亦有利於學生實施全時的資優教學，而不只是在資優資源班或抽離式的班級才能實施資優教學。

　　此外，這種分組的方式也合乎特殊教育的融合理念，資優生仍然與一般的同儕團體在一起互動學習。教師們發現此一資優小組的學生，不僅自己受益，也能助益其他同學的成就表現（Piirto, 1994; Winebrenner, 1992）。因此，此普通班級內的叢集分組，可作為是一種有效的資優教育類型，亦可作為抽離式資優方案或其他方案的很好補充方式。

㈡ 叢集分組的安排與實施

　　叢集分組的安排原則（Davis & Rimm, 1994; Winebrenner, 1992），如下述：

1. 利用中央或地方教育局所制定的資優鑑定標準，鑑定各年級的資優學生。

2. 組成鑑定小組，小組委員可包括：校長、資優教育行政人員、資優教師、學者專家、叢集分組的班級教師及普通班教師代表等人員。

3. 一般學校在鑑定資優學生時，初選出來欲接受鑑定的學生數，可參考相關的資優法令或資優學者的研究資料，列出名額比例。

4. 叢集分組的學生安排在受過資優教學培訓的教師班級裡。叢集分組之外的該班學生們，均採異質性的混合編班，包含有各種不同能力層次的學生。

5. 其他無叢集分組的班級，均採異質性的編班型式，無安置資優學生。

6. 安排有叢集分組的班級，原則上不再安置其他學習困難的學生，以減少老師的工作負擔，但並非把特殊學習困難的學生集中在某一班級，而是分散在其他班級中。

7. 假如一個年級中有十位以上的資優學生，應分成二個叢集分組，並分配到二個班級。

Kaplan（1974）列舉實施叢集分組的要件為：(1)發展（計劃）甄選學生的標準。(2)界定（決定）教師的資格和遴選程序。(3)釐清教師的責任和教學活動。(4)計劃叢集分組的不同學習經驗（區別性學習活動和內容）。(5)安排支持性的服務和特殊資源，例如：諮商員和電腦。此外，也應給予叢集分組的學生，利用機會在全班分享他們的學習經驗，以減少與班上的隔離。教師必須明確瞭解其所安排的特殊學習活動在於啟發資優學生，而不會變成是一種壓力或懲罰。

叢集分組的實施例子，如：美國的一所小學裡，在一個年級中訂出前5%的學生數為資優教學的對象，通過鑑定標準的學生安排在同一叢集分組與同一班級中。每一叢集分組人數不超過六位學生，假如超過六位，則分成二個叢集分組（Winebrenner, 1992）。另一個資優生叢集分組的例子，是把五個四、五、六年級的資優生安置在一個經過選擇的普通班，並在該班中發展資優學生的高層次思考技能。教師經由濃縮普通班課程的安

排,把學生已知道的內容精簡,並把未知的內容實施加速學習。課程濃縮後,即可有時間來進行充實課程的學習活動,包括:實施創造思考和批判思考的訓練,以及經由獨立研究方案發展研究的技能(Davis & Rimm, 1994)。

㈢ 叢集分組的師資

擔任叢集分組班級的教師,需要具備資優教育的教學知能,教師要知道如何濃縮課程,如何對資優生實施充實、加速和獨立研究的學習,這些知能可由專業書籍和專業實務培訓中學得。實施資優教學的教師,通常要接受在職培訓或修過資優的課程,能夠具有教導學生創造思考、研究技能及高層次思考的技能,而這些資優生的教學技能也可應用於班上的其他學生,只是對資優生的要求層次內容較複雜,期望水準較高,教師也應知道如何及何時讓資優生和班上的其他學生進行融合學習。

叢集分組的模式,既不把資優生隔離於普通班之外,符合融合教育理念,又能提供資優生全時的資優教育活動,且無須增加大量的資優教育經費。不過值得注意的是,非把資優生安排在叢集分組即能達成資優教育的效果。有目的及有計畫的教師專業培訓才是關鍵所在,擔任叢集分組班級的老師,應具有資優教育的專業知能,知道如何從事資優生的教學與輔導。再者,叢集分組所安排的學習課程,亦應由熟知資優教育的相關人員或特教組長等加以輔導,以確保實施的課程與教學能夠符合資優教育的原則。

叢集分組的實施,並非要取代教育當局已經實施的資優教育方案,此模式可單獨規劃,亦可作為現存資優教育方案的補充模式。老師和家長若抱怨資優學生在資優資源班教學時間過少時,可由此模式來加以補充。各教育主管行政單位,推行的資優教育方案,如有不足之處,亦可透過此一模來加以補充。倘若學校中無法成立資優資源班或特殊班,Winebrenner (1992)建議可考慮採行叢集分組的模式,此種模式能讓資優學生有較久的時間,接受適性學習的機會。

結語

　　教育的政策與理想在提供全體學生適性學習的需求，而非滿足某一類群學生的需求，卻忽略另一群學生的需求。因此，身心障礙學生和資賦優異學生均應有適性教育的機會，而適性教育法令政策的實踐，又仰賴研定可行的辦法與計畫來加以推動。資優學生的教學輔導模式，可以保持彈性與多樣性，本章介紹的加速制、充實制與能力分組制的資賦優異教育方案，可供規劃實施資優教育實務之參考。加速制教育的實施，有得有失，應從學生的學習需求及生活適應方面，加以審慎評估；充實制中的全校性充實模式，規劃以全體學生為對象，並融入每個班級內實施，服務許多學生，可避免標記只為少數人服務的菁英主義教育；而在普通班級中實施的叢集分組模式，符合經濟有效的原則，既可減少資優教育的花費，又能提供資優學生全時制的適性教育的機會，也切合融合教育理念與均等教育的理念。誠如阮汝理（Renzulli, 1984）的觀點，沒有所謂純種的三合充實方案或全校性充實方案，各不同的地區、學校，可考量其教育理念、政策、法令、制度、資源、行政、學生需求與家長觀念等，綜合規劃出注重啟發性、開放性、自主性、創造性、高層次思考、生涯和情意教育的各項資優教育方案或充實活動。

參考文獻

一、中文部分

王文科（1989）。有效的資優課程規劃方案。臺北：心理。

毛連溫（1989）。**綜合充實制資優教育**。臺北：心理。

李琛玫（2000）。充實三合模式在特殊才能資優生資源方案的應用。**特教園丁，16(2)**，34-37。

吳武典（1994）。資優教育的研究與課題。載於臺灣師範大學特殊教育系與中華民國特殊教育學會（編印），**開創資優教育的新世紀**（頁1-17）。

吳武典（1997）。教育改革與資優教育。**資優教育季刊，63**，1-7。

吳昆壽（2015）。**資優教育導論**（第二版）。臺北：心理。

林幸台（1995）。資優學生需要特殊教育服務。**資優教育季刊，56**，1-3。

教育部（1999a）。**特殊教育法規選集**。臺北：教育部。

教育部（1999b）。**身心障礙學生及資賦優異學生鑑定原則鑑定基準**。臺北：教育部。

教育部（2001）。**90年度特殊教育統計年報**。臺北：教育部。

教育部（2014）。**特殊教育法**。臺北：教育部。

教育部（1999）。**資賦優異學生降低入學年齡縮短修業年限及升學辦法**。臺北：教育部。

教育部（2012）。**特殊教育學生調整入學年齡及修業年限實施辦法**。臺北：教育部。

張蓓莉（主編）（1999）。**身心障礙及資賦優異學生鑑定原則鑑定基準說明手冊**。臺北：國立臺灣師範大學特殊教育系。

郭靜姿（1994）。82學年度國高中數理資優教育評鑑報告。**資優教育季刊，51**，1-3。

郭靜姿（1997）。談資優生縮短修業年限的鑑定與輔導方式。**資優教育季**

刊，**76**，1-6。

蔡典謨（1992）。資優課程原理。載於高雄市政府教育局／高雄市國民中學
　　資優教育研習中心（主編），**高雄市國民中學資優教育資源手冊**（頁
　　23）。高雄：高雄市政府教育局。

謝建全（2013）。資賦優異者之教育。載於王文科（主編），**特殊教育導論**
　　（頁39-82）。臺北：五南。

二、英文部分

Baum, S. (1988). An enrichment program for the gifted learning disabled student. *Gifted Child Quarterly, 32*(1), 226-230.

Colangelo, N., Assouline, S. G., Marron, M. A., Castellano, J. A., Clinkenbeard, P. R., Rogers, K., Calvert, E., Malek, R., & Smith, D. (2014). Guidelines for Developing an Academic Acceleration Policy. In B. Kerr (Ed.), *Gifted and Talented Education* (VII, pp. 267-284). LA: SAGE.

Davis, G. A. & Rimm, S. B. (1994). *Education of the gifted and talented* (3rd ed). Need ham Heights, MA: Allyn and Bacon.

Feldhusen, J. F. & Kolloff, P. B. (1981). A Three-stage model for gifted education. In R. E. Clasen. B. Robinson, D. R. Clasen, and G. Libster (Eds), *Programming for the gifted, talented and creative: Models and methods.* Madison, WI: University of Wisconsin-Extension.

Feldhusen, J. E. & Kolloff, P. B. (1986). The Purdue three-stage model for gifted education at the elementary level. In J. S. Renzulli, E. J. Gubbings, K. S. McMillen, R. D. Eckert, & C. A. Little (Eds), *Systems and models for developing programs for the gifted and talented* (126-152). Mansfield Center, CT: Creative Learning Press.

Feldhusen. J. F. & Moon, S. M. (2014). Grouping Gifted Students: Issues and Concerns. In B. Kerr (Ed.), *Gifted and Talented Education* (VII, pp75-84). LA: SAGE.

Gentry, M. & MacDougall, J. (2009). Total school cluster grouping: Model, research, and practice. In J. S. Renzulli, E. J. Gubbings, K. S. McMillen, R. D. Eckert, & C. A. Little (Eds), *Systems and models for developing programs for the gifted and talented* (211-234). Mansfield Center, CT: Creative Learning Press.

George, D. (1992). *The challenge of the able child.* London: David Fulton.

George, D. (1995). *Gifted Education-Identification and Provision.* London: David Fulton.

Kaplan, S. N. (1974). *Providing program for the gifted and talented.* Ventura, CA: Office of the Ventura County Superintendent of Schools.

Kirk, S. A., Gallagher, J. J. & Anastasiow, N. J. (1997). *Educating Exceptional Children* (8ed). New York: Houghton Mifflin.

Kulik, J. A. (1992a). Ability grouping and gifted students. In N. Colangelo, S. G. Assouline, & D. L. Ambroson (Eds.). *Talent development: Proceedings from the 1991 Henry B. and Jocelyn Wallace national research symposium on talent development* (pp. 261-266). Unionville, NY: Trillium Press.

Kulik, J. A. (1992b). *An analysis of the research on ability grouping:* Historical and contemporary perspectives. *Research-Based Decision Making Series.* Storrs, CT: University of Connecticut, The National Research Center on the Gifted and Talented.

Kulik, J. A. & Kulik, C. L. C. (1984a). Effects of accelerated instruction on students. *Review of Educational Research, 54,* 409-425.

Kulik, J. A. & Kulik, C. L. C. (1984b). Synthesis of research of effects of accelerated instruction. *Educational Leadership, 42,* 84-89.

Kulik, J. A. & Kulik, C. L. C. (1987). Effects of ability grouping on student achievement. *Equity and Excellence, 23,* 22-0.

Kulik, J. A. & Kulik, C. L. C. (1990). Ability grouping and gifted students. In N. Colangelo & G. A. Davis (Eds.), *Handbook of Gifted Education* (pp. 178-196). Boston: Allyn & Bacon.

Mills, C., & Durden, W. (1992). Cooperative learning and ability grouping: An issue of choice. *Gifted Child Quarterly, 36*(1), 11-16.

Oakes, J. (1985). *Keeping track*. New Haven, CT: Yale University Press.

Piirto, J. (1994). *Talented Children and Adults*. New York: Merrill.

Renzulli, J. S. (1977). The enrichment triad model: A guide for developing defensible programs for the gifted and talented. *Gifted Child Quarterly, 28*, 163-171. Wethersfield, CT: Creative Learning Press.

Renzulli, J. S. (1984). The triad-revolving door system: A research-based approach to identification and for the gifted and talented. *Gifted Child Quarterly, 28*, 163-171.

Renzulli, J. S. & Reis, S. M. (1994). Research Related to Schoolwide Enrichment Triad Model. *Gifted Child Quarterly, 38*(1), 7-20.

Reis, et al. (1993). *Why not let high ability students starts in January ? The curricunlum compacting study*. CT: Creative Learning Press.

Rogers, K. B. (2014). Grouping the Gifted and Talented: Question and Answers. In B. Kerr(Ed.), *Gifted and Talented Education* (VII, pp.101-111). LA: SAGE.

Tannenbaum, A. (1986). The enrichment matrix model. In J. S. *Renzulli (Ed), Systems and models for developing programs for the gifted and talented* (pp391-429). Mansfield Center, CT: Creative Learning Press.

Tieso, C. (2005). The effects of grouping practices and curricular adjustments on achievement. *Journal for the Education of the Gifted, 29*, 60-89.

Tieso, C. (2014). The effects of grouping practices and curricular adjustments on achievement. In B. Kerr(Ed.), *Gifted and Talented Education* (VII, pp285-306). LA: SAGE.

Winebrenner, S. (1992). *Teaching Gifted Kids in the Regular Classroom*. Minneapolis, MN: Free Spirit.

蔡桂芳

■第五章■

資賦優異課程模式的實施

　　為了有效能的服務資優生，協助他們透過有意義的課程安排、合適的教材提供和教學的實施，能激發潛能，豐富學習生活進而成為傑出的個體。本章之目的將介紹資優界常見的資優課程模式，及簡述資優教育現場對各類教育模式的使用情形。

　　本章所提出的課程模式大都屬於資優充實課程，是抱持比較廣義看資優觀點的產物，將創造力、動機與自主獨立學習等均納入考量，也強調資優者多元才能發展的重要理念，這些充實的觀點也強調過程技能的理解，如：批判性思考（critical thinking）與創意問題解決（creative problem solving）等，因此也把它們列為資優生學習時的重要目標，期盼透過不同學者多元的視野，協助資優生能有優秀的學習成果並充分展現潛能。

第一節　課程模式的定義

　　何謂課程模式？毛連塭（2012）認為許多資優教育專家對於資優教育各有不同的理念，因而設計出各種不同的課程模式。Maker（引自毛連塭，1990）認為良好的教學模式至少應具備下列五個特點：(1)有明確的目的和中心領域；(2)對學習者之特性和學習過程能提出基本假設；(3)可做為發展日常學習活動的指針；(4)為學習活動提供明確的模式與要求；(5)有研究資料支持其有效性。Karnes & Bean（2009）則認為課程模式之操作定義須盡可能包含下述元素：(1)首先模式應可當作課程設計與發展之架構：該模式必須有一套系統，可以幫助資優生發展和設計合適課程，它必需要確定設計的元素，並且讓老師明白這些元素在課程中如何進行。(2)盡可能在全部內容領域中皆可轉換使用：模式必須相當實用，易於在學校教學中進行。(3)適用於幼稚園及中小學：對於教學的年齡具有彈性，最好可用於幼稚園的資優兒童，也能用在中學生階段。(4)適用於不同學校與不同群體：模式須考量不同地區環境及學習條件，個別指導資優生或用團體教學最好都能搭配。(5)符合資優生適異性之特色：該模式需要有應用於資優特殊需求的課程與教學之清楚說明。

　　Davis、Rimm和Siegle（2011）認為課程模式（curriculum model）提供

了一個理論性的架構，附帶一些學習活動，早期有些課程模式可能僅具有一些對學習的理念和假設，提出一些理念、步驟與實施重點，像是塔巴的教學策略模式和布魯納的學科基本結構模式（Maker, 1982）；但晚近的資優課程模式則可能歷經一段時間的發展、實施與修正，具備較為豐富的內涵，比如模式的理論基礎、辦理模式時資優生的推薦甄選程序、課程的內容和執行計畫時可注意的整體細節，甚至若能獲得授權，資優方案的設計者也能購置套裝的測驗工具與作業單等，因此課程模式的可選擇性非常大，端視每位資優工作者在為資優生設計課程時想強調的特色或是取得的方便性與實用性。當然課程實施上的互補性與一貫性也是需要考量的重點，所以認識各類資優課程模式是資優教育工作者必備的基礎知能。

　　本章無法完全詳述資優課程領域中所有的課程模式，據Maker所述課程模式數量可以超過百種，因此本章盡可能介紹較為常見且使用率較高的資優課程模式，有興趣的讀者可以再行參閱其他討論資優課程模式的專書。

第二節　資優教育課程模式

一、史丹利才能鑑定與發展模式（The Stanley Model of Talent Identification and Development）

　　Stanley模式的整體目標為個人終身發展，主要宗旨為：(1)採用可靠且高難度的測試方法，利用較高難度語文及數學推理（mathematical reasoning）方式來鑑定學生。(2)使用診斷—處方教學（DT-PI）方法來教導資優生，使教學進行中有合宜的挑戰性與難度。(3)在核心學術領域上，應用許多不同類型的學科加速（subject-matter acceleration）作法。(4)課程彈性，可用於所有學校教學。

　　Study of Mathematically Precocious Youth（SMPY）於1971年9月在約翰霍普金斯大學正式啟動，由1972年到1979年首度開始尋找數學推理能力優異青少年，1980年時，約翰霍普金斯大學將方案拓展到語文資優青少年，

通過鑑定的學生，SMPY會運用加速或彈性課程，或是開發加速學習方案等給予教育上的輔導。七年級和八年級生可以透過SAT或ACT考試，來參與這個發現資優計畫，每年幾乎都有15萬名資優生參加。

SMPY的研究在過去的40年相當盛行，有超過300篇出版的研究和書籍，也有一些以縱貫性方式所進行的研究，從成果中發現參與加速方案的資優學生有很好的創意產出，而且對七年級學生預測未來職涯傾向也有幫助。這些研究的發現都強調在某領域（如：數學、語文）若能提供進階學習加速課程，可以為早熟（precocious）的資優生帶來助益（Stanley, Keating, & Fox, 1974），也會為他們帶來長期的正向影響（Benbow & Arjmand, 1990），當然參與此模式的家長和學生接受度也相當高，因此本模式被廣泛運用在全美各地和部分國外地區，即使在一些沒有太多合適資優方案可選擇的國家，也有學生會去參與大學暑期資優方案，幾乎可以說SMPY是全世界最知名也最具代表性的加速與精簡課程。

二、Renzulli的全校性充實模式（Schoolwide Enrichment Triad Model）

全校性充實模式（SEM）的最初原型是充實三合模式，經過長達多年的研究和實際測試，Renzulli將其與具彈性的旋轉門鑑定模式（Revolving Door Identification Model）結合，來鑑定高潛力學童（Renzulli, Reis, & Smith, 1981），此結合模式在11個不同大小與形式的美國學區（偏遠、市郊與城市地區）進行實際測試，最後才正式定案並發展（Renzulli & Reis, 1985），將其命名為全校性充實模式，全校性充實模式在美國被非常廣泛的採用，在我國的使用率也極高。

SEM與其他資優教育模式最大的不同是基於Renzulli對資優生定義上的獨特見解，與降低菁英主義（elitism）的做法，並且強調有些充實活動可以在普通班級裡實施。首先透過多種方法來鑑定出各領域排名前15到20%，具備中上能力及高潛力的學生，來進入人才庫（talent pool）。人才庫鑑定方法涵蓋成就測驗（achievement test）、教師推薦、創造力潛能評量、高度工作熱忱（task commitment），有強烈慾望的學生也可以運用其

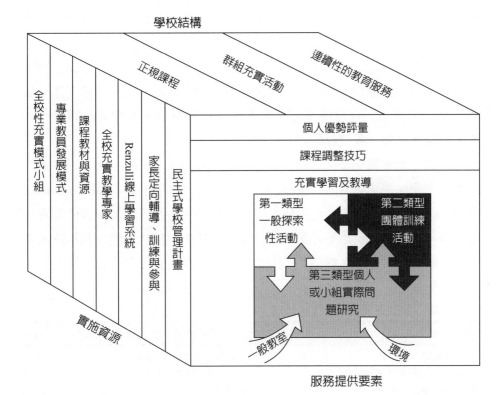

圖5-1　全校性充實模式

他管道（例如：自我推薦、家長推薦等）來展現他的潛能；成就測驗和智力測驗如果分數高，則會被自動選入人才庫中，如此的做法可以廣納那些學術成績不高卻具備某方面潛能的學生。

　　一旦通過鑑定被選入人才庫，學生便可參與多種不同的活動，首先會進行興趣和學習風格、能力等評量，接著可以參與課程濃縮（curriculum compacting），也就是將正規課程中，之前已經學習過的部分刪減，重新設計程度較為適當的課程；接著會給予三種不同類型的充實：第一類型、第二類型和第三類型充實活動，其中第三類型充實活動通常較適合能力、興趣和工作熱忱與承擔責任等方面能力均優的學生。

　　第一類型充實活動主要為試探性活動（General Exploratory Activities），目的是讓學生接觸廣泛的主題、學科、活動、嗜好、人物、地方

及興趣、非常規課程事物等等。此階段活動的實施可以非常多元活潑，也不只適用於資優生，例如：示範、外聘演講、表演、影片製作、紀錄片欣賞、學習中心、田野調查、看展覽、欣賞網路及幻燈片簡報等，這些體驗活動都是為了激勵學生而設計，也能誘發出學生新的興趣，延續至第二類型及第三類型中，有資優潛能的學生也可以因為第一類型活動經驗的刺激，而發展出第三類型專題研究的雛型概念。

第二類型充實活動的名稱為團體訓練活動（group training），主要目的是促進學生思考、感受、研究、溝通和方法學的過程（methodological processes）發展，因為這些活動可以幫助資優生在進行超前學習活動時，能具備一些協助第三類型充實活動時需要的能力、技巧、態度和策略。然而，這個階段的充實活動也不受限為資優生，可以包括以下五大類：

表5-1　第二類型充實活動的技能類別

認知訓練	使用進階研究技巧與參考資料
1. 創意能力 2. 創意問題解決與決策能力 3. 批判與邏輯思考技巧	1. 為第三類型研究做準備 2. 使用圖書館的技巧 3. 運用社區資源
情意訓練	發展書寫、口語、視覺傳達能力
1. 內心技巧 2. 人際技巧 3. 處理人生重要事件	1. 書寫傳達能力 2. 口語溝通能力 3. 視覺溝通傳達能力
「學習如何學習」的訓練	
1. 傾聽、觀察與理解技巧 2. 筆記與摘要能力 3. 面談與調查技巧 4. 數據分析與組織能力	

資料來源：Renzulli & Reis（1994）.

第二類型充實活動雖然強調很多進行獨立研究時需要的技能，但我們在進行這個階段活動時要避免把技巧的訓練當作最主要的目的，而應該將上述的技巧搭配在合適的主題內容中適時地安排。

第三類型充實活動稱為個人與小組討論真實問題（individual and small group investigation of real problems），也是此模式中最高階的活動。這個階段學生可以研究自己最感興趣的主題，開始採用調查研究、從事藝術作品、寫作、戲劇、網頁設計，學生是第一手的調查者，要像一個專業人士一樣的思考、感受和行動，根據學生的發展和年齡或級別，盡可能達到進階或專業的程度。這個階段的資優生不再是知識的搜尋者或是消費者，而是所謂的「生產者」，活動後的成果也算是原創性的研究（original research）。這部分另一個重點是老師必須為資優生找尋完成真實問題研究後可以分享的觀眾（authentic audience），或是該項藝術創作的愛好者與欣賞者。於是孩子的研究成果可以對有興趣的對象進行發表，例如：調查一項社區居民最容易觸犯的交通法規，可以找機會在里民大會中對居民進行宣導；或將調查結果提交給交通管理部門進行建言。老師也許不會每個領域都精通，但卻可以從旁引導，協助資優生釐清問題或尋找素材與設備，或邀請該領域合適又有熱情的專家來進行深入長期的指導，有了上述協助，資優生將可以在被激勵的環境中得到全面性的成長，產生更高品質的作品與成果。

歐用生（1982）認為Renzulli的第三類型充實活動特別適合於資優學生，也只有老師充分瞭解第三類型充實活動的理念，能適時誘發資優生的工作動機與熱情，資優生獨立研究的目標才能實現。目前國內許多資優班均以三合充實模式或校本充實模式為主要資優課程的設計理念，相關的發表可見陳勇祥（2006）、陳振明（2001）、童貞儀（2007）、李偉俊（2001）等人的專門著作。Renzulli目前經營線上課程，並開設了Renzulli資優學院（Gifted and Talented Academy），有興趣的教師可以逕行參考。

三、Betts的自主學習者模式（Betts Autonomous Learner Model）

「自主學習者模式」是Betts在1985年為培養資優生主動學習的精神而設計。Betts和Knapp（1981）認為「自主學習者」能擅長運用聚斂性和擴散性思考去解決問題和發展新的理念，同時在少量的外在輔導下能選擇適合自己學習的課程與方法。一個「自主學習者」會主動選取和參與學習活

動,並經由高層思考技巧及有效的行動去解決問題,發展新構想。簡言之,「自主學習者」不但有動機、有能力、有策略,而且是有貢獻的學習者。王文科和梁仲容(2000)指出Betts發展自主學習者模式的初衷,是認為資優生投入資優方案時,需要有機會讓他們對感興趣之處進行探求,但是要成為自主學習者是件困難的任務。於是Betts將自主學習者模式規劃成一項全面性的課程計畫指引,它的核心目標為透過提升學生在自我學習方面的責任,幫助他們成為一個既獨立且負責任的學習者;其他中心目標則是幫助學生發展更多正向的自我概念,認識其天賦,發展社交能力,提升各種不同領域的知識,開發其思考、決策和解決問題能力,最後成為一個負責任、具有創造力及獨立的學習者,而這些目標通常也與資優教育方案(G/T programs)的目標不謀而合。自主學習者模式與全校性充實模式相當類似,可以融入正規班級,適用於所有的學生,在進階的自主學習者模式中則可以在資優資源班進行,最好每星期可以實施大約2.5小時,在中學裡,自主學習者模式可以作為選修課程,因此這個模式的運用在中小學都是合適的。

自主學習者模式分為五個主要構面如圖5-2,分別為定向輔導(orientation)、個別發展(individual development)、充實活動(enrichment activities)、專題研討會(seminars)與深入研究(in-depth study)。

㈠ 定向輔導(orientation)構面

這個構面目的在於幫助學生、教師、行政人員、社區人士及家長瞭解資優教育的中心思想,例如:資賦優異、特殊才能、智力及創造力的本質等,還有自主學習模式的細節,例如:計畫目標、機會及眾人對資優者的期待等。學生透過各項活動認識自己和瞭解自我的天賦,還有這個模式將可以提供他們哪些協助。

在一般普通的班級中如果運用自主學習者模式,老師的重點可以不放在瞭解「資賦優異」是什麼?而是換成多元智能、創造力及才能等。在資優生的資源教室或普通班級中,團隊建立及自我認識的練習幫助學生瞭解他人和自我,並且能適時掌握學習團體的歷程,例如:何時該發表,何時

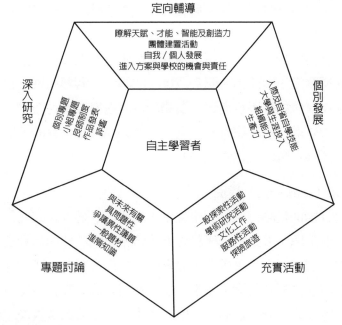

圖5-2　自主學習者模式

該傾聽。例如：有一個練習範例為：「看看誰會？」每個學生有一個畫著格子的矩陣，每格當中都有一個特點，例如：下圍棋、熱愛數學、音樂創作等。學生開始一個一個訪問其他同學，請受訪同學把名字簽到符合他們答案的格子中，蒐集完名字及就座後，學生主動提供他們從活動中所學到的心得，與這個活動對他們的意義。這些活動都具定向輔導的積極意義，也很活潑實用。

㈡ **個別發展（individual development）構面**

　　個別發展構面注重於發展終身獨立和自省自學技能、觀念和態度。如上圖所示，五個個別發展的基本元素分別為人際及自我的學習技巧（例如：社交能力、自我理解、思考能力及研究能力）、大學與生涯投入、組織能力及生產力（有效管理資訊的能力）。

㈢ **充實活動（enrichment activities）構面**

　　充實活動為正規課程外的規劃，在自主學習者模式的此階段中，我們

希望賦予學生機會去試探其他充實活動。充實活動可以是老師為他們所設定之區分性課程，也可以由學生自己選擇。例如：學生可以探索某一個領域，然後對小組發表報告；也可以進行某種研究調查；或參與文化活動，例如：參觀博物館、看演出、聽音樂會、演講或參觀藝術展；也有可能是提供某種服務，例如：服務老人、為獨居老人送餐或寄送禮物；也可以是計劃一個「未曾進行過的旅行」，例如：考察高雄月世界的地質情況或是體驗原住民部落木雕的文化涵義等。

(四) **專題研究（seminars）構面**

專題研究構面是讓三到五個學生用小團體方式進行，如此每人都有機會去研究一個主題，並且透過座談會方式將結果向其他同學發表。學生透過三個步驟學習如何進步：發表一般資訊以利提升對於主題的理解；促進觀眾一起參與該主題的討論；並學習如何結束討論活動。專題研究的座談會是相當有意義的經驗，也適用於所有學生，更重要的是資優生可以藉由上述活動將自己從學生變成某個專業領域的學習者。

(五) **深入研究（in-depth study）構面**

最後在深入研究構面，學生對於有興趣的領域，從事長期的個人或小組研究，這些活動類似於Renzulli的第三類型充實活動，學生自己決定要學什麼、需要何種協助、最後成果為何、如何發表以及如何評價整個學習歷程等。不管是資優班或普通班的學生，一個「深入研究」的完成便可視為「自主學習」的最高層次（Davis, Rimm, & Siegle, 2011）。

四、Gardner多元智能模式（Multiple Intelligences）

Gardner於1983年提出「多元智能理論」（the Theory of Multiple Intelligences），認為「智力」是「在某種或多種文化情境下受到重視的解決問題或製造產出的能力」。每個人都具有多元智能，只是各種智能程度不同，且是以複雜的方式將不同智能結合運作，而每種智能又有多種呈現的方法，因此無法用特定標準去評定個人在某一智能上的發展。這也代表若能給予適當鼓勵、培育與教導，大部分人都能將每一種智能發展到適當的

程度；若在智能的任何一個領域具有優異天賦的人，同樣地，經由合適的教學方式也能夠被激發出其潛藏智能，許多資優教育學者也相信利用多元智能論設計出的教學策略，能有效發掘出在資優教育計畫中未被發現的學生。

　　Gardner挑戰了傳統的智能觀點，指出人類智能是由多種能力組成，雖然多數人擁有完整的智能光譜，但每個人仍顯露出個別的認知特徵（封四維，2000）。多元智能模式（MI）最早的定義為七種智能，後來在1995年被Gardner加入了第八種，這八種智能分別為：(1)語文智能（verbal/linguistic）；(2)邏輯及數學智能（logical/mathematical）；(3)視覺與空間智能（visual/spatial）；(4)音樂智能（musical/rhythmic）；(5)肢體與動覺智能（bodily/kinesthetic）；(6)人際智能（interpersonal）；(7)內省智能（intrapersonal）；(8)自然觀察者智能（naturalistic）。

　　多元智能有以下重要觀點：(1)每個人至少具備八種智能，而且大多數人的智能都可以發展到適當的水準；(2)多元智能並非狹窄單一的智力，傳統的智力測驗偏重語文與邏輯數學，但Gardner認為除此之外人類應該還有更廣泛的能力；(3)被認定的智能需要符合檢定的標準，上述八種能力能被列入智能清單中均須符合檢定的標準，包括可由腦傷研究中看出智能獨立運作的情形，也能從心理學和心理計量的研究中得到證據支持，以及每種智能都有其一組可以定義的核心操作方式等；(4)智能是可以被教導的，只要能提供孩子適當的學習環境，透過教育、引導、學習與鼓勵，智能應該可以獲得啟發；(5)智能是以統整的方式進行運作，例如：舞蹈就至少包括了音樂與肢體—動覺智能，解決物理問題需要邏輯數學與空間智能等；(6)每個人都有獨特的智能組合，他們在八種智能的優弱勢分布上均具有個別的獨特性；(7)多元智能擴展了傳統的教育，不管是教學者或是學習者，都應該認識自己的能力與興趣，教師更可以擴展己身的教學技術、工具與策略，評量的方法也理應更多元。

　　由於多元智能理論強調不同的心智組型，使每個人呈現出不同的相對優勢智能領域與相對弱勢智能領域，而多元智能在教育應用上，即強調教師應將教學重點放在學生的優勢能力並鼓勵弱勢能力的發展（王文伶，2010）。面對資優生時，教師可使用吳武典（2011）所編製之多元智能量

表乙式,其理論基礎即為Gardner的多元智能理論,適用於國小三年級至國中三年級學生。此量表可調查學生在日常生活中多元活動的發展技巧和參與熱忱,測驗結果可繪製成側面圖,藉此分析比較個人的優勢特質和弱勢特質,用以幫助學生在學習活動和生涯發展上作自我探索和適切規劃。九個分量表分別是語言、邏輯數學、音樂、空間、身體動覺、內省、人際、自然和存在智能。

教師在為資優生設計教學時可以考量資優生的優弱勢特質,搭配各式智能為主題的學習角,在教學過程中也可以將教學主題運用九宮格的方式讓不同程度的資優生從一個主題獲得多元且豐富的啟發,以下的設計示例可以誘發兒童不同目標層次的豐富產出:

語文智能	音樂智能	肢體運作智能
活動內容:學生閱讀黑鮪魚日漸消失的文章、相關新聞。 簡單目標:學生可以藉由此活動想出可以保育黑鮪魚的標語口號。 延伸目標:請資優生以黑鮪魚消失的原因進行正反方向的辯論。	活動內容:播放有關海洋生態的音樂,讓學生賞析。 簡單目標:改編或自編有關保護黑鮪魚的歌曲。 延伸目標:讓學生用樂器模擬黑鮪魚日漸消失的哀傷。	活動內容:老師模仿各種海底生物,讓學生猜。 簡單目標:讓學生進行角色扮演,演出黑鮪魚消失的戲劇。 延伸目標:演出戲劇之外,讓學生為黑鮪魚自編舞蹈再搭配戲劇演出,並試圖進行鮪魚掙扎、逃離狂奔的肢體演示。
邏輯數學智能 活動內容:呈現黑鮪魚每年數量的圖表,讓學生從中思考減少量的情形。 簡單目標:讓學生用數學算式計算黑鮪魚銳減的速度和量。 延伸目標:用田野調查方式,讓學生到漁市探詢黑鮪魚減少的速度及數量,並推衍其中原因。	主題: 海底總動員— 消失的黑鮪魚	**人際智能** 活動內容:將學生分成數組討論自己對漁業生態的瞭解。 簡單目標:學生可以和他人分享對黑鮪魚消失的原因,並互相交流溝通想法。 延伸目標:讓學生和其他小組成員,探討某些物種消失的原因,並以小組合作方式共同呈現一份報告。
空間智能 活動內容:欣賞有關海洋生態的圖畫、雕塑作品,讓學生認識瞭解。 簡單目標:學生在欣賞完他人圖畫後創作出有關黑鮪魚的藝術作品。 延伸目標:能以圖示在地圖上標示出黑鮪魚分布的區域,並嘗試解釋為何只在某些特定區域。	**自然探索智能** 活動內容:帶學生實際去東港魚市場參觀,觀察當地的環境和看各類魚貨。 簡單目標:可說出黑鮪魚的種類及其適合生長的環境。 延伸目標:研究探討不同種類鮪魚適合生存在哪個環境中,可探討為何個別種黑鮪魚可能不適合生存在某環境中,並作為下次到該漁市展示之作品。	**內省智能** 活動內容:觀看黑鮪魚消失、逐漸減少的電影。 簡單目標:讓學生反省自己是否也直接／間接迫害到黑鮪魚的生存。 延伸目標:省思自己做了什麼破壞環境的事;並且表達要如何用行動來保護生態、與稀有物種,讓世界祥和。

圖5-3 多元智能九宮格課程設計示例

多元智能教學模式在美國曾經引起許多教育工作者的歡迎與注目，許多新學校成立時會強調該校採用多元智能模式來教學。此模式在鑑定個人的差異、課程計畫發展，還有作為評估教學策略等方面都很實用，對資優生也很有助益，所以很多教育者非常推崇此模式，有名的專案為美國印第安那州的關鍵學校（Key school），和聖路易市的新城學校方案（Newcity School Program）等。

至於國內，吳武典曾於玉里高中進行多元智能教育實驗，郭靜姿則於新北市的烏來中小學運用多元智能推展原住民學校之教學，也在師大特殊教育中心設置學前資優幼兒的多元智能發展方案。整體而言，多元智能教學模式影響層面廣泛，不僅是教學理念的改變，也融入了資優班的活動設計之中。

五、普度三階段充實模式（The Purdue Three-Stage Enrichment Model）

普度三階段充實模式（Purdue Three-Stage Model, PTSM）是Feldhusen在1970年所開發，其基本精神強調創造力、批判思考、問題解決與獨立研究。因為重視思考技能的培養，所以適用於各學科，也因此特別適用於指導包含各種主題課程的週六方案。PTSM的三個階段從教師導向的基本技巧訓練（Stage I）到教師引導學生從事創造性問題解決方案（Stage II）最後再到學生發展獨立研究技巧，進行自主學習（Stage Ill），各階段施行時間並不是固定不變的，內容也可以視學生能力和需求彈性調整（任恩儀，2011）。

普度三階段充實模式的主體是有次序的充實模式，讓學生可以由簡易的思考，轉變成為綜合的獨立活動，活動包含了活動與課程雙重元素，從學前教育到大學階段都可以作為指導資優生之參考。此模式由五種要素組成，並且互相作用，創造出適合資優生的學習環境。

要素一：課程目標

普度三階段充實模式有相當明確的目標，這些目標都是以資優、有創

造力及有才能的學生為基礎，同時又試著培育學生的創造力和學術能力。此模式相當靈活有彈性，可適用於國小及國中學生。

要素二：學生甄選與編組

資優生會一起甄選及編組，以便可以讓資優同儕有大量的互動機會，編組選項的範圍可以是資優學生的集中自足式課程運作，或是利用課後及假日活動時間，甚至是分散式充實課程。學生的鑑定會以智力、創造力及學術才能為基礎，特定的鑑定程序會因課程目標及執行方式而有所不同。對於國小學生來說，鑑定系統通常由語文及數量能力的常模參照測驗（norm-referenced test）加上Renzulli的資優學生行為特質評量表（Scales for Rating the Behavioral Characteristics of Superior Students）中的分數為主。創造力的鑑定可以採用「陶倫斯創造性思考測驗」（Torrance Tests of Creative Thinking）或是「荷勒高謹創意測驗」（Wallach-Kogan Creativity Instrument）為工具。中學階段的鑑定，領域範圍就略為限縮，可採用普度學術量表（Purdue Academic Rating Scales, PARS）以及職業才能量表（Purdue Vocational Talent Scales）作為鑑定基礎。

要素三：訓練有素的教師

在此模式中指導教師需要花大量的時間在輔助學生解決複雜問題以及獨立學習活動上，所以需要受過資優教育訓練的教師。他們必須有能力勝任設計以及教導以三階段模式為基礎的課程。教師的訓練著重於技能發展的三個階段，但「培養創造力」是此模式的中心，也是訓練中相當重要的一部分，該訓練亦應加強不同型式的思考技巧、聚斂式問題解決以及研究技巧加上獨立學習；在中學階段，教師本身也需要在其所授資優課程專長領域中，有更大量的知識背景。

要素四與要素五：課程與教授

此模式在大學階段的成功，使其被運用到小學以及中學教育上。這裡所談的三階段僅強調學習過程，而暫時不決定學習的內容。

普度的三階段充實模式分別介紹如下：

第一階段：發展基本的擴散性與聚斂性思考

本階段的重點為基本思考能力發展及學術內容，也就是曾經教過的單元之基礎。與這些單元有關的教學活動相對較短，約10至60分鐘，由教師擔任引導角色。指導者需要找出配合學習內容時，所可以使用的擴散與聚斂性思考技巧，雖然這些活動與全校性充實模式第一類型活動不盡相同，但目標卻相近，均是鼓勵學生藉由學習去激發日後想要繼續探索該主題的意願。例如：創造力的練習可以是列出垃圾袋正常用途外的其他功能或用法；或思考如何改良腳踏車；或預測一些不太可能會發生的狀況結果，比如說如果這世界上沒有電視或是速食店會是如何；或是使用任何可以在資源回收場發現的物品來設計一臺未來的發電機等。諸如此類的練習可以發展創造力中所需具備的觀念如流暢力、原創性、靈活性以及精密性。思考練習可以延伸邏輯運用、批判性思考、分析、綜合、評估、決策、分類、比較以及類推思考能力。

第二階段：發展創造性問題解決能力

在第二階段中，教師的角色轉變成一位學習的輔助者，注重於更複雜及實用的策略和系統，這個階段運用創意思考技巧來解決不同型態的問題，例如：形態分析法（morphological analysis）、分合法（synectics）或創造性問題解決（Creative Problem Solving, CPS）。第二階段的活動時間須介於一至十小時之間，在這階段，學生需要自動自發，互相合作，發展及分享原創概念並且展現他們的堅持力。具體的例子如：如何推銷自己故鄉生產過剩的產物或解決校園裡堆放已久的閒置物品？學生可以運用上述創造思考方法來進行練習並發展出創造思考能力，最後再予以實踐之。

第三階段：設計獨立研究技巧

本階段的活動希望讓資優生以迎接挑戰的方式，界定與釐清問題，從書本或其他資源蒐集大量資料，解釋發現、發展研究結果、溝通研究結果，形成獨特創新的方法。這階段不再只是希望學生嫻熟使用資源（如：百科全書），而是協助他們根據目標擬定學習計畫，找出將觀念傳遞給他人的方法。第三階段活動針對「獨立研究技巧的發展」，在這階段「學生會運用其於第一階段與第二階段習得之技巧來解決真實問題，讓自己變成

某領域的專業人士，也會發展出某種可以被真實觀眾接受的作品。此階段中，教師的角色又再次轉換，成為一個提供學生資源的人士。第三階段的專題可以寫詩、短篇故事或短劇，也可以是研究保護動物運動宣導的設計者（在美國曾有一組學生向其所居住地區的市議會提出遊說方案），亦可是研究地區領導人的背景（曾有一組學生於廣播電臺發表其研究成果）。此階段與全校性充實模式第三類型活動相當類似。

至於中學課程方面，由於普度三階段模式相當靈活，可以透過不同的方式運作。中學階段的資優生可以依據其強項，由這些服務中加以挑選，設計資優生個人的成長計畫。此模式靈活的特性，使其在中學教育相當受歡迎，三種最廣泛實施的方法如下：1.區分進階課程，例如：資優課程及進階先修班。2.各學科間之座談或研討會。3.獨立學習機會，通常會與學習過的學科的方法論相結合。與小學階段應用相同，中學亦注重思考與問題解決能力。普度中學模式（Purdue Secondary Model）是一個可以用來規劃中學階段的全面性方案，有11個部分可以用來進行充實和加速課程，每一個部分都可以作為服務中學資優生的指南，有：(1)諮商服務；(2)研討會；(3)跳級課程；(4)優異級數課程；(5)數學／科學加速課程；(6)外語課程；(7)藝術課程；(8)文化體驗；(9)職涯教育；(10)技職教育；(11)課後指導。

綜合言之，普度的三階段充實模式自小學低年級到中學階段皆可實施，具連貫精神，隨資優生年齡成長而分化，最後完成生涯試探，頗具特色。

六、卡普蘭框架法（The Kaplan Grid）

卡普蘭框架法是為了輔助課程開發者決定具有區別性課程的元素，並去思索如何建立一個豐富區分性的課程。此模式以主題為中心，由過程、內容和成品（product）組成；「內容」部分的定義是：對資優生有用、重要以及有趣的知識與資訊，包含各項事實、思想、概念、通則、原理、理論與系統。這些內容可以從古到今甚至到未來。卡普蘭提出了11種提示法（請見圖5-4）幫助教師用來提升教學內容的深度及複雜度。他使用了有

提示	圖示	定義	說明提示之重點問題
學科語言		命名法、辭典或是該研究之詞彙	什麼樣的用法或詞藻是xx學科專用有的？Xx學科適用什麼研究方法？
細節		說明特點、屬性、特性	它的屬性為何？它的特性為何？有什麼特別元素將其定義為此？是什麼讓它與別的學科有區隔？
模式		事件重複發生	哪些事件重複發生？或是想法概念一再產生？事件的順序為何？我們如何預測接下來會發生的事？
趨勢		讓概念及想法成型的影響或力量	什麼的持續性因子對此研究產生影響？什麼因素對此研究產生貢獻？
未解問題		學科的未知領域	此領域、主題、研究或學科中，什麼是尚未被瞭解的？此領域、主題、研究或學科中，什麼是屬於未知範圍？是哪一方面的資訊不充分或是缺少明確說明？
規則		已闡明或未闡明的原因或說明	它的結構為何？什麼是和我們研究主題描述或說明有關，已闡明和未闡明的動機原因？
道德規範		窘境難題、爭議、議題	在這個領域、主題、研究或學科中，面對了什麼樣的難題窘境與爭議？找出何種元素可以造成此等偏見與歧視？
大志與高見		通則、原理與原理	何種總體說明最適合形容學習中的事物？何種綜述包含了學習中的事物？
時間		過去、現在與未來之發生事件	在過去、現在與未來之間，「概念」是如何產生關聯？在某一個特定期間內或時間點之間，這些概念想法是如何產生關聯？時間如何影響資訊？事物如何以及為什麼改變？而有的卻不變？
立場		觀點與意見	反對觀點為何？不同的人和性格會如何看待一個事件或情況？
跨學科		學科間的連結	這些概念如何產生關係與連結？

圖5-4　提升內容深度與複雜度的有效提示方法

（資料引自蔡桂芳譯，資優教育概論，7-26頁，華騰出版社）

趣又具代表該項概念的圖示來說明各個提示的意涵，不同提示在相異的核心內容主題內所建立的深度及複雜度，會比其他提示來得好，因此效果必須由施行者自己去嘗試與體會，而內容所表達的核心問題即為：「學生會學習到何種資訊？」

至於「過程」部分的定義則是較為複雜的思考，例如：批判與創造性思考，也包括問題解決、研究技巧（例如：運用資訊檢索系統）、「學習如何學習」技巧、技術能力、基本學術能力，甚至是生活技能等，諸如此類的能力及技巧被統合起來，例如：驗證的技巧牽涉到資訊蒐集（研究技巧）與資訊的呈現順序。這些過程技能（process skills）是希望資優生可透過參與而精熟。大部分卡普蘭所談的過程技能與全校充實模式的第二類型有部分類似，過程所要表達的核心問題為：「學生如何思考他們所學到的資訊與內容？」

選擇學生的成果作品相當重要，需要將內容知識加以統整加上許多技能的精通，作品可以是一種學習的歷程展現，也可以是代表「曾經學習過」的證明。作為一個提供機會的課程（curricular opportunity），成果應該以不同型態呈現（例如：書寫、口語、圖像或是實物模式），包括每一個類別中的各種項目（例如：寫下故事、評論、摘要、標語及企劃書等）。研究及創造一個作品也會練習到數種技能，卡普蘭（1986）將其稱為：(1)應用技術方法；(2)組織時間與資源；(3)建立與作品的契合度，評估其對觀眾的價值；(4)感謝重要的參與貢獻人士；(5)確認分享作品的方式與管道。這部分的核心問題為：「學生會用什麼樣的作品來分享他們所知？」

除了內容、過程與作品之外，最後卡普蘭將焦點放到資優生課程的重要情意元素，包括個人及貢獻者的自我理解提升，評量學習及生產力以及角色意識與領導責任。

為什麼此模式的名稱叫做框架法？我們可以看出在為資優生計畫區分性教學時，欄框中有一些元素，會形成框架模式。二個元素被併入四個欄位中，而這些欄位便構成卡普蘭的區分性計畫的框架，表達框架如下（毛連塭，2012）：

主題：						
要素	內　　容	過程			成　　果	情　　意
		思考技能	研究技能	基本技能		
活動						

圖5-5　資優生區分性課程分析表（毛連塭，2012）

　　卡普蘭幫助我們可以更近距離及更深入的觀察各個元素，其運用框架的方式幫資優生設計區分性課程的想法，使資優教育工作者可以更容易循著座標方格來幫資優生設計豐富的課程，且瞭解運作之步驟，對資優課程也饒富貢獻。

七、多元族群優勢智能發掘模式（DISCOVER）

　　Maker（1987）之DISCOVER模式，著重多元族群優勢智能表現之觀察與發掘（Discovering Intellectual Strengths and Capabilities while Observing Varied Ethnic Responses），強調主動發掘學生的優勢智能，並鼓勵學生用自己的優勢智能來解決問題並展現創造力（Maker & Schiever, 2005；郭靜姿，2006）。此模式近年來發展到適用於所有的學生，並將評量結果應用於資優生的鑑定及教育服務。

　　DISCOVER課程模式結合Gardner對多元智能理論與不同問題類型的設計。模式既強調思考能力的訓練又著重優勢智能的表現。問題解決活動是DISCOVER課程模式的主要成分，也是評量和課程設計的基礎。DIS-COVER問題分類的依據介紹如下（吳淑敏，2005；郭靜姿；2006；蔡碩

穎，2013）：

1. 問題結構（Problem Structure）：問題的形式和呈現是有效學習的關鍵。Type I是高度結構且封閉的問題，Type V是完全開放且複雜的問題，依此標準，將各種問題分成依序漸進的五種類型。

2. 解決問題的方法（Problem Method）：亦即根據問題結構、尋找解決的方法。要解決Type I的問題只有一種途徑，但Type V問題卻有多種解決途徑，學生必須思考哪一種途徑是又快、又好、又適當的，如此將有助發展學生的批判思考技巧。

3. 問題的解法（Problem Solution）：Type I只有一個標準答案，Type V，VI卻有多個答案，甚至沒有答案，通常要在非常主觀的情形下，Type V，VI才有「對」的答案。各種問題類型舉例如下（問題取材自郭靜姿，2006）：

Type Ⅰ：問題是簡單、封閉的，提問者和解決者都知道問題和途徑，但最後答案要解題者找出（例如：3+4＝？問題已知、運算方法明確、答案固定）。

Type Ⅱ：問題是簡單、封閉的，提問者知道問題、途徑和解決方法，但解答者只知道問題（例如：餅乾罐裡有十片餅乾，你吃了兩片，罐裡還有幾片餅乾？問題明確、解答者要自己找出運算方法、答案固定）。

Type Ⅲ：問題已知，但更為開放、複雜，可以有多種正確途徑和解決方法。提問者知道途徑和方法，但解答者可自行找出各種可能的答案（例如：用3、5、2等三個數字寫出正確的運算等式，寫得愈多愈好。問題明確，但有多組答案）。

Type Ⅳ：問題已知，但更為開放、複雜，可能有多種正確途徑和解決方法。提問者知道途徑和方法，但不一定知道所有答案；解答者需要自行找出各種可能的答案（例如：要求學前幼兒用3、5、2等三個數字寫出正確運算式。小朋友運用了次方、開根號等超前的數學概念，老師未必能事先預知幼兒會產出這些答案）。

Type Ⅴ：問題已知，但提問者和解答者都不知道解決途徑和方法（例如：現在你要想辦法到溪流的另一頭，你認為最好的方法是哪一種？這類

型問題明確,但未必有標準答案,解決者需要蒐集大量訊息,並分析可能
的途徑和方法,答案是提問者未必能事先預知的)。

Type VI:對提問者和解答者而言,問題、解決途徑和方法都未被清
楚定義,而且問題是開放、複雜的(例如:人類面臨最嚴重的問題是什
麼?該如何因應?解答者先要自己想出特定問題,根據自己發現的問題評
估解決途徑和方法。在問題解決過程中,容許開放的解釋,最後的結果也
因提問者、解答者的觀點、分析、目的而有不同答案,且答案是提問者未
必能事先預知的)。

表5-2 DISCOVER 課程模式連續問題解決類型

類型	問題		解決方法		答案	
	提問者	解題者	提問者	解題者	提問者	解題者
I	S	K	K	K	K	U
II	S	K	K	U	K	U
III	S	K	R	U	K	U
IV	S	K	R	U	R	U
V	S	K	U	U	U	U
VI	U	U	U	U	U	U

S = 明確陳述(Clearly stated)、K = 已知(Known)、U = 未知(Unknown)、R = 範圍
(Range)(一個問題有多種解決途徑,但解決者只限定其中一種)

DISCOVER課程模式採用建構(constructivist)的哲學觀,在此觀點
下有幾個重要的教育理念:(1)從舊經驗學習新知識;(2)獲得高層思考
及問題解決的技巧,而非只是找到正確答案;(3)使用並整合已知的技巧
以學習新的技巧;(4)較少但具有深度的探索,而非廣泛但淺顯的探討;
(5)允許學生成為主動的知識建構者,而非被動的接受者;(6)教師角色
的改變,教師不再是知識的給予者,而是學習歷程的引導者(蔡碩穎,
2013)。由此,本模式有以下重點:(1)強調學習者要能主動參與與進行
實作性的學習;(2)融合文化與語言,學習者能盡可能運用屬於其背景的
語言,因此適用於特殊族群的資優學生;(3)團體活動與選擇,兼顧個別

學習與小團體學習，讓課堂更有效率；(4)以多元智能建構學習角，配合課程教師可以布置合適的學習角內容讓學生可以自由探索；(5)設計跨領域的主題，可以從道德到美學、環境、衝突與發明等；(6)多樣的問題型態，讓學生可以提高多層次解決問題的能力；(7)重視且鼓勵視覺與表演藝術，讓學生將家庭、社區及學習環境變得更美更具藝術特質；(8)自我選擇，在該課程中鼓勵學生以自己的方式展現所學；(9)科技整合；強調科技的重要性，並澄清科技是工具而非玩具，電腦和其他數位設備已經成為課堂中教學計畫和問題解決的一部分，學生可透過網路合作與軟體的使用來練習高層次思考，如目前常使用的泛科學、TED、可汗學院等。

　　目前國內使用DISCOVER在資優充實方案的情形逐漸普遍，此方案在學前資優與特殊族群資優方面的優勢也受到推廣與肯定。

八、平行課程模式（The Parallel Curriculum Model）

　　平行課程模式於1998年發表，由美國資優兒童協會（National Association for Gifted Children）中的一群學者共同開發，後來被稱為「平行課程模式」（Tomlinson, Kaplan, Renzulli, Purcell, Leppien, & Burns, 2009）。平行課程提出時的觀點與問題是「一個在實質上具有區分性的課程應該是甚麼樣子？」由此，平行課程模式試圖提出一個整合的架構，這個架構可以達到重視學生差異、設計嚴謹且能激勵學生動機的目標（張芝萱，2015）。

　　從模式名稱可以窺見教師被鼓勵使用「四個平行方法」來設計課程，可單獨採用四個平行方法其中一項或結合四種方法發展出適合學生程度的課程，原創學者期盼學生最終可以藉著經歷所有平行課程，增進所學知識的多面性。以下簡要介紹（梁文瀞，2009；張芝萱，2015）：

　　(1)核心平行課程（core parallel）：也就是基礎課程，反映出學科領域的本質與基本觀念原則（內容、概念、原理和技巧），就如同該學科之專家對於該知識領域之思維以及實踐。(2)連結平行課程（connections parallel）：透過讓學生運用概念、通則、基礎原理，連結學科、時間、文化與場所的內外關係來擴充核心課程，而這些連結也包括學生的生活與各類經

驗。(3)實務平行課程（practice parallel）：考驗學習者對學科概念、原理以及方法的理解與運用，就有如專家會如何運用及串連學科知識來處理重要議題、問題與困難一樣。藉由與真實世界連結的問題情境，學生有機會展現某一領域的專業知識，瞭解領域專家如何實踐工作。此課程與全校性充實模式第三類型以及普度三階段充實模式的第三階段類似。(4)統合平行課程（identity parallel）：也譯為自我發展課程，此階段幫助學生回顧學科的重點觀念、原理與應用，並結合自己的強項、偏好、價值觀等，朝向自我發展與自我實現。

　　每一個平行課程皆圍繞著重點觀念與學科原理，但核心平行課程並不一定要第一個實施，教師在設計重點概念與原理課程時要謹記，教學是要協助學生回答下列核心問題如：我所學習之主題中這些概念在哪裡？為了使其他的主題可以更容易被理解，這個主題的概念的組織方式為何？為什麼這些概念很重要？這些概念的目的為何？為了使大家可以更理解其他主題，主題概念與其他概念的組織方式為何？這些概念可以怎樣套用到其他概念上？為什麼這些概念是有道理的？這些概念發揮功用是甚麼？將可以如何運用這些概念和技巧？

　　為了達成此目標，平行課程模式提倡一個名為「增長智能需求」（Ascending Intellectual Demand, AID）的策略，用來提升學習者與課程之間的合適性，教師可以幫助學生在初學者階段經過見習階段、實習生階段到專家階段，在每個不同階段課程中為學生建立支持系統（見圖5-6）。

　　因為課程規劃者可以有四種平行課程的靈活選擇，所以成為目前為規劃資優生課程時，受歡迎的模式之一。美國資優兒童協會有關於此模式的延伸訓練課程，出版了相關書籍「平行課程：一個開發學習者潛能與挑戰進階學習的課程設計」（The Parallel Curriculum: A Design to Develop Learner Potential and Challenge Advanced Learners）、「教室中的平行課程第一冊：融貫知識運用短文集」（The Parallel Curriculum in the Classroom Book 1: Essays for Application Across the Content Areas）、「教室中的平行課程第二冊：貫通K-12知識運用單元」，這些書籍將有助於資優教師們認識如何使用此模式規劃課程的技巧。

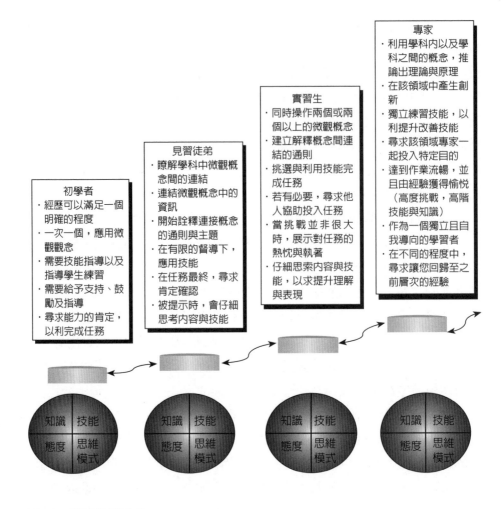

圖5-6　增長智能需求。

（資料引自蔡桂芳譯，資優教育概論，7-20頁，華騰出版社）

九、Vantassel-Baska的統整課程模式（Integrated Curriculum Model）

　　VanTassel-Baska的統整課程模式是特別為資優生而設計，它有三個構面，分別為：(1)進階內容構面；(2)歷程和作品構面；(3)學科內和學科間的議題和主題構面。VanTassel-Baska得到Jacob K. Javits方案和美國聯邦政府補助，在威廉瑪麗學院的資優教育中心開發了數十種語文、社會學科和

科學等課程。

統整課程模式強調對資優生應同時著重學科核心知識之充實學習、方法與技巧之訓練、和科際整合之創新能力的引導（VanTassel-Baska & Brown, 2007）。在資優課程設計上應該先帶領資優生建立扎實學科核心知識基礎、研究方法及高層次思考能力，最終目標在於引導資優生從跨領域的探究學習中發展科際整合的創新力（VanTassel-Baska & Little, 2011）。

本模式最鮮明的特色是「加速」與「提前進階」的內容，還有課程的深度及複雜度，教師在實施的時候要透過：(1)抽象的概念；(2)高層次思考過程的直接學習；(3)學科間相關的主題；(4)指導他們進行有實際觀眾可呈現成果的研究等方式來進行。VanTassel-Baska將課程單元命名為「威廉瑪麗學院單元」，焦點在於資優者在學習時思考的早熟、深度與複雜度，下列三個相互關聯的構面形成了課程目標：

㈠ 進階內容構面（advanced content dimension）

此構面透過提供比同齡同儕更快教授同樣課程，來達到資優生加速的需求；且課程內容領域專家與教育工作者共同開發「高階的」課程，並在一個領域標準的範圍內，結合排列重點主題、概念、思考習慣，因此課程也表現出該學科的進階學習。

㈡ 歷程—成果構面（process/product dimension）

此構面融入直接指導與內嵌活動，可提升高層次思考並讓學生有機會獨立追求興趣領域。它與全校充實模式的第二類型與第三類型活動近似，教師建構學生的學習並鼓勵學生深化思考；而學生處理資訊則是透過一般性的思考模式（generic thinking model）與學科特定模式（discipline-specific model），這些方法包含真實世界所發生或尚未解決的問題導向學習（problem-based learning），學生可藉此發展與探究課程內容相關技能。

㈢議題—主題構面（issue/themes dimension）

此層面由學習經驗來呈現，與平行課程模式中的「連結平行課程」類似。使用議題及主題組織課程，學生可以發展更深層的思想概念及理論基礎，最終可以深化他們理解曾經學習過的知識架構，換句話說，學生會瞭解知識的系統，更甚於系統中的個別元素。學科間的主題透過這個過程展現，與此構面學習有關的目標也促進資優生對抽象概念、複雜交錯程度及理解深度的需求。學生透過提問、蘇格拉底式討論（Socratic discussions）、學科間之連結與其他活動等來嘗試克服學科的複雜性。。

統整課程模式在澳洲、加拿大、紐西蘭、日本、韓國，及部分美國國內和國外的國際學校被選用，顯示他的應用很廣泛，但就教學單元實施之難易度和教師教學時的有效程度還有待研究，Javits中心目前也撥款進行評鑑，以確認ICM單元在小學中的語文和科學科目的教學效果。

第三節 資優課程模式對資優教育的意義

有些學者會以為若是某種模式被大量使用，就其受歡迎的程度便可聲稱其有效，但事實並非如此。我們需要更多以實證研究為基礎的資優方案，所以資優課程的規劃與實施者必須謹慎選擇課程，以瞭解更多模式對學生立即性與長期性的學習成果。

各種課程模式重點各自不同，也各有其長處與缺點，因此要想設計一個兼容並包的課程，勢必要以某種方式結合數種模式，才能達到截長補短的功效（毛連塭，1990）。最佳的課程很可能需要結合一種以上的模式，因為沒有任何一個單獨的模式能滿足所有資優教學的需要。

不過資優工作者最重要的是先廣泛認識各類模式，才有機會因應資優生的特質和情境，依據需要尋求適當的組合。最後作者引用Karnes和Bean（2009）的建議作為本章結尾，「哪一種模式對學校中資優的孩子最好？」讓我們一起思考：

1. 該課程實施在資優生上，有足夠的證據顯示出學習成果嗎？證據的本質和範圍為何？可信度如何？

2. 有提供區分性教材可供使用嗎？

3. 課程模式有引導老師使用區分性課程的教材的要領嗎？

　　這些問題對任一種要用在資優生的課程都非常重要，學生是課程發展中的主體，他們每個人對每日被安排的學習活動型態和每種教學方式可能會有不盡相同的反應，為了盡可能滿足學生的需求，教師需要廣泛且多方面的涉獵各類教學策略與技巧。因此，多熟悉幾種教學模式當有助增進教師的教學效能，資優生也才能適性揚才，多元展能！

參考文獻

一、中文部分

毛連塭（1990）。**資優學生課程發展**。臺北：心理。

毛連塭（2012）。**資優教育課程與教學**。臺北：五南。

王文伶（2010）。多元智能模式的資優課程設計：從本土實證研究角度探析。**資優教育季刊，115**，25-31。

王文科（1986）。資優者課程發展的原理與模式。**特教園丁季刊，1(2)**，8-10。

王文科、梁仲容（2000）。自主學習者模式（ALM）的評介及其在資優教育的應用。**資優教育季刊，76**，18-29。

任恩儀（2011）。以大學為基礎的週六資優教育充實方案：以美國普度大學資優中心為例，**資優教育季刊，119**，9-16。

李偉俊（2001）。**國中小教師應用資優教育全校性充實模式於九年一貫課程之研究**。國立彰化師範大學特殊教育研究所未出版之博士論文。

吳武典（2011）。**多元智能量表乙式**。臺北：心理。

吳淑敏（2005）。DISCOVER 探索課程結合多元智能與問題解決能力。**資優教育季刊，96**，1-15。

封四維（2000）。**多元智慧教學**。臺北：師大書苑。

陳勇祥（2006）。充實三合模式融入資優班戶外教學課程設計之研究，**資優教育研究，6(1)**，1-18。

陳振明（2001）。**學校本位科學充實課程發展與實施之行動研究**。特殊教育教學與研究，高師大特教育叢書63輯。

張芝萱（2015）。平行課程模式與運用實例。載於郭靜姿主編，郭靜姿、賴翠媛、熊召弟、劉祥通、曾琦芬、鄭聖敏、陳學志、蔡桂芳、蔡明富、陳振明、吳淑敏、廓靜辰、鄒小蘭、于曉平、張靜卿、張芝萱、許明

珠、潘秀蓁、陳若男、陳彥瑋、詹婷雅、宋雅筠、江美惠、林傳能、籃玉君（2015）。資優教育課程設計與教學模式應用。臺北：華騰。

郭靜姿（2006）。資優教育的充實方案設計。**資優教育方案的落實與推展研討會研習手冊，3-15**，嘉義大學特教中心。

梁文　（2009）。資優教育平行課程之設計，**特教園丁，24**(4)，7-14。

童貞儀（2007）。**一般智能資賦優異教育方案實施現況—以臺中市一所國小為例**。特殊教育現在與未來，特殊教育叢書，臺中教育大學特殊教育中心。

歐用生譯（1982）。**資賦優異兒童課程設計**。高雄：復文。

蔡典謨校閱，侯雅齡、李偉俊、蔡桂芳、張靖卿、黃澤洋、陳香君、于曉平等合譯（2014）：**資賦優異學生教材教法（上）（下）**。臺北：華騰。（原著出版年：2009）

蔡碩穎（2013）。DISCOVER的內涵與應用。**國小特殊教育，55**，87-102。

二、英文部分

Betts G.T. & Knapp, J. (1981) The Autonomous Learner Model: A Secondary Model. In Secondary programs for the gifted and talented. Los Angles, CA: National/State-Leadership Training Institute for the Gifted and Talented.

Benbow, C. P., & Arjmand, O. (1990). Predictors of high academic achievement in mathematics and science by mathematically talented students. Journal of Educational Psychology, 82, 430-441.

Davis, G. A., Rimm, S. B., & Siegle, D. (2011). Education of the gifted and talented (6th ed.). Boston, MA: Pearson.

Karnes, F. A. & Bean, S. M. (Eds.). (2009). Methods and materials for teaching the gifted (3rd ed.). Waco, TX: Prufrock Press.

Maker, C.J. (1982).Teaching models in education of the gifted. Austin, TX: Pro-Ed.

Maker, C. J., & Schiever, S. W. (2005). The DISCOVER curriculum model. In C. J.Maker & S. W. Schiever (Eds.),Teaching models in education of the gifted

(3rd ed.) (pp. 165-194). Austin, TX: PRO. ED

Renzulli, J.S.Reis, S.M. & Smith, L.H. (1981). The revolving door identification model. Mansfield Center,CT: Creative Learning.

Renzulli, J. S., & Reis, S. M. (1985). The schoolwide enrichment model: A comprehensive plan for educational excellence. Mansfield Center, CT: Creative Learning Press.

Renzulli, J. S., & Reis, S. M. (1994). Research related to the schoolwide enrichment model. Gifted Child Quarterly, 38, 2-14.

Stanley, J. C., Keating, D. P., & Fox, L. H. (Eds.). (1974). Mathematical talent: Discovery,description and development. Baltimore, MD: John Hopkins University Press.

Tomlinson, C. A., Kaplan, S. N., Renzulli, J.S., Purcell, J., Leppien, J., & Burns, D. (2002). The parallel curriculum: A design to develop high potential and challenge high-ability learners.Thousand Oaks, CA: Corwin Press.

VanTassel-Baska, J., & Brown, E. F. (2007). Toward best practice: An analysis of the efficacy of curriculum models in gifted education. *Gifted Child Quarterly, 51*, 342-358.

VanTassel-Baska, J. & Little, C. (eds.) (2011) Content-based curriculum for gifted learners. Waco, Tx: Prufrock Press.

李偉俊

第六章

領導能力資賦優異

第一節 領導能力資賦優異的發展與概念

領導能力（或稱領導才能）資賦優異教育的發展，在開展資賦優異孩子的資優潛能，殆無疑義，但領導才能資優兒童的定義與類別在我國特殊教育的發展過程中，卻一直被邊緣化與漠視，這可以從資優教育的發展史得知。

以美國資賦優異教育的發展來說，早在1972年，其衛生教育福利部聯邦教育署便依據Marland署長的報告書，對所謂資賦優異及特殊才能兒童的界定，是指能在下列任何領域當中有一種或一種以上持續表現優異成就或具有潛能者（Marland, 1972），包括：一般智力能力、特殊學術性向、創造性及思考性能力、領導才能、視覺和表演藝術、心理動作能力。因此美國自1972年開始便以領導才能資優教育方案，來培育具有領導潛能的資優生，並給予特殊教育的服務，使其發展其個人潛能，以成為該領域的領導菁英（吳昆壽，1998）。然而其間在1978年的美國國會以及1988年和1993年的美國聯邦政府雖有局部修正Marland的資優定義，但其中領導才能資優依舊是各修正版本當中重要與明確的資優類別之一，因此領導才能資優已然是美國資優教育的定義與重要類別之一。

但在當時，我國的《特殊教育法》卻將領導才能資賦優異歸類於資優教育的其他特殊才能類別當中，導致資優兒童的領導才能的課程與教學沒有受到應有的重視，所幸在民國86（1997）年8月政府積極修訂《特殊教育法》並考量並接續國際間資優教育思潮後，終將領導能力資賦優異獨立出來，並正式明確地納入資優教育的一個類別當中，並在《特殊教育法》第四條明文規定：

本法所稱資賦優異，指有卓越潛能或傑出表現，經專業評估及鑑定具學習特殊需求，須特殊教育及相關服務措施之協助者；其分類如下：一、一般智能資賦優異。二、學術性向資賦優異。三、藝術才能資賦優異。四、創造能力資賦優異。五、領導能力資賦優異。六、其他特殊才能資賦優異。

因此在《特殊教育法》對領導才能資賦優異有明文規定之後，便繼而

有相關的《鑑定基準與辦法》來定義與確認領導才能資賦優異的兒童，其中第19條明文規定如下：

本法第四條第五款所稱領導能力資賦優異，指具有優異之計畫、組織、溝通、協調、決策、評鑑等能力，而在處理團體事務上有傑出表現者。前項所定領導能力資賦優異，其鑑定基準依下列各款規定：

一、領導才能測驗或領導特質量表得分在平均數正二個標準差或百分等級九十七以上。

二、經專家學者、指導教師、家長或同儕觀察推薦，並檢附領導才能特質與表現傑出等之具體資料。

由此可知，領導能力資優教育要能順利推行與開展，相關的法令與配套相當重要，也因此本書特別將領導能力資優獨立成章，從探討領導能力資賦優異的概念與定義和相關研究到領導才能資優的課程模式與教學之介紹，再提出情緒領導對領導才能資優教育的啟示，供各界做為推行資優教育領導才能之參考。

又領導才能（leadership）是一個多向度的能力概念，也是人類行為領域中常被研究的行為或特質之一，特別是在商業界、政治界、軍事界等各種領域中常被研究的主題之一（Rudnitski, 1996）。而所謂領導才能的展現則包含智力、動機、道德知覺、思考能力、個人社會行為或人際關係間的互動（Feldhusen & Kennedy, 1998）。因此可知人類的智能是多面的，主要包括以下四項：(1)普通能力；(2)特殊才能；(3)創造能力；(4)社會能力；其中社會能力的智能是一種適應社會生活及與人相處的能力，而領導才能乃是一種社會智能的表現，具備這種能力的人，通常在團體中能影響別人的想法或行為，並能有效的處理團體中的事務（王振德，1998）。因此，有領導才能的人可以表現在行政、軍事、經濟、政治、企業及民間社團等等方面，領導者也是社會發展過程中不可或缺的中流砥柱。

從王振德（1998）的調查研究發現，學校師生均接受與肯定領導才能的重要性，並認為學校非常有必要提供學生領導才能方面之教育，同時也發現資優學生比普通學生在學校中較有機會擔任領導者且亦喜歡擔任領導者。因此，從特殊教育的觀點來看，領導才能是一種相當重要的天賦才

能，值得資優教育工作者的積極重視（王振德，1997）。

除此之外，美國學者Gardner（1985, 1999）所提出的多元智能理論中的人際智能和內省智能與領導才能相關性極大；Sternberg（1997）所提出的成功的智能（Successful Intelligence）當中的三種關鍵的智能，分析智能、創造智能和實用智能，也和領導才能有重要的關聯性存在。Sternberg（2007）基於成功的智能的三大運作觀點，進而提出了領導才能的系統發展模式（a Systems Model of Leadership: WISC），他認為領導才能是智慧（Wisdom）與創造力（Creativity）和智力（Intelligence）的綜合體（Synthesis），此一觀點應可作為發展領導才能資優教育課程與教學的重要參考。

綜上可知，領導才能是一種全面性從個體到所處環境然後影響社會的一種重要能力與身心特質，所以領導才能資優潛能的開展刻不容緩，而最有效率的做法是在學校教育之下，全面性進行領導才能資優的課程與教學。

第二節 國外領導才能資優課程與教學模式

國外關於領導才能課程與教學模式的相關研究與探討很多，其中主要的有Seelky（1994）提出的領導任務的課程發展模式、Sisk（1986, 1993）提出的互動領導才能課程發展模式（引自王振德，1997；吳昆壽，1998）、Foster與Silverman（1988）提出的領導才能課程學年計畫、Richardson和Feldhusen（1988）共同發展出一套適用中學生的領導才能課程、Lois F. Roets（1997）所提出的領導才能教學模式，都相當值得規劃為領導才能資優學生身上的相關課程之參考，茲分述說明如下，並將之與傳統的課程發展過程做相對性比較：

一、Seelky的領導任務的課程發展模式

Seelky（1994）提出領導任務的課程發展，是以傳統的課程發展過程和領導才能課程之資優學習者的課程發展做比較（引自蔡文標，2000）。

表6-1是領導任務的課程發展，由該表得知具有領導才能之資優學習者的領導才能課程較重視個別化發展和評量，而且注重課程的變化與形成性評量。至於領導才能成果的評量，傳統的課程注重量的結果，而資優學習者的領導才能課程則是質量並重。

表6-1　領導任務的課程發展與傳統課程發展過程比較一覽表

傳統課程發展過程		
步驟：公佈課程 ⟶	教授課程 ⟶	課程學習
領導任務：發展和規定課程	監督和評鑑教師	測量、評鑑、報告學習者量的成果
領導才能之資優學習者的課程發展過程		
步驟：課程學習 ⟶	教授課程 ⟶	學習者成果（個別和小組）
領導任務：確定個別評量 　　　　確定精熟基本技能 　　　　報告課程學習和 　　　　公佈課程的不同	支持教師與人員發展 支持課程變化 實施形成性評量	評鑑和報告 量與質的成果

資料來源：Seelky, 1994, p.389.

二、Sisk的互動領導才能課程發展模式

Sisk（1993）所提出的互動創造性領導模式（The Creative Leadership Model）認為創造性的領導才能可展現在以下四個屬性上：(1)洞察力（Vision），即領導者能看出事情的來龍去脈，並且幫助他人也建立並分享共同的洞察力；(2)勇氣（Courage），即領導者能有冒險的勇氣也追求冒險；(3)全神貫注（Absorption），即領導者能避開日常瑣瑣碎碎的事情，使自己能全神貫注於創造性的活動；(4)才能（Talent），即領導者能自我認清，並欣賞自己在多種領域裡成為有創造性的領導者（引自吳昆壽，1998：107）。

Sisk的互動創造性領導模式是以權力的合理觀點來看待領導，而要發展該種創造性領導能力有以下六種策略：分別是：(1)設定目標；(2)反映未來；(3)學習楷模；(4)認識自我；(5)人際能力；(6)克服衝突（引自吳昆

壽，1998, p.8）。而其所提出的領導才能課程發展模式，又可以分為下面四個向度（引自王振德，1997，p.11）：

1. 領導才能的特質向度：領導才能的特質方面，列舉出領導才能的特徵共計20種特質，計有自信、廣泛的興趣、溝通技巧、好奇心、對不確定的容忍度、負責、獨立、毅力、善交際、認真的心態、敏感／同理心、批判性、精力充沛、思想上及行動上的彈性、追求卓越、成就、熱心、自我引導、創造性問題解決、好問的態度等，並讓教師根據這20種領導才能特質來發展教學策略。

2. 教學策略向度：則分為14種，分別為自我覺知活動、高層次的發問、高層次的思考、團體動力、角色扮演、質問、獨立研究、創造性問題解決、預測、未來學、讀書治療法、模擬、刊物寫作，教師也可依據學生的需求而運用不同的教學策略。

3. 教學／學習模式向度：則列出Bloom的分類法、Guilford的智力結構模式、Hermann的全腦教學／學習模式、Renzulli的充實三合模式、Taylor的多元才能圖騰柱模式與Williams的模式。

4. 關鍵性的概念向度：包括科技對社區的影響、領導才能與社區結構、美國多元文化的根源、人力是革新的源頭、人類對慶祝活動及創意表達的需求。

此外，為了比較傳統的領導和創造性的領導，Sisk和Rosselli（1987）特別列出了一個比較圖如圖6-1（引自吳昆壽，1998，p.4）：

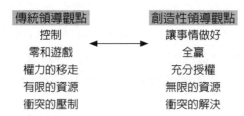

圖6-1　傳統領導觀點與創造性領導觀點的比較圖

三、Foster與Silverman的領導才能課程學年計畫

Foster與Silverman（1988）所提出的領導能力課程學年計畫範例，與一系列的領導才能課程計畫，表6-2說明6-8年級的領導才能課程設計；表6-3說明4-12年級教學領域中領導才能課程一系列的教學計畫。表2和表3之課程計畫的範例，可以讓教師在設計領導才能課程與方案時能有所遵循和參考。

表6-2　領導才能課程學年計畫範例

年級水準	概念與主題	內容和訊息	獨立研究
六至八年級	領導能力有如抽象的社會、組織和個人概念	介紹團體本位的過程介紹Fiedler的領導／情境組合模式	一系列的訪問底方政治人物和商業的領導者。分析二至三個相似領域的領導人物傳記
整合思考技巧和創造力	情感／社會學習	教室外面的活動和經驗	最後的計畫
在一個做決定的情境裡，評鑑一個領導者的行為。在領導的情境裡以腦力激盪方式選擇行為。	安置學生的領導角色。時間管理的訓練。	實際參觀州的國會機關。追隨當地的商業領導人一天。	參加一個學區裡的選舉活動。擔任學校報紙的編輯和意見的領袖

表6-3　領導才能課程一系列的計畫：4-12年級教學領域

年級	4-5年級	6-8年級	9-12年級
內容和訊息	介紹不同型式的領導者之個人特質。描述學校和社區的不同領導角色。	介紹團體的基本過程。介紹Fiedler的領導／情境組合模式。	介紹和分析歷史上政策領袖的道德兩難。研究團體領導情境做決定的過程

資料來源：Foster & Silverman, 1988, p.366.

四、Richardson和Feldhusen的中學生領導才能課程

Richardson和Feldhusen（1988）在概覽了有關領導才能研究和理論著作後，發展了一套中學生領導才能教育課程，這些課程目標在發展領

導者的社會技能，以及瞭解自己在領導才能方面的潛能（引自吳昆壽，1998）。

在其教育課程中，第一個課程重點首先是幫助學生了解好的領導者應具備的自信、自尊、冒險、負責、果斷、同理心等特質。

此課程的第二個重點在於訓練領導者的溝通技巧，例如如何給予指示、如何傾聽、如何運用肢體語言、以及如何了解別人。

此課程的第三個重點在於訓練每一個人成為好的團體成員，例如有活力、熱心、真誠、願意承擔任務、準時、友善等。

第四個課程重點在於訓練領導者能發展團體（組織）的目標、規劃團體的行動。

第五個課程重點在於發展領導者組織各種委員會以及議事技巧。而熟悉議事技巧可確保組織的順利運作。

五、Roets的領導才能教學模式

Lois F. Roets（1997）對領導才能下了一個定義，亦即領導才能是一種引導自己或帶領他人的一種能力，領導才能係結合思考各種想法與能將想法實踐的能力。他所提出的領導才能教學模式（Instructional Model for Leadership），主要施教對象為八至十八歲的青少年，他並發展一套由淺入深，因人因時因地制宜的領導才能課程與教學策略，也提供許多實務的領導才能學習表單，相當值得實施在中小學學生身上作為參考。他所提之領導才能教學模式包含有四個主要教學內容概念，如圖6-2所示，茲將主要概念說明如下：

1. 有成就的領導楷模（People of Achievement, PA）：即在領導才能課程中提供有成就的角色楷模與激勵其領導抱負。

2. 領導者的語言技巧（Language of Leadership, LL）：協助有抱負的領導者精熟語言的技巧與能力，例如能公開演講與具備察言觀色能力等。

3. 方案計畫能力與技巧（Project Planning, PP）：教導能將大的方案計畫轉化成具體可行的小行動計畫所需的技巧。

4. 辯論與討論溝通技巧（Debate and Discussion, DD）：能以開放的

心態面對他人的意見與評價，並能自信的表達自己個人的意見。

　　除了以上四個重要的課程概念內容外，其模式核心為教導各式的領導才能的技巧與策略，並有效結合個人的領導抱負。而此模式的評量重點在透過個人的評量與公開意見的評量兩大部分，不斷省思自己的領導才能表現，也隨時在實施四大課程內容概念時，進行個人或公開的評量作為，並隨時轉換與圍繞在領導才能教學模式實施的過程中。

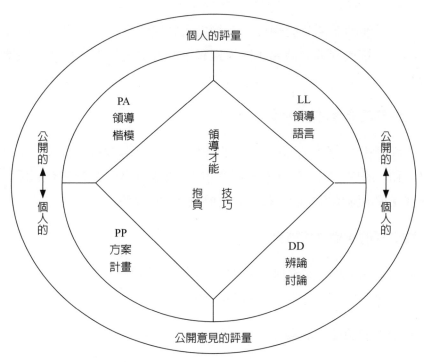

圖6-2　領導才能教學模式

資料來源：Roets, 1997, p.66.

第三節　國內領導才能資優課程的實施方式與探討

　　國內學者首先從資優教育方面探討領導才能課程的重要性（王振德，1997、1998；吳昆壽，1998），並提出一些實施領導才能課程之建設性的

意見與方式，其中吳昆壽（1998）提出應透過下列四方面來充實領導才能教育的內涵：(1)學科知識的養成；(2)領導本質的認識；(3)情意的陶冶和技能的訓練；(4)未來意識的涵養。而王振德（1998）調查研究發現師生對領導特質的看法略有不同，除重視某些個人特質外，學生較注重人際關係，而教師則較重視領導技能，並認為領導才能的課程重點需包含：溝通技巧、人際關係與社會技巧、問題解決與思考技巧、參與及領導團體活動、了解自己與他人、調適情緒及想法。

由於目前的領導才能課程沒有獨立且固定的學科時間實施，因此目前在國內學校教育進行領導才能課程實施的方式有以下三種（王振德，1997）：

一、融合式的領導才能課程

係將領導才能的內容融入一般的課程之中。學校課程以公民、童軍、指導活動、歷史、國文等課程與領導才能的知識技能的教學較有關係，配合這些課程加強領導才能課程，可發展融合式的課程。

二、獨立式的領導才能課程

係指領導才能教育或訓練，是在一般正式的課程之外，加上充實性的課程或是利用寒暑假提供短期密集的訓練。

三、自學式的領導才能課程

自學式的領導才能課程是一種自我成長的教育模式，通常運用於成人教育方面。此外教師也可以輔導與提供學生自我學習領導才能課程的機會。

而曾文昌（1994）曾整理領導才能之理論模式有以下四種，茲分別說明如下：

一、領導者模式（The Leader Approach）

本模式主張領導者是與生俱來的，領導能力是個人因素所致，他必須在團體中被肯定，靠著不凡的人格特質與領導才能成為領導者。由於領導者的獨特表現，很容易就被觀察，因此也有人認為此一模式稱作「領導偉人論」。

二、領導過程模式（The Leading Approach）

本模式主張領導是一個社會過程，團體中的互動與目標完成需要領導者，因此，領導並非植因於個人特質，領導是源自團體的交互作用，團體在任務執行的過程中自然產生領導者，領導團體完成行動，簡單地說，就是領導者因團體情境出現。領導者可以運用技巧以整合或催化團體成員，發揮功能，達成團體目標。

三、無領導者模式（The Non-leader Approach）

本學說主張領導者僅是團體的代表，其他成員的參照標準，領導者必須符合團體的屬性與期望，其領導功能才會產生，不管領導者個人有任何特質，都要依附在團體裡面，其權力才得以鞏固。

四、領導地位模式（The Leadership Approach）

本學說主張領導是團體依法所授與的地位，所強調的是是領導者正式角色、權威及地位。此模式不強調領導者的個人特質、小團體領導技巧和社會屬性，相對地領導地位的合法性及組織的制度規範在團體中是最重要的。

上述模式，第一種學說是屬於內在心理模式，第二種是人際模式，第三個是社會心理模式，第四種是組織系統模式。而領導者必須融合不同模式，視其團體的目標及生態，變化技巧，時而領導，時而依循，運用團體可認同之權力去發揮領導才能，完成團體目標及個人抱負。教師在協助班級中有領導才能的學生發揮其潛力，可以針對自己班級中特有的生態、學生整體特質、或同學間的社會關係，甚至協助有領導才能的學生了解自己

的領導特質，以便追求與班級環境建立更和諧的關係，引發學習者的領導才能。

第四節 情緒領導對領導才能資優教育的啟示

除了以上國內外的領導課程模式與教學策略之外，情緒領導之基本觀念也可以對領導才能資優教育有所啟示，情緒領導這個名詞最早出現在《哈佛商業評論》的「情緒領導－高績效的幕後推手」一文裡。此文的作者群包括Daniel Goleman、Richard Boyatzis和Annie McKee，此三人也共同完成另一本和情緒領導有關的書《原始領導力：了解情緒智能的力量》（Goleman, McKee, & Boyatzis, 2002）。

他們的理念精神乃是源自Goleman的「情緒智力領導」（emotional intelligence leadership或emotionally intelligent leadership, Feldman, 1999，引自葉連祺，2004）。情緒領導的基本理念就是，一個好的領導者不僅要讓自己時時保持積極樂觀、精力充沛，同時也必須注意到，他的行為會在無形中引導部屬產生相同的感覺和行為。要掌控財務績效，領導人首先要善加管理本身的內在，以便啟動正確的情緒與行為連鎖反應（Goleman, McKee, & Boyatzis, 2002）。因此，情緒領導此一概念相當值得推展領導才能資優教育時之參考。

Goleman多年來在各種文章中倡言，情緒對領導能力十分重要，創造組織共鳴是領導人的首要任務，而EQ則是能引發共鳴的基礎能力，他除了探討如何增進領導人的EQ能力，也進一步探討如何讓團隊、小組或整個組織更有共鳴。在提升整個團隊的集體EQ後，其效果勝過只培養該團隊的特定個人，不過這需要一位聰明睿智的領導人來替團隊的情緒把脈（引自蔡佩宜，2002）。

而在一般的領導學裡，曾經有學者們提出各式各樣的領導理念，比較有名如F. E. Fiedler的權變理論、薄恩斯的轉型領導理念。此外，近代更有許多「成員中心」的領導風格紛被提出，歸納如表6-4所示（引自張梓群，2006）：

表6-4 「成員中心」的領導風格一覽表

願景領導 （Visionary leadership）	透過組織願景（vision）的建構，來領導成員完成組織任務的一種領導方式。願景領導包括發展願景（developing vision）與執行願景（implementing vision）兩項步驟。
催化領導 （Facilitative leadership）	領導者扮演協助者與催化者的角色，協助成員自行成長與解決問題的一種領導方式。透過這種領導方式，希望能促進成員自我成長、解決問題和改進工作成效的能力，達到轉型領導的效果。
融合領導 （Fusion leadership）	透過鼓勵對話、分享資訊、共同承擔責任等方式，將組織成員結合起來，創造出連帶與夥伴關係，發揮團隊的巨大力量。這猶如原子彈的原子融合一般，可以產生巨大的威力一樣。與融合領導相反的是分裂領導（fission leadership），分裂領導強調分工，部門與層級結構分明，成員彼此競爭資源，重視個別績效責任（individual accountability），容易造成力量的相互抵消。
魅力領導 （Charisma leadership）	領導者具有某些異於常人的領導特質，透過領導行為與鼓舞激勵，有效地轉化組織成員價值與信念的過程。
第五級領導 （Level 5 leadership）	第五級為領導永續經營的領導人，能結合謙虛個性（personal humility）與專業堅持（professional will），追求卓越的組織績效與永續經營。在謙虛個性方面：能謙沖為懷，不自吹自擂；冷靜而堅定，透過追求高標準來激勵成員；一切雄心壯志都是為了組織，著眼於為組織再創高峰；在順境中會把成功歸於同事的合作。在專業堅持方面：能努力促成組織從優秀邁向卓越；追求長期績效，不屈不撓克服困境；以建立持久不墜的卓越組織為目標，絕不妥協；遇到橫逆時，反躬自省，不去怪罪別人或運氣。
服務領導 （Servant leadership）	本著服務成員與組織的精神來從事領導的一種領導方式。服務型領導的精神在於視領導不是權力的擁有，而是在於如僕人般的服務他人，以助人成事，故又譯為「僕式領導」。服務的範圍不僅是同事、部屬、顧客，更可擴及到社群、人類、地球，以造福宇宙世界為終極目標。
道德領導 （Moral leadership）	道德領導（moral leadership）又稱倫理領導（ethical leadership），係指以道德權威為基礎的領導，領導者本著為正義與行善的義務感實施領導，冀求成員也能以為正義與行善來辦事做回應，真心為充分完成組織目標而努力。詳言之，係指領導者在正當信念的基礎之上，先對自我做高度要求，致力於提升本身的道德修為，展現道德勇氣，再以自身高尚的道德修養與使人追隨的道德魅力，發揮對成員潛移默化之影響力，來引領組織成員，使其心悅誠服並自然而然地接受其帶領，進而建立起自身的義務感、責任心、與正確的價值觀，以自動自發地完成任務，為組織目標而奉獻，共謀組織的永續發展。

從表6-4來看，各種領導理念都有其特殊的著重點，也反應了時代的演進與需求。在這個壓力日增時代裡，我們也自然需要新的領導理念來協助領導者的行動。「情緒領導」就是這麼一個別具時代意義的概念，因此值得在推展領導才能資優課程與教學時納入當做參考。

第五節 領導才能資優之統合觀點

綜上所述，本章所稱之領導才能資優課程與教學，係指系統性涉及培養資優學習者領導才能與課程規劃以及教學設計的過程，其中包含於在領導才能課程中融入創造性問題解決訓練與技法、以及覺知己身實施領導與接受領導的人際關係行為模式（後設認知），感受己身情緒狀態與領導決策行為等。

因此，領導才能資優之統合觀點是課程與教學方案在實施時應隨時強調與監控資優學習者在後設認知、創造思考表現與領導才能等三方面的交互作用情形，據以形成一套有用且有效的領導才能資優教育的課程與教學模式（如圖6-3）。

總之，領導才能課程與教學必須能達成提升資優學習者領導才能的目標，施教者應該針對具有領導才能潛能的學習者，來設計有效的領導才能教學策略與教材內容。而有效的教學策略應該能夠依據領導才能的各種特徵與面向，作為設計教學內容與教材的藍圖，並且將領導才能所需具備的各種能力納入教學的目標之中，如此才能啟迪學習者的領導才能潛能，達成培育領導人才的目的。

雖然國內目前各級學校中並沒有專為領導才能資優生設計的科目，但教師應將領導才能課程適時融入學校其他科目中實施（如綜合活動），如此對資優學習者領導才能的提升才會有所助益。

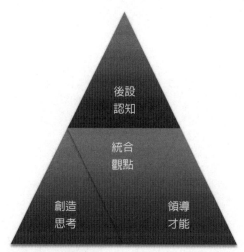

後設
認知

統合
觀點

創造
思考

領導
才能

圖6-3　領導才能資優之統合觀點

李偉俊

第七章

創造能力資賦優異

第一節 創造能力資賦優異的發展與概念

　　1997年我國所修訂的《特殊教育法》當中第四條明確列示了資優教育的六大分類，其中創造能力資賦優異為其中的一項類別，顯示我國注重資優教育中有關資優學生的創造力培育，此外Renzulli（1978）所提出的資優三環定義中，把創造力（creativity）視為產生資優行為的三項資優特質之一，顯見創造力在資優教育發展中所佔重要地位與關鍵。因此在2000年由教育部開始推動「創造力與創意師資培訓計畫」，行政院同時也通過了「知識經濟發展方案」，強調建立蓬勃的創新與創業機制，以及檢討影響創新能力之障礙（詹志禹，2003）。其反應在教育體系之作法為「培養學生的創新與再學能力」。我國教育部於2013年11月28日所正式頒布的十二年國民基本教育課程綱要總綱中也明白揭示四大課程目標中對於陶養生活知能以及促進生涯發展兩方面要能勇於創新以及激發持續學習和創新進取的能力。

　　此外，在2002年教育部正式頒布了《創造力白皮書》之後，開始由中央至地方，為普及創造力教育而努力。以上顯示教育部對創造力教育的重視與強力推動，各縣市現在也積極的推動地方的創造力教育，目前以發展重點均以學校教育為主。

　　其中在《創造力白皮書》當中明白的揭示了我國創造力教育的最終目的在於實現「創造力國度」（Republic of Creativity, ROC）之願景，而其所涵蓋的要點內容有以下五項（引自教育部創造力白皮書，2002）：

1. 培養終身學習、勇於創造的生活態度。
2. 提供尊重差異、活潑快樂的學習環境。
3. 累積豐碩厚實、可親可近的知識資本。
4. 發展尊重智財、知識密集的產業形貌。
5. 形成創新多元、積極分享的文化氛圍。

　　從教育部在《創造力教育白皮書》中所揭示的內容可知，創造力教育可由四個方面來推展：生態文化、行政法治、學校經營與課程教學，本章便是由教師所能影響的班級課程與教學為出發點，因為「課程與教學」

這個層面是最貼近本章所要探討的部分，也是影響創造力教育基礎成效與成敗之關鍵。在此層面中，白皮書內所提到的方針之一為「將創造力培育融入各科教學」，其中所提及到的六點做法建議如下（教育部創造力白皮書，2002），相當值得做為資優教育中推展創造力教育時參考：

1. 加強閱讀指導，從楷模中學習。

2. 鼓勵教師協同教學，相互學習。

3. 鼓勵教師研發創造力之教材教法，進行有關創造力培育之行動研究。

鼓勵成立創造力與創新教學社群。

4. 遴選創意思考典範教師，減輕其教學與行政負擔，負責整理、示範和推廣創意教學相關業務。

5. 規劃創意思考資源教室，提供師生創意活動之空間。

由此可知，創造力教育逐漸受到教育當局所重視，而創造力教育之所以被重視，也是有其時代背景的，因此陳龍安（1998）提出了以下七項影響創造力教育的實施的因素：(1)社會劇烈的變遷、(2)未來學的逐漸獲得重視、(3)企業的生存及發展有賴創造力、(4)親子教育的改變、(5)大腦功能研究的發現、(6)教育的改革趨勢、(7)創造力理論的研究。

此外教育部創造力白皮書（2002）所提到的創新思考、批判思考或解決問題之各種能力，皆是未來世界公民的重要基礎能力。也因此創造力教育應落實在現行的課程中是未來教育工作的重點與目標，資優教育亦然。

David（1986）也指出創造力教育中所進行的教學或訓練方案主要在達成以下幾項目標：

1. 讓學生成為具有創造意識及創造態度的人。

2. 讓學生更瞭解創造力的主題。

3. 讓學生致力於創造力的活動。

4. 讓學生應用創造性問題的解決歷程。

5. 強化學生創造性的人格性質。

6. 協助學生學習創造思考的技巧。

7. 經由練習增強學生的創造思考能力。

因此本章將從創造力的定義與創造思考意涵開始進行探討，然後再討論在資優教育中可行的創造思考教學的相關議題等。

第二節 創造力與創造思考相關因素

創造力是什麼？這個問題通常需要很有創造力才能夠回答，獲得諾貝爾物理獎的得主Shrodinger曾定義創造力的基本概念是：「創造力最重要不是發現前人所未見的，而是在人人所見的現象裡，想到前人所未想到的」（引自洪蘭，2005）。因此簡單的來說，創造力就是創造的能力，而且創造力是一種「無中生有」和「洞燭機先」的一種能力與特質，也可說創造力是在既有的模式中力求創新改變，更可以說是一種解決問題的能力。李錫津（1987）於其創造力的相關研究中指出，創造是一種思考能力，是一種心理歷程，是一種人格表現，也是產生特殊的結果。因此，創造是生活中不可缺少的一部分，是指能不斷創新、發明新事物來解決生活上所面臨的問題。而人雖具有創造性，但仍必須加上後天的努力才有創造的能力─即「創造力」，也才能無中生有、創新，來解決問題、適應多變的生活（蔡麗玲，2004）。以下就創造力的定義以及教師的創造力和所涉及的創造思考相關因素進行探討。

一、創造力的定義

當我們將創造看作一種能力之時，到底該具備什麼樣的能力才算是「創造力」，正是許多學者所關注的焦點。關於創造力的定義，中外學者持有許多不同的觀點，根據毛連塭等（2000）所整理分類的創造力的各種觀點與代表學者列舉如下：

1. 創造乃是創新未曾有的事物，這種能力謂之創造力。代表學者如下：Barron（1969）、Ghiselin（1952）、Guilford（1985）、Osborn（1957）、Wiles（1985）。

2. 創造是一種生活的方式，能夠具有創造性生活的能力就是創造力。代表學者如下：Hallman（1963）、Maslow（1959）、Moustakas

（1967）。

　3. 創造乃是問題解決的心理歷程，所以，創造力也就是解決問題的能力。代表學者如下：Dewey（1910）、Parnes（1967）、Torrance（1962）、鄭石岩（1984）。

　4. 創造是一種思考歷程，在思考過程中運用創造力，在思考結果表現創造力。代表學者如下：Dewey（1910）、Parnes（1967）、Polya（1957）、張玉成（1983）。

　5. 創造是一種能力，也就是創造力。許多學者從分析的觀點提出有關創造力的主張。代表學者如下：Gardner（1983）、Guilford（1968）、Taylor（1959）、Williams（1971）、Wills（1985）、。

　6. 創造是一種人格傾向，具有創造傾向者更能發揮其創造力的效果。代表學者如下：Maslow（1959）、Rogers（1959）、Rookey（1977）、Stein（1967）、賈馥茗（1976）、。

　7. 創造力乃是可聯結的要素加以聯合或綜合成新的關係，這種能力即是創造力。代表學者如下：Arietil（1976）、Mednick（1962）、Parnes（1966）。

　8. 綜合論：創造是一種綜合性、整體性的活動，而創造力乃是個人整體的綜合表現。代表學者如下Clark（1983）、Gowan（1972）、Keating（1980）、李錫津（1987）、郭有遹（1985）。

　陳龍安（1984）曾綜合歸納各家學者有關創造力之定義，研擬出創造力的定義如下：創造力是指個體在支持的環境下結合敏覺、流暢、變通、獨創、精進的特性，透過思考的歷程，對於事物產生分歧的觀點，賦予事物獨特新穎的意義，其結果不但使自己也使別人獲得滿足。

　儘管以上各學者對創造力的定義不同，但不可否認的是，創造力是必須被重視的，它不但是「無中生有」的能力，更得不斷的「推陳出新」，進而「日新月異」，以適應與解決現實生活中不斷產生的問題。

　美國哈佛大學教育學院的Howard Gardner（1983）所提出的多元智能理論（Multiple Intelligence）中，將智能的定義為「一種處理訊息的生理心理潛能，這種潛能在某種文化環境之下，會被引發去解決問題或創作該

文化所重視的作品。」由此可知，創造力是智能的一種表現，也是一種不可取代且獨特性高的能力，更是現代生活中不可或缺的生存能力。

無可否認的，「創造力」是一種「發現」的能力，發現前所未有的事件，亦或從既有的脈絡中發現嶄新的事件；因為創造力的發生可以是「靈光一閃」的，就如同許多科學家或發明家，就在「啊哈！」的瞬間，創造了偉大的成品；此外，創造力的產生也可以是透過思考的分析所獲得的，但靈感的乍現是可遇不可求，而且必須有強大的邏輯分析能力與背後有豐厚的知識背景支撐，但思考的模式可經由訓練與學習獲得的，也是本章所提及的資優教育可以切入的點，但關鍵是教導具有創造能力潛能資優生的教師能否有創造力，因為教師才是教育成效的重要他人，因此以下繼續探討教師的創造力與創造思考教學。

二、教師的創造力

「創造力」在各行各業中是相當受到重視與關注的能力之一，因應時代的需求，從事教育工作的施教者教師也必須要具備創造的能力才能進行相關的教學與訓練。柯志恩（2003）認為教師本身在實際教學上缺乏教學的創造力可說是框限住學生原創性思考的一大因素，創造力教育的的準備工作應從教師的創造思考培養為起點。黃湘媛（2005）也提出一個觀點，她認為一個具有創新能力的教師，必須個人先具備創意或創造的精神，才能使用創意教學策略要求學生達成學習應有成效。在知識經濟的時代，教師有了創造力，才能有創新的教學行為，進而發揮更大的教學效果。

針對教師的創造力部分，美國學者Taler（1975）提出表達、科技、發明、創新、突現等五種層次的創造力，可以提供給教師在進行教學活動時對創造力進行自我檢核（林雅玲，2003；黃湘媛，2005）：

1. 第一種層次：表達能力，包含即席演說時能自由且自然的表達例證，與學生互動，當教師表達成功的課程時，需包含學生的主動參與。

2. 第二種層次：科技創造力，其特徵是精通於創意產品。

3. 第三種層次：發明創造力，具獨創性且應用真實可用的材料或想法來解決問題，有效的發展和修正課程大綱是必要的。

4. 第四種層次：創新創造力，是修改想法的基本原則。

5. 第五種層次：突現創造力，帶給領域新的範例。

David（1986）也指出在創造力教育中教師所進行的教學或訓練方案主要在達成以下七項可增進學生創造力的教學目標：

1. 讓學生成為具有創造意識及創造態度的人。

2. 讓學生更瞭解創造力的主題。

3. 讓學生致力於創造力的活動。

4. 讓學生應用創造性問題的解決歷程。

5. 強化學生創造性的人格性質。

6. 協助學生學習創造思考的技巧。

7. 經由練習增強學生的創造思考能力。

因此總結具有創造力的教師的行為特徵如下：(1)鼓勵學生應用想像力，增進其創意思考能力。(2)學習活動以學生為主體，在教學中教師不獨佔整個教學活動時間。(3)特別注意提供自由、安全、和諧的情境與氣氛。(4)教學方法注重激發學生興趣、鼓勵學生表達與容忍學生不同的意見，不急著下判斷。

由上可知創造力教學真正的動力應該來自於教師的自我反省力，也就是教師的內在動機，以及教師之間形成的創新環境氣氛，政策的推動只是配套措施（吳靖國，2003；引自黃湘媛，2005）。而教師本身在具有創造力和基本教育的創意思維後，還應該致力於如何將資優教育的創造思考教學加以實踐並持續進修與提升相關專業素養，方能持續創新和開創新的資優教育創造能力資優的教育典範，以下便就從事資優教育工作的教師，如何提升對創造思考的認識與基本概念進行探討。

三、創造思考的基本概念

如果創造力（creativity）是一種創造的能力（ability to create），但為強調其為思考能力之一種，故又常見以創造性思考或創造思考（creative thinking）稱之，也有學者稱之為創造思考能力（creative thinking abilities）（陳龍安，1991）。饒見維（1994）亦指出，創造思考並非特別高超的

思考方式，而是人人皆具有的思考方之一，也是非常普遍的思考方式並簡稱為創思，也提出個體在創思方面有其心理歷程之獨特看法。詹志宏（1996）則認為創造性思考是一種態度、一種習慣，至少是一種可訓練的技法（引自饒見維，2005）。因此在資優教育的創造思考教學中，如何培養學生創造思考的能力則顯得相當重要，以下就創造思考的定義、心理歷程、技巧、評量等方面進行探討：

㈠ 創造思考的定義

「創造思考」是一種創造能力，也是思考能力。饒見維（2005）根據各種創造思考的時機說明了何謂創造思考：

1. 當我們在面臨「新的問題或新的挑戰」時，提出某種新的解決方式，就是在進行創思活動。

2. 當我們面對「舊的問題」時，提出新的解決方式，就是在進行創思活動。

3. 當我們以新的方式或新的觀點來看待舊的事物或現象時，就是在進行創思活動。

4. 當我們以新的方式來表達某種想法時，也是在進行創思活動。

簡言之，當一個人面臨某種的狀況、挑戰、問題或任務時，以靈活、彈性、變通的思考方式，提出新的產品、新的解決方式、新的觀點、新的想法、新的架構或新的表達方式等，都是在進行創思活動（饒見維，2005）。研究者認為，「創造思考」是一種創造的能力，也是一種思考的模式，是在面對事物與任務時，運用策略與技巧進行思考，以提出並選擇解決問題的方法，或產生創造思考成果。

㈡ 創造思考的心理歷程

了解創造思考的心理歷程，有助於教學者掌握創造思考教學策略與技巧（吳侎燕，2006）。創造思考的心理歷程，許多學者有不同的見解：例如Wallas（1926）所提出的創造性思考歷程分為四個階段，包括創造的準備期（preparation）、醞釀期（incubation）、豁朗期（illumination）與驗證期（verification）。彭震球（1991）研究指出創造思考的心理歷程可

分為六個步驟：定向、準備、分析、構思、綜合和驗證。陳昭儀（1991）
進一步分析多位學者所提之創造歷程階段，歸納出五個步驟說明創造思考
的心理歷程，包括：(1)問題的產生；(2)尋求解決問題或困難的方法及做
法；(3)尋獲最佳處理方案；(4)進一步加以評估與驗證；(5)發表、溝通與
應用。

　　而饒見維（2005）進一步以流程圖的方式說明創造思考之心理歷程
（見圖7-1）：

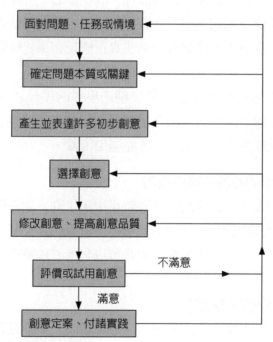

圖7-1　創造思考的基本心理歷程

資料來源：出自饒見維，2005：12。

　　由以上的流程圖可以知道，創造思考的活動是從一個人面對某種問
題、任務或情境開始。接著個體需要對這個問題情境加以深入瞭解分析，
以便確定問題本質的關鍵。然後個體需要產生許多初步創意，然後再從這
些初步創意中選擇一個創意。再針對選擇出來的創意加以必要的修改，以
提高創意的品質。最後個體會對創意的價值進行評估，看看是否滿意這個

創意。此時個體可能要做必要的試用或實驗，看看此創意是否能解決問題。如果不滿意，便可能要把這個創意加以修改，直到滿意為止。但有時個體可能必須選擇另一個創意來進行必要的修改，也可能所有先前的創意都不夠用，必須再重頭產生初步的創意。此流程圖中的虛線表示，在付諸實踐後，有時也可能需要再做一些修改，做為創意品質的日益精進之工作（饒見維，2005）。

由此可知，創造思考的心理歷程是一種動態的，且不斷循環來回反覆的歷程，並非直線性的單一方向歷程。因此創造思考是必須包括產生創意、選擇創意及修改創意，但若在教學的過程中單單只強調創意的大量產生，不過是一時創意能力的展現卻無法真正體現和深化於資優學生的心理層面，如此教育成效將會受限。

因此創造思考是一個歷程，最後創造思考的表現往往受到許多先天經驗能力與外在因素的影響，因此當教師在使用各種創造思考的教學模式時，要先考慮教學的重點和目標，才能運用得當。

㈢ **創造思考教學的心理策略與技巧**

許多致力於創造力研究的學者同時也提出了許多創造思考的相關策略與技巧，本章則採用饒見維（2005）所提出與歸納各家學派的觀點進行探討與分析。首先，創造思考教學的策略可以包含心理策略與心理技巧兩大部份：

1. **創造思考的心理策略**

饒見維（2005）指出創造思考的「心理策略」是指在整個創造思考的過程中持續運作的思考原則或思考方針，它是在整個創造思考活動中持續運作的，他提出了五種心理策略如下：

(1) 先量後質：先求創意的「數量」重於創意的「品質」。

(2) 收放自如：在創造思考的過程中，選擇最佳時機來回反覆、自由使用「擴散性思考」與「收斂性思考」。

(3) 整體演變：在創造思考過程中，在「整體」與「細節」之間來回進行與修改。

(4) 內外同步：儘量採用各種表達工具，把內心的創意形諸於外，一

面思考一面表達。

(5) 鬆緊適度：在創造思考過程中，時而放鬆不管，時而緊密思考，在鬆與緊之間有適度的調節。

創思的心理策略可於進行創造思考活動時不斷運作且使用的，因此教師在訓練學生創造思考時，必須適時的教導學生這些策略，讓學生於每一次的創思過程中，都能善用且並用這些創造思考的心理策略。

2. 創造思考的心理技巧

饒見維（2005）指出，創造思考的「心理技巧」是指在某些特定的思考階段所運作的技巧。因此創造思考必須在創造思考過程的不同階段、不同時機，擇取適合的技巧使用。

饒見維（2005）所歸納出的心理技巧如下：在創造思考的初期，可藉由水平思考、比喻與借喻、重組與結合及延後判斷來大量產生創意，其中「延後判斷」是一種技巧，也是一種習慣，也就是在大量產生創意的同時，先不要加入太多的判斷，避免「當機立斷」的習慣，以下分別說明各種創造思考的心理技巧的原則（饒見維，2005）：

(1) 水平思考
① 增進思考的流暢性，產生大量的創意
② 突破刻板印象，產生別出心裁（即獨創性）的想法
③ 充分運用我們的知識與經驗
(2) 比喻與借喻
① 比喻和借喻是產生初步創意的一種技巧
② 比喻和借喻在各種創造思考活動中都扮演關鍵的角色
③ 透過「比喻與借喻」來應付層出不窮的新問題
④ 比喻和借喻可以擴展我們既有的觀點
(3) 重組與結合
① 重組與結合乃是宇宙萬事萬物演變與創造的基本原理
② 有限的要素可以組合成無數的創作
③ 要素本身並沒有新鮮之處，但是組合的方式卻有無窮無盡的創新可能

(4) 延後判斷

① 太早判斷會抑制我們思考的流暢性與獨創性

② 延後判斷可以讓創意之間互相激盪，產生更多的創意

③ 創意的品質無法立即加以判斷

④ 延後判斷可以讓一些創意有機會進一步演變成好的創意

此外，在面對選擇創意與評價創意時，即可利用「批判性思考」的技巧，饒見維（2005）指出「批判思考」乃是一個人運用心中某些主觀的準則，針對某種人、事、物、言論、資料等，進行品質判斷或價值判斷，並進行優劣的抉擇或提出改進的想法。也因此「批判思考」的判準是依創造思考的需要主觀而定的，這樣的心理技巧是使用在創思後期，也是選擇最佳創意時所必須使用的方法。

無論是創造思考的心理策略或心理技巧，都必須搭配交互使用，使用的時機需要靠創造思考者的經驗與判斷，也因此必須靠重複學習與多次練習方能使用得宜、應用自如，最後才能熟能生巧。

㈣ 創造思考表現

「創造思考表現」是指創造思考者於經歷創造思考的歷程之後所產生的成品。「創造思考表現」可是說是創造思考歷程的證明與成效結果。而強調多元智能發展的Gardner對其智能的定義也是：「解決問題與創作符合社會脈絡的作品」，看來一項智能或創造的想法，如果沒有一樣成品展現出來，也是不足以說服大眾的。詹志禹（2001，2003）曾針對白皮書中小學組的部分做分析評估，他綜合多位學者的觀點，以「新穎」和「價值」為向度，強調構成創造力發展與成果的四個階段：

1. 著重讓學習者創造出自己前所未有的產品。

2. 著重讓學習者創造出自己珍惜的產品

3. 著重讓學習者創造出與眾不同的產品。

4. 著重讓學習者創造出相關社群前所未見卻又欣賞的產品。

他提出前兩者為國小學生不可或缺的學習歷程與重點，也因此教師必須在創造思考教學的過程當中，有機會讓學生完成屬於自己的作品，並讓學生透過創造思考的心理策略與技巧進行創作，且學生的作品必須是有別

以往也才能讓學生驚奇且加以珍惜。

　　教育部創造力白皮書（2002）中也提到，創造力教育的實施必須採「融入原則」，意即要將創造力教育的課程與教材融入各科教學，融入生活。一方面應視不同教育階段之情境與需求而設計課程。一方面應考慮當地文化因素，就地取材，發現在地之創意元素，使學生從日常生活中體驗並發揮創意。

㈤ 創造思考表現的評量

　　Robert Sternberg和Todd Lubart指出，傳統的創造力測驗是人在很短的時間內，在固定規範的情況下完成某一個作業，這種測驗情境和真實生活中的創造力發生情境不太一樣（洪蘭譯，1999；饒見維，2005）。

　　陳龍安（1988）也指出，創造力評量有一些困難待解決，例如：1.評量標準受主觀因素影響；2.創造力表現受許多個人內在與外在環境等因素影響；3.創造力評量的分數過於簡化，易造成誤解等。因此即便教師以創思的成品做評量，也會因為創思表現受太多因素所影響著，所以目前為止我們仍無法以一個標準化的分數來評定創思表現的優劣程度。

　　關於創造思考評量的困境，陳龍安（1998）也提出解決此問題的建議，即將創造思考的評量時間增長，次數增加，並由平時一點一滴累積下來的結果更為正確。因此多元化評量中所提及的作品檔案評量、實作評量與持續性評量的方式不啻是進行創造思考評量的解決之道。

　　以上探討了教師在進行創造思考訓練或課程設計時所涉及的創造思考的心理策略與技法以及表現和評量等相關議題後，若要在資優教育體系內來推行和實施，教師應進一步探討創造思考教學的意涵與相關模式與技法，本章繼續探討如下。

第三節　資優教育的創造思考教學與相關模式

　　身處在知識爆炸與資訊快速流通的科技時代，學科的內容不在是學校教學的重點了，重要的是學習與解決問題的方式，資優教育亦然。孔子說過：「學而不思則罔，思而不學則殆」，學思必須兩相兼顧，「學」是由

外往內的「注入」，「思」是由內往外的「引出」，因此教學應該是雙向的，不僅由外而內的注入還可藉由內而外的引出方式來進行，引起學生的學習動機及興趣，如此才能激發學生創造力的發揮（蔡麗玲，2004）。因此在資優教育下進行創造力教育對教師而言，是一種教學的創新，對學生而言，也是一種激發思考、展現才能、創造表現的機會。而創造思考的教學目的，即在於使個人突破思想固著與建立創新的認知結構，藉著創造技法與哲語觀念引導，身體力行，將這些觀念或構想付諸實行產生創造行為或創造品（柯志恩，2003）。因此創造思考教學，就教師本身來說，乃是鼓勵教師因時制宜，變化教學的方法（賈馥茗，1979；陳龍安，1988）。

此外，陳龍安（1998）指出創造思考教學即是教師透過課程的內容，在一種支持性的環境下，運用啟發創造思考的原則與策略，以激發和增進學生創造力的一種教學，而所謂支持性的環境，是指民主、自由、安全、和諧的環境。

毛連塭（1988）亦提出了創造思考教學的基本架構如圖7-2，說明了創造思考的過程是受外在環境與創造者先天的條件因素所影響，外在的環境除了影響創造者本身，也同樣影響了創思的過程與最後的創思成果，創造者本身的潛在能力、人格特質、動機與技能，也是影響創思過程的重要因素，因此在進行創造思考教學的過程，任何影響創思過程的重要因素都不可忽視。

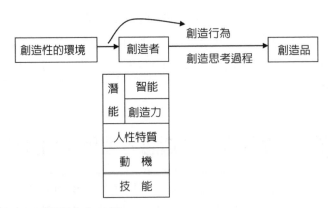

圖7-2　創造思考教學的基本架構

資料來源：毛連塭，1988；引自蔡麗玲，2004。

綜而言之，創造思考教學強調師生互動與學生的學習動機與過程，因此陳龍安（1998）提出創造思考教學的特點如下：

1. 以創造力為目標：教學的首要目標在鼓勵學生應用想像力，增進其創造思考能力。

2. 以學生為本：學習活動以學生為主體，採合作協同或團隊方式增加學生互動及相互激盪的機會，教師不獨佔整個教學活動時間。

3. 以民主為導向：提供一種支持的、民主、自由、安全、和諧的情境與氣氛。

4. 以策略為運用啟發創造思考的各種策略，教學方法注重激發學生興趣、鼓勵學生表達與容忍學生不同的意見，不急著下判斷，使他們能夠在快樂的學習中更聰明、更靈敏、更能面對問題、解決問題。

由此可知，創造思考的教學是思考的、開放的、互動的、包容的、啟發的，除了教師教學方法的創新，更要考量學生的背景經驗、人格特質、思考模式等因素，不斷的適應改良、推陳出新、精益求精，才能真正達到開發學生創造能力的教學目標。以下就創造思考教學的教學原則、模式與策略進行探討。

一、創造思考教學的教學原則

創造思考的能力是可教的，那麼創造思考的教學原則是什麼呢？根據多位學者（李錫津，1987；陳龍安，1991; Felddhusen, 1980）所提出創造思考教學之教學原則，整理並提出以下共八個原則：

1. 開放原則：提供開放、自由、安全的氣氛，讓學生能自在、輕鬆的學習，並樂於發表自我的意見。

2. 彈性原則：教師的教法、提供的教材並不是一成不變的，為了激發學生的想像力，必須是有極度的彈性並隨時調整與改變。

3. 適應原則：教學的過程與教材要能適應學生的個別差異、經驗背景與動機興趣，讓學生能依自我的潛能盡情發揮。

4. 試誤原則：鼓勵學生由錯誤中學習，從失敗中獲取經驗，不要放棄任何嘗試的機會。

5. 回饋原則：對於學生的意見或表現，應給予立即正向的回饋，可以是教師提出回饋，也可以是學生間相互回饋，也可以是師生共同討論所提出的。

6. 接納原則：教師於教學的過程必須接納學生各樣的表現與意見，而非齊頭式的要求，並不斷的鼓勵學生充分的表現自我。

7. 思考原則：創造力的產生，必須透過不斷的動腦與思考，可以是獨立思考，也可以是群力的腦力激盪，養成思考的習慣，才能進而激發出創造表現的能力。

8. 延後判斷原則：教學過程中，師生都應共同養成延後判斷的觀念，以避免任何剛萌生的創造之苗受到抑制。

總而言之，在這些原則之下，教師的教學氣氛營造固然重要，但師生真誠且秉持相同信念並認同此教學方式，才是落實創造力教學成功的重要因素，把握創造力教學的原則，師生於其中相互尊重、包容與學習，在整個教學過程中，不僅提升了學生的創造力，教師也將在無形中改變了既有的想法與思考模式，教師與學生都將從中受益。

二、創造思考教學模式與策略

Amabile（1998）、Sternberg及Lubart（1999）強調創造力是一種依附於情境，與情境高度互動的知識，學習得在情境中不斷嘗試錯誤始能完成，因此透過「開一門課」來「教導」創造思考是件困難的事，要將創造力教學模式應用於教育現場之可行做法可以藉由教師班群之間高度互動，啟動教師找出自己的創意處理模式（引自柯志恩，2003）。而創造思考教學其實並無一固定模式，如同創造思考一般，是多元的，多變的，是因時制宜的，但一些良好的教學模式可以提供教學上的參考，使教學更易實施（吳侎燕，2006）。以下整理常用的創造思考教學之模式與策略，希望透過這些創造思考教學模式與策略的探討，讀者或資優教育工作者可以自行再發展與衍生山適合己身學校體系內實施資優教育的創造思考教學模式與策略。

(一) 創造思考教學模式與內容

　　創造思考教學是以提升學生創造力為目標，以學生為本、以民主為導向，並以策略運用來啟發創造思考，讓學生的學習是屬於思考的、問題解決的。但創造思考教學並非特殊的或標新立異的教學方法，與傳統的教學法並不相衝突，而能相輔相成、互為效果的（陳龍安，1998）。

　　創造力教育與教學側重於創造思考的培養與訓練，因此在創造力教學上，許多學者都深入探討並發展創造思考的教學模式與策略。毛連塭（1998）提出創造思考的教學應包含三個方面：

1. 培養具有創造思考能力的學生，即創造者。
2. 使學生能運用創造思考能力於創造思考過程中，即創造行為。
3. 希望獲得創造性的成果，即創造品。

　　以下根據陳龍安（1991）所分類之創造思考教學模式，分別探討與分析各學者所提出之創造思考教學模式與內容，以做為落實創造思考教學之依據與參考。

1. Williams創造力認知與情意的教學模式

　　此為一種三向度結構的教學模式（如圖7-3），第一向度列舉語文、數學、社會、自然、音樂、美勞等六種學科；第二向度列舉十八種創造思考教學策略；第三向度為學生的行為，包含學生創造能力發展的八個重要過程、強調在各種不同學科中，教師運用各種教學策略、方法，來激發學生認知及情意思考的發展，使學生產生有意義的學習，達到教學的目標。在認知的領域中，包含流暢性思考、變通性思考、獨創性思考、精密性思考等四種，是有關於擴散思考發展的心智歷程；而在情意領域方面，包含了好奇心、冒險心、挑戰心、想像心等四種，關係著學生的態度、價值、欣賞及動機等特質（陳龍安，1998；引自蔡麗玲，2004）。

　　此教學模式強調運用課程的內容與教學的策略，以影響學生的行為表現，此教學模式所延伸出來的教學策略有矛盾法、歸因法、類比法、激發法、辨別法、變異法、習慣改變法、重組法、探索的技術、容忍曖昧法、直觀表達法、發展調查法、創造者與創造過程分析法、情境評鑑法、創造

性閱讀技術、創造性傾聽技術、創造性寫作技術、視覺化技術共十八種
（引自陳龍安，1988），這些具體的教學策略之提出對於教學實踐者於教
學模式的應用與理解有著極大的助益。

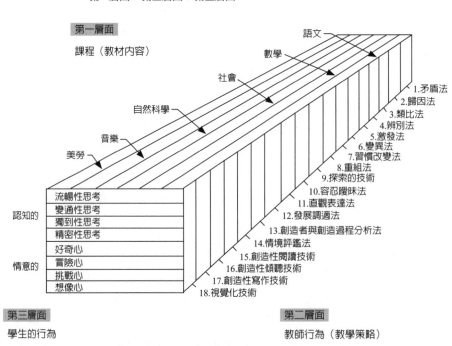

圖7-3　Williams的創造力認知─情意教學模式

2. Guilford創造思考教學模式

Guilford以其提出的智力結構教學模式為基礎，設計一種以解決問題
為主的教學模式。這種教學模式強調問題的解決，以記憶儲存為基礎，問
題解決的過程始於環境和個體資料的輸入，以個體儲存的資料進行過濾，
引起認知的運作，瞭解問題的所在及本質，接著進行擴散性思考，醞釀各
種解決問題的方法，再透過聚斂性思考選擇解決問題的方案，這是一般進
行的過程。有時可能未經擴散性思考就直接以聚斂性思考來解決問題，而

在過程中如有任何產生反對的觀點，則必須靠評鑑的運作以個人記憶中的知識資料做異向的兩度評鑑，但在擴散性思考的情況下，有些取出的資料則避開評鑑的作業，也就是Osborn所謂的「拒絕批判」，這在創造思考的教學中是非常重要的。由這教學模式中，可知創造思考教學必須以學生的知識經驗為基礎，運用各種思考的運作，獲得問題的解決（陳龍安，1998）。

這個教學模式提醒我們，創造思考的教學必須以學生的知識背景為基礎，問題的解決也受到了外在環境和個體的影響，由此可知思考的模式並非封閉的，教學的過程中要考慮的因素是複雜且多樣的，此外，Guilford也提出了二十四種教學策略，讓此教學模式更具實用性。

3. Parnes創造性問題解決教學模式

創造性問題解決教學模式（Creative problem solving，簡稱CPS）是由美國學者Parnes所發展出來的，顧名思義，此一模式是為解決問題而發展出來的，利用系統的思考方法來解決問題，特別強調問題解決者在選擇或執行解決方案前，儘量想出各種及多樣的可能方法。此模式的五個步驟分別為發現困惑、發現資料、發現問題、發現構想、發現解答、尋求接受，根據Parnes的研究，創造性解決的步驟要能夠按部就班，循序漸進。在每一個步驟的進行中，不斷的產生擴散性的思考與聚斂性的思考，當完成了五個步驟，問題即被解決，解決問題者終於有一個被接受的計畫、行動，或者可面對新的挑戰。若解決問題失敗了，即回到第三個步驟，再選擇不同的主意並重新安排（陳龍安，1991）。

根據Parnes的研究，創造性問題解決的策略如圖7-4：

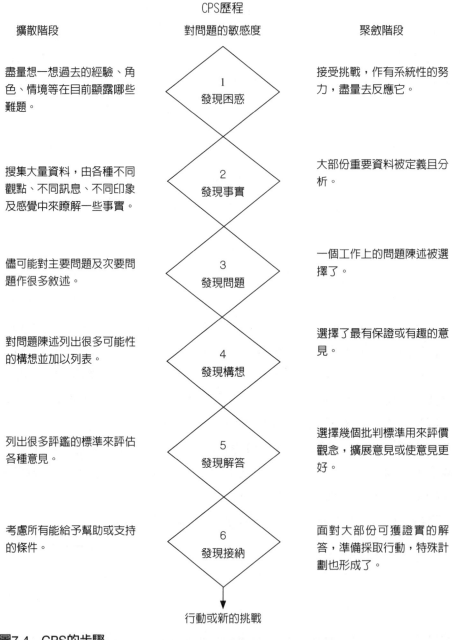

CPS歷程

擴散階段　　　　　　對問題的敏感度　　　　　　聚斂階段

盡量想一想過去的經驗、角
色、情境等在目前顯露哪些
難題。

1
發現困惑

接受挑戰，作有系統性的努
力，盡量去反應它。

搜集大量資料，由各種不同
觀點、不同訊息、不同印象
及感覺中來瞭解一些事實。

2
發現事實

大部份重要資料被定義且分
析。

儘可能對主要問題及次要問
題作很多敘述。

3
發現問題

一個工作上的問題陳述被選
擇了。

對問題陳述列出很多可能性
的構想並加以列表。

4
發現構想

選擇了最有保證或有趣的意
見。

列出很多評鑑的標準來評估
各種意見。

5
發現解答

選擇幾個批判標準用來評價
觀念，擴展意見或使意見更
好。

考慮所有能給予幫助或支持
的條件。

6
發現接納

面對大部份可獲證實的解
答，準備採取行動，特殊計
劃也形成了。

行動或新的挑戰

圖7 4　CPS的步驟

資料來源：Parnes, 1967；引自陳龍安，1998，p.77。

Panes在其教學模式之下，也發展了一套教學策略，主要側重於延緩批判，教導學生做檢核表，屬性列舉法的練習，並分析解決問題的步驟，進而解決問題（李錫津，1987），是一種針對問題引導學生提出解決方法的教學步驟與策略。

4. Tayler發展多種才能創造思考教學模式

Taylor多種才能的教學模式的基本假設是：認為「幾乎所有的學生都具有某種才能」，但大多數的老師卻常只注重學科成績，而忽視了這些才能（陳龍安，1991）。Taylor的多種才能有以下幾種：創造的才能、作決定的才能、計畫的才能、預測的才能、溝通的才能、思考的才能。而Taylor的多種才能發展的創造思考模式的步驟有：呈現思考的情境或問題；給予學生充分思考的時間，並列出主意；提供一個分享、修改及潤飾主意的環境；提供醞釀的時間；讓學生分享新的主意；讓學生選擇最好的問題解決法；讓學生選擇最獨特的問題解決法；實行該方法或決定。

在各個步驟中，可以適時融入一些創造思考的教學策略，例如：在思考或選擇的步驟中，可讓學生作腦力激盪，也可讓學生延後判斷，暫時保留許多想法，之後再慢慢做討論，最後的方法實行可以是個人實行，也可以是小組進行，端看教學者的應用與配合情境所做的最後決定。

5. 創造思考教學的三段模式與「愛的（ATDE）」創造思考教學模式

陳龍安（1984）曾提出創造思考教學的三段模式。此一模式把教學歷程分為暖身、主題及結束活動三段，其中主題活動包括「問、想、說、寫」四個步驟。此教學活動的教學步驟大致如下：

(1)暖身活動。

(2)主題活動：提出問題（創造思考口訣：假列比替除）→自由聯想→腦力激盪（個別或團體）→綜合歸納（單位、類別、關係、系統、轉換、引伸）。

(3)結束活動。

此教學模式並非一成不變的，在主題活動中可隨情境與需要而變化，如問、想、寫、說；問、想、說、問、想、寫、說；……等。

陳龍安（1985）綜合上述的三段教學模式後再提出「愛的」

（ATDE）教學模式（見圖7-5）。所謂ATDE是由問（Asking）、想（Thinking）、做（Doing）、評（Evaluation）四個要素所組成的，分述如下：

1. 問（Asking）：教師設計或安排問題的情境，提出創造思考的問題，以供學生思考。

2. 想（Thinking）：教師提出問題後，應鼓勵學生自由聯想，擴散思考，並給予學生思考的時間，以尋求創意。

3. 做（Doing）：利用各類活動方式，讓學生做中學，邊想邊做，從實際活動中尋求解決問題的方法，而能付諸行動。

4. 評（Evaluation）：師生共同擬定評估標準，共同評鑑，選取最適當的答案，相互欣賞與尊重，使創造思考由萌芽而進入實用的階段。此一階段強調師生相互的回饋與尊重，也是創造思考「延緩判斷」原則的表現。

在ATDE模式中，非常強調學生的知識及經驗背景。而ATDE諧音「愛的」，代表著創造思考教學是一種強調師生之間相互尊重、包容的模式，這種「愛的模式」，才能讓學生在開放、自由、和諧的學習氣氛中，提升創造能力的表現。

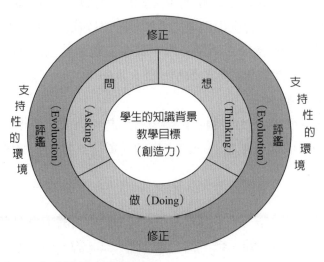

圖7-5 愛的（ATDE）創造思考教學模式

　　以上五種為一般創造力相關研究常提及的創造思考教學模式之內容整理，各模式各有其主張與著重的重點，但大抵上皆是以培養學生創造思考的能力為最主要目的，而從事創造思考的行為時，其實是有一定基本的心理歷程可依循的，本章在上一節當中有所探討與論述，但由饒見維（2005）所提出的「創思的基本心理歷程」來檢視分析以上五種教學模式，歸納其理論特點並整理與分析如表7-1：

表7-1　五種創造思考教學模式與心理歷程評析表

教學模式	特點	創思的基本心理歷程之評析
Williams創造與情意的教學模式	1. 三向度結構（課程、教師行為、學生行為）。 2. 列舉了18種創造思考教學策略。	將學生的創造思考能力分為「認知」領域（流暢性思考、變通性思考、獨創性思考、精密性思考）和「情意」領域（好奇心、冒險心、挑戰心、想像力），這些特質是學生運作創造思考的重要條件，但只重視學生創意力的產生，未考慮創意的選擇與使用。
Guilford創造思考教學模式	1. 運用擴散性思考與聚斂性思考進行問題的解決。 2. 強調以學生的知識經驗為基礎。	考慮學生的知識經驗背景，也強調先擴散後聚斂的思考方式，達到產生創意與選擇創意的效果，但最後思考的結果並不一定能完全解決問題，還得透過付諸行動後再不斷的回頭重新思考並修改才算完整的創思歷程。
Parnes創造性問題解決教學模式	1. 以問題解決為導向。 2. 創造性問題解決的步驟是按部就班、循序漸進的。 3. 每一個步驟的進行都要嘗試進行擴散性與聚斂性的思考，學生必須針對每一個主意列出等級以做評估。	有一定的步驟與順序，讓學生有所依循而解決問題，但解決問題的過程並非線性發展的，每一個步驟都有可能出現問題，也有可能回到前面任何一個步驟再重新開始，且最後選擇出來的主意並非一定是解決問題的最佳方法，還得經過執行後再不斷的修正，甚至可還能再重新思考尋求新的解決方式。
Tayler發展多種才能創造思考教學模式	1. 強調發掘學生的多種才能，養成學生自發的學習。 2. 學生提出問題時量重於質，不多做批評，最後再選擇最好最獨特的意見付諸行動。	Tayler的教學模式為線性的模式，一個步驟完成後再換下一個步驟，但創思的歷程應是動態的，每一個步驟的進行當中發現問題後，都有可能再回到前面的步驟重新開始。且實行決定方法並非是最後的步驟，在實踐中發現問題仍要回到前面步驟再重新進行思考與修正。

教學模式	特點	創思的基本心理歷程之評析
創造思考教學的三段模式	以教學活動流程的模式呈現（暖身活動、主題活動、結束活動）。	強調學生透過個人或團體腦力激盪的方式大量的產生創意，對於創意的選擇與修改並不強調，是屬於培養創意力的教學模式。
陳龍安「愛的（ATDE）」創造思考教學模式	1. 以學生的知識經驗背景為基礎。 2. 問、想、做、評四階段。	強調學生擴散性的思考，先做再評，在行動後再選取最適當的答案。陳龍安（1998）表示，「問、想、做、評」無一定先後順序，可任意調換先後順序，如「問、想、評、做」或「做、想、想、評」……等，此模式彈性的靈活應用，較符合創造思考的動態的歷程。

　　因為所謂教學「模式」，就是每位老師在教學上有其教學目標，而要達到此目標時，所需要考慮的教學因素，而後才能去評鑑，這些程序、做法即為模式（吳靜吉，1983；引自林作逸，1994）。創造思考教學既是「創造」，又必須「思考」，因此並沒有一定的模式必須遵循，因此每位教師都可以是一個「創造者」，依自我的需要與實際的情況，運用創思的技巧發展出自己的一套創造思考教學模式。正如饒見維（2005）的「創思的基本心理歷程」中所指出的，當教學者發展出一套創新的教學模式後，必須經過選擇與試用，再從中不斷的修改，最後正式付諸行動後，還得不斷的回頭評鑑並再次修改，最終能達到教學的目標，才是一套完整的教學模式。

　　因為當教師根據學者專家所發展的教學模式依樣模仿時，便無法在實施時依所處教學環境作適度修正及改變，其實就是讓創思教學活動陷入沒有創造的窠臼當中（柯志恩，2003）。因此專家學者所提出的各個教學模式雖各有其特點與目標，教學者應思考該如何擷取或從中改變並進而創造出自己的模式，端看個人的使用情境與接觸程度，但不可否認的是，任何一套教學模式都不是絕對完善或絕對適用於某一情境下的，教學者還必須考慮許多外在的因素與學生的經驗背景，並不斷的視情況改變模式的內容，才能真正達到教學的目標。

　　也因此，若要在資優教育環境下進行創造思考教學，除了瞭解各種創造思考教學模式的特性與內涵外，創造思考教學的實用策略與技法的熟悉

與練習也是影響創造思考教學成效的重要關鍵，以下再介紹各種實用的創造思考教學策略與技法以提供給資優教育教師進行創造思考教學課程設計與教學實施之參考

㈡ 創造思考教學策略與技法

　　教學策略為教師教學過程中使用的技巧與方法，教學策略的使用是讓教學過程更活潑、多元化，也讓學生透過教學過程更易於學習，教學策略使用得宜，有助於學生的學習與能力的培養。以下根據各家創造思考教學模式當中有效且實用的教學策略與技法進行介紹。

　　1. Williams創造力認知情意教學法的18種策略

　　Williams為培養學生的創造思考，提出一種三度空間結構的教學模式，它強調透過不同的學科（第一層面），經由老師的各種教學方法（第二層面），來激發學生四種認知和四種情意的發展（第三層面），來達到預期的教學目標（陳龍安，1991）。在第二層面中Williams列舉了18種創造思考教學策略：

　　(1) 矛盾法：發現一般觀念未必完全正確；發現各種自相對立的陳述或現象。

　　(2) 歸因法：發現事物的屬性；指出約定俗成的象徵或意義；發現特質並予以歸類。

　　(3) 類比法：比較類似的各種情況；發現事物間的相似處；將某事物與另一事物做適當的比喻。

　　(4) 激發法：多方面追求各項事物的新意義；引發探索知識的動機；探索並發現新知或新發明。

　　(5) 辨別法：發現知識領域不足的空隙或缺陷；尋覓各種訊息中遺落的環節；發現知識中未知的部分。

　　(6) 變異法：演示事物的動態本質；提供各種選擇、修正及替代的機會。

　　(7) 習慣改變法：確定習慣思想的作用；改變功能固著的觀念及方式，增進對事物的敏感性。

(8) 重組法：將一種新的結構重新改組；創立一種新的結構；在零散無序的情況裡發現組織並提出新的處理方式。

(9) 探索的技術：探求前人處理事物的方式（歷史研究法）；確立新事物的地位與意義（描述研究法）；建立實驗的情境，並觀察結果（實驗研究法）。

(10) 容忍曖昧法：提供各種困擾、懸疑或具有挑戰性的情境，讓學生思考；提出各種開放而不一定有固定結局的情境，鼓勵學生擴散思考。

(11) 直觀表達法：學習透過感官對於事物的感覺，來表達感情的技巧；啟發對事物直覺的敏感性。

(12) 發展調查法：從錯誤或失敗中獲得學習；在工作中積極的發展而非被動的適應；引導發展多種選擇性或可能性。

(13) 創造者與創造過程分析法：分析傑出而富有創造力人物的特質，以學習洞察、發明、精密思慮及解決問題的過程。

(14) 情境評鑑法：根據事物的結果及含意來決定其可能性；檢查或驗證原先對於事實的猜測是否正確。

(15) 創造性閱讀技術：培養運用由閱讀中所獲得知識的心智能力；學習從閱讀中產生新觀念。

(16) 創造性傾聽技術：學習從傾聽中產生新觀念的技巧；傾聽由一事物導致另一事物的訊息。

(17) 創造性寫作技術：學習由寫作來溝通觀念的技巧；學習從寫作中產生新觀念的技巧。

(18) 視覺化技術：以具體的方式來表達各種觀念；具體說明思想和表達情感；透過圖解來描述經驗。

2. Osborn的腦力激盪法

陳龍安（1998）指出腦力激盪法（Brainstorming）是Osborn（1963）所提倡的，是用集體思考的方式，使思考相互激盪，發生連鎖反應，以引導創造性思考的方法。Brown（1988）也認為腦力激盪是激發創造力的有效教學策略之一，且被視為最有效的問題解決技巧（引自蔡麗玲，2004）。柯志恩（2003）亦指出，利用腦力激盪的方式，把可想到的可能

性（possibilities）全列舉出來，再找出其中特性相似者，做種類歸類，從中再產出非一般的可能性（unusual possibilities）。

　　王瑞（2002）指出腦力激盪法的實施流程如圖7-6：

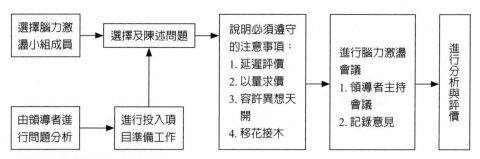

圖7-6　腦力激盪法實施流程

資料來源：王瑞，2002；引自蔡麗玲，2004。

　　此方法既可適用於大團體、小團體，也可適用於個人，是最直接、最易使用，且能產生大量創意的方法，腦力激盪產生創意之後，還要進行批判性的思考與選擇，才能真正針對問題提出最適切的解決方式。

　　3. Crawford的屬性列舉法

　　屬性列舉法（attribute listing）是由Crawford（1954）所發明的，他認為每一件事物皆從另一事物中產生，一般的創造品都是從舊物中改造的。而為了便利學生思考，有三種的屬性列舉法讓他們採用，使他們列出更多不平凡的屬性（引自陳龍安，1988）。

　　(1)特性列舉法：依物品的構造及其性能，按名詞、形容詞、動詞特性列出，然後檢討每一特性可改良處。

　　(2)缺點列舉法：把產品的缺點，毫不客氣地指出來，儘量挑毛病，在針對這些缺點設計改良。

　　(3)希望列舉法：就某些物品積極地幻想，希望它還能有什麼優點，姑且不論其可行或不可行都將之列出，因為今日認為不可行的幻想，可能明日便成為可行。

　　(4)淘汰法：淘汰現有的東西，或將計畫中不需要的東西去除（呂勝

瑛、翁淑緣，1982；陳龍安，1998）。

　　屬性列舉法，配合腦力激盪法的運用，可產生大量的觀念、增加目的物的屬性、改進舊物特別有用的設計，它可適用於個人或團體。

4. 六W檢討法

　　六W分別指When（何時）、Where（何地）、What（做什麼）、Why（為什麼）、How（為何）、Who（何人）。六W檢討法按照問題性質的不同，用各種不同的發問技巧來檢討（陳龍安，1998），這種「分析性的概念」，是一般人在進行批判思考時的思考工具（饒見維，2005）。這種方法與策略可運用於國中小教育階段的社會領域的討論與國語課文的分析上。

5. 聯想技術

　　聯想是由一事物想到另一事物的過程。聯想可以是針對特定的事物進行，也可以作自由的聯想，聯想技術有以下型態（引自陳龍安，1998）：

　　(1) 接近的聯想：對在空間或時間上接近的事物進行聯想。

　　(2) 相似的聯想：對相似事物進行聯想。

　　(3) 對比的聯想：對性質、特點相反事物進行聯想。

　　(4) 自由的聯想：指導者提供一個刺激，讓學生以不同的方式自由反應，指導者不予建議或批評，並鼓勵具有獨特性的想法。

　　聯想的活動在任何時刻都非常容易進行，因此教學者很輕易的就能融入於教學活動之中，訓練學生聯想的能力，教學者以引導不干預學生思考的方式進行，才能真正發揮聯想技術的運用。

6. Gordon的分合法

　　分合法是Gordon於1961年所創，是一種透過已知的事物作媒介，將毫無關聯的、新奇的知識或事物結合起來，以產生新知的方法，也就是擷取現有事物的特質創造出新事物。分合法主要運用的是「類推」和「譬喻」的技法來激發學生的構想和協助學生分析問題，以形成不同的觀點：

　　(1) 譬喻的技法

　　「譬喻」的功能在使事物之間形成「概念距離」（conceptual distance），以激發學生的「新思」。包括了提供新穎的譬喻架構，讓學生

以新的途徑去思考所熟悉的事物，如「假若禮堂像……」。相反地，也可以舊有的方式去思索新的主題，如以「飛虎隊」或「軍隊」比擬人體免疫系統。從而讓學生能自由地思索日常生活中的事物或經驗，提升其敏覺、變通、流暢及獨創力。

(2) 類推的技法

Gordon提出以下四種類推的技法：

① 狂想類推（fantasy analogy）

此法鼓勵學生盡情思索並產生多種不同的想法，甚至可以牽強附會和構想不尋常或狂想的觀念。再由教師帶領學生回到「觀念」的實際分析和評鑑。常用之句型是「假如……就會……」或「請儘量列舉……」。

② 直接類推（direct analogy）

這是將兩種不同事物，彼此加以「譬喻」或「類推」，並要求學生找出與實際生活情境類同之問題情境，或直接比較相類似的事物。此法更簡單地比較兩事物或概念，並將原本之情境或事物轉換到另一情境或事物，從而產生新觀念。可利用動物、植物、非生物等加以譬喻。

③ 擬人類推（personal analogy）

將事物「擬人化」或「人格化」。如電腦的「視像接收器」是模擬人的眼睛功能。例如：保家衛國的軍隊就像人的免疫系統，各部份發揮其獨有之功能，互相協調和配合，發揮最大抵抗疾病的功能。

在教學上，首先要使學生感受到，他是問題情境中的一個要素。所強調的是以同理心代入情境（empathetic involvement）。

④ 符號類推（symbolic analogy）

運用符號象徵化的類推；如在詩詞之中利用一些字詞引伸高層次的意境或觀念。例如：我們見到「萬里長城」便感到其雄偉之氣勢並聯想起祖國，看見交通燈便意識到交通規則。因此有「直指人心，立即了悟」之作用。

此策略非常適合應用於國小教育階段的語文教學領域字詞的學習，可與上述聯想技術融合使用，加強學生語詞的聯想與應用。

7. 資料修正法

給予學生一些既有的資料，鼓勵他們用放大、縮小、簡化、補充、變形等方法加以修改，讓學生知道，有時候只要改變或修正某一部分使變成更好用，就是發明（陳龍安，1998）。Osborn（1964）提倡一種「加減乘除法」，就是指針對某種原始創意提出增加擴大、縮減省略、倍增或分割的可能性（引自饒見維，2005）。此種方法可適用於不同學習領域的教學活動，讓學生不用苦惱想不出的「原創意」，而是利用「修改」產生另一種創意。

8. 查核表技術

所謂「檢核表技術」是從一個問題或題旨有關的列表上來旁敲側擊，尋找線索以獲得觀念的方法，這是用來訓練學生思考周密，避免考慮問題有所遺漏的方法（郭有遹，1973；陳龍安，1988）。

此種技術的運用，可以先將問題列成一張分析表或像書目的大綱，然後寫出大綱中每一項所需要處理或解決的要點，最後逐一考慮每一要點可供改變的方向（陳龍安，1988）。

此種方法非常適合用於初次引導學生練習創造思考策略之時，藉由查核表的方式，讓學生清楚的知道可以「如何」思考，而查核表的技術也可以應用在學生於教學活動之後的「學生學習檢核表」上，如此可讓學生於教學活動之後進行自我反省，並知道自我思考方面的不足地方，教師也透過學習檢核表，讓學生再次學習創造思考的心理技巧，提供學生於下次面對各種問題時使用。

9. 飛利浦六六討論法（Phillips 66 Technique）

飛利浦六六討論法是以腦力激盪法作基礎的團體式討論法。方法是將大團體分為六人一組，每人一分鐘，只進行六分鐘的小組討論。然後再回到大團體中分享及作最終的評估（引自陳龍安，1997）。

飛利浦六六討論法的方法與程序有以下七點：

(1) 每組先訂定討論主題；

(2) 選出一位組員當主席、另一位當計時員；

(3) 每位組員均需輪流圍繞主題發言，以一分鐘為限，其他組員則需

留心發言者的內容，待所有成員發言後，作出提問；

(4) 每位發言者需盡用一分鐘來發表己見，但不能超時，時限一到，計時員則要求未完成發表的組員立即停止發言；

(5) 歸納結論，並推選一位發言人，代表全組報告；

(6) 向全班報告及分享討論結果。

(7) 此法的特點在於讓每位參與者均有發表意見的機會，故可培訓參加者即時作回應的能力。

(10) KJ法（K.J. Method）

KJ這個名稱是創始人川喜田二郎（Kawakita Jiro）先生（文化人類學家，開發的當時為東京工業大學教授）取其英文姓名之首的字母，由創造性研究團體「日本獨創性協會」所命名的。KJ法集大成出自《KJ法—渾混談》（川田喜二郎著，中央公論社，1986）一書。

最基本的狹義KJ法的步驟，大略步驟如下：

(1) 製作卡片（Card making）：將所有相關的事實或資訊，一件一張地抄寫下來在卡片或是標籤上，每一張卡片只寫一件事實或資訊。

(2) 分組與命名（Grouping and naming）：將卡片先隨意「洗牌」，全部攤在桌面上，仔細閱讀每一張卡片，把內容相似的卡片放在一起，加以分組，並且為該組進行命名，將組名寫在一張新卡片上，放上該組卡片的最上方。重複進行更高階的分組/命名的過程。

(3) A型圖解化（Chart making）：群組編排直到最後的那些標籤，解開放在大紙張上，空間上平均分配，空間分配完以後，把卡片或標籤貼在紙上，然後在它的上面用線把第二階段以上的群組編排圍起來，加上標題，圈與圈之間的關係以圖式方式說明。

(4) B型敘述化（Explanation）：這步驟就是圖解化後，所了解的事情再作成故事或文章或口頭發表出來。

KJ法簡單地說，就是利用卡片做分類的方法。但是這個方法同時有一個好處，那就是因為採用卡片填寫及輪流說明的方法，KJ法讓每一位參加者都有表達自己想法和觀念的機會，而不是只有勇於發言的少數人貢獻他們的智慧。

　　KJ法的步驟除了以上基本的四步驟外，也進一步發展出八個步驟如下：

　　(1) 決定討論的主題（Determine a Focus Question）

　　(2) 組織討論團體（Organize the Group）

　　(3) 把意見寫在卡片上（Put Opinions or Data onto Sticky Notes）

　　(4) 把卡片貼在牆上（Put Sticky Notes on the Wall）

　　(5) 把相似意見分組（Group Similar Items）

　　(6) 為每一組進行命名（Naming Each Group）

　　(7) 依據組別的重要性進行投票（Voting for the Most Important Groups）

　　(8) 案組別之重要性進行排序（Ranking the Most Important Groups）

　11. 六頂思考帽（Six thinking hats）

　　六頂思考帽係由水平思考大師De Bono所提出，利用此技法可將人類複雜的思考模式予以簡化，藉以選擇不同顏色的思考帽，一次只專心用一種方式進行思考，以提升思考的效率；由於思考帽的多樣性，使思考具選擇性，可隨時變更思維的角度，使人更有效地解決問題。以下是六種思考帽的思考原則與重點：

　　(1) 白色思考帽：客觀地陳述具體事實

　　(2) 紅色思考帽：代表個人的情緒感受

　　(3) 黑色思考帽：以批判的角度檢視事情，提出可改進的方向，想法較為消極否定。

　　(4) 黃色思考帽：以正向樂觀的角度檢視事情，提出積極肯定的建設性想法。

　　(5) 綠色思考帽：代表多元的看法與新創意。

　　(6) 藍色思考帽：整理或歸納思考，對意見進行組織後下決策。

　　六項思考帽的運用方法沒有特定的使用順序，端視思考的主題、個人的思考風格而定。其最大的特色為運用不同顏色的思考模式，進行角色扮演，提供一個正當的管道使我們敢去想、敢去說，而不擔心他人的眼光或是自我的批判。

12. 心智圖法（Mind Mapping）

心智圖法（Mind Mapping）是一種刺激思維及幫助整合思想與訊息的思考方法，也可說是一種觀念圖像化的思考策略（Buzan & Buzan著；羅玲妃譯，1997）。此法主要採用圖誌式的概念，以線條、圖形、符號、顏色、文字、數字等各種方式，將意念和訊息快速地以上述各種方式摘要下來，成為一幅心智圖（Mind Map）。在結構上，心智圖法具備開放性及系統性的特點，讓使用者能自由地激發擴散性思維，發揮聯想力，又能有層次地將各類想法組織起來，以刺激大腦作出各方面的反應，從而得以發揮全腦思考的多元化功能。

第四節　創造能力資優對普通教育的啓示

由上可知，創造思考的教學策略多不勝舉，大體而言，創造思考之教學策略皆是由創造思考的心理策略與技巧衍生而來，因此學校教師應該先讓學生熟悉並應用創造思考的各種心理技巧與策略後，再參考運用可行的創造思考教學模式與策略技法，以達到發展學生創造力潛能的積極目的。

本章首先探討了我國創造力教育的沿革與重要性，進而從創造力的基本概念與理論觀點出發，思考在資優教育中如何進行創造能力資優的課程與教學，本章從教師的創造力討論到創造思考的心理策略與技巧，再從創造思考教學的基本概念到各種理論模式的探討，最後也整理羅列了十二種在進行創造思考教學時可以參考且實用的創造思考策略與技法，可以說是理論與實務的探討都兼具。

其實創造力教育的實施在普通教育也是相當重要的一環，不過由於學校教育要因應課程綱要的各學習領域所安排的教科書內容，較無法系統性進行創造思考教學，相對而言資優教育的授課彈性與空間就大得多，也因為特殊教育法中有述明可針對具有創造能力資優學生施以區域性的資優教育方案，讓創造性思考教學可以有發揮的餘地和空間，在此衷心期盼資優教育在進行創造力的潛能開發的課程與教學的同時，亦能逐漸影響普通教育的課程與教學，使創造思考教學融入於普通教育的各個學習領域和層面

當中，使資優教育能普通化之後，影響普通教育改革與進步，以達到普通教育資優化的理想境地（李偉俊，2001）。

賴翠媛

資賦優異學生思考教學

前言

　　思考是人類智慧的象徵也是進步的原動力，對於資優學生而言更是知識的展現與挑戰，我國特殊教育課程教材教法及評量方式實施辦法第三條（教育部，2011）即明訂「高級中等以下學校實施特殊教育課程，應考量系統性、銜接性與統整性，以團隊合作方式設計因應學生個別差異之適性課程，促進不同能力、不同需求學生有效學習。……資賦優異教育之適性課程，除學生專長領域之加深、加廣或加速學習外，應加強培養批判思考、創造思考、問題解決、獨立研究及領導等能力。」由此可知，我國對於資優學生的潛能啟發著重的是思考與創新，此與De Bono（1983）所言，智力高並不代表具有思考能力，學生必須被教導如何思考的想法十分吻合。

　　Van Tassel-Baska（1998）認為訓練思考能力是資優教育的重要目標之一，因為參與高層次思考活動符合資優學生的學習需求。教育部（2002）指出21世紀是一個以「腦力」決勝負的「知識經濟時代」，不論是創新思考、批判思考或解決問題之能力，皆是未來世界公民的重要基礎能力。在十二年國民教育課程綱要（2013）的實施要點中亦載明「教師……應準備符合學生需求的學習內容，並規劃多元適性之教學活動，提供學生學習、觀察、探索、提問、反思、討論、創作與問題解決的機會。」由以上敘述可知，處在科技爆發的年代，如何培養個人具備創新與批判性思維，面對問題時能正確判斷、分析、歸納，進而找出解決策略，無疑是21世紀的重要決勝關鍵。

　　本章主要說明資優學生的思考教學。首先略述思考的內涵，釐清思考的要素，接著說明創造思考、批判思考與創造性問題解決之理論與內涵，最後舉述思考教學的原則與策略，期能提供資優教育工作者教學之參考與應用。

第一節　思考的本質

一、思考的內涵

張春興（1991）認為思考是憑藉記憶與想像處理抽象事物的推理歷程，在超越現實的情境下，分析條件，從而探究答案，以突破困境的意識歷程。亦即，個體在處理抽象事物的推理歷程中，在跨越現實的情境下應用其現有知識與記憶，分析相關的條件以獲得解決困難的答案。

張玉成（1993）歸納Beyer的思考理論指出，思考乃心智活動，其歷程包括感官介入、知覺和回憶，以及從事構思、推理或判斷等，其意義與決定、回憶、相信、考慮、期盼、預測、想像、發行等用詞相近。在Beyer的理論中，個體的思考涵蓋了各種心智活動，而這些活動會導引個體完成問題解決。思考與個體的心智活動密不可分，此種由形成概念、重組認知、推論結果、選擇決定、到獲得結論等一系列的歷程，乃是個體進行思考的最佳詮釋。

二、思考的類型

Sternberg的思考三元論（Triarchic theory of thinking）中指出，思考應包括：分析性思考、創意性思考與實用性思考，其中分析性思考包含：分析、判斷、評估、比較、對照，以及檢視等能力；創意性思考包含：創新、發現、創造、想像，與假設等能力；實用性思考包含：實踐、使用、運用，以及實現等能力（Sternberg & Swerling, 1996）。

張玉成（1993）將思考分為：認知記憶、分析應用、邏輯推理、想像創造、評鑑批判與內省自明等六種類型，此六種思考模式在個體的生活決策占著極為重要角色，茲略述其心智活動如下：

1. 認知記憶思考：辨別、指認、注意、調焦、好奇、警覺、蒐集所需資料、把握重點、發現問題、解讀資料、描述、記憶、回憶等。

2. 分析應用思考：分門別類、歸納、分析、剖析、比較異同、界定意義、找出關係排序、探究因果、看出架構、辨別全體和部分關係、找

出特質、列舉要項、應用工具、活用舊學、認清觀點立場、分配（時間等）、探究、釐清等。

3. 邏輯推理思考：歸納、總結、摘要、演繹、指出假定、提出假設、概化或類化、統整、組織、推論、推斷、類比譬喻、形成概念、發問、認識型態和系列、預測等。

4. 想像創造思考：想像、創新、找出點子、想出新方案、建構、組織、解決問題、衍生、試問新法、附加新功能、假設想像、視覺想像、發表、發問、設計、聯想、創作、自製、重組、改造等。

5. 評鑑批判思考：評判、審查、說出優劣點、指出歸納之正誤、指出演繹之對錯、找出偏見、看出缺漏、做出決定、選擇、發出疑問、比較好壞、區辨事實和意見、判斷妥適性和關聯性、評鑑、找出情緒用語、判斷資訊的可信度、驗證假設等。

6. 內省自明思考：反省、檢討自己所知、所思、所言、所行之優劣對錯；監控、導正和調整的過程等。

Resnick（1987）、Undall與Daniel（1991）及葉玉珠（2002）等人則將思考區分成基礎層次思考與高層次思考，基礎層次的思考包括：記憶、回憶、基本的理解及觀察技巧，高層次思考則是個體達成做判斷、決策、解決問題、建構及溝通意義的能力和意願的心理過程。

第二節 高層次思考內涵

一、高層次思考定義

Bloom於2001年將認知領域教育目標分類修正為知識向度與認知歷程向度，其中認知歷程向度由原來單一向度的分類表轉化而來，除了另立知識向度，原有類別名稱的名詞特性也轉換成動詞，以強調認知歷程的漸增複雜性階層概念，其目的在促進學生保留和遷移所得的知識，相當符合高層次思考歷程的概念。Resnick（1987）分析認知領域教育目標分類後指出，記憶和瞭解是較低層次的思維技巧，而高層次思考則包括分析、應

用、評鑑、後設認知等。

O'Tuel與Bullard（1993）說明高層次思考的內涵，將之定義為以下內容：

1. 高層次思考是個體心理運作過程用以達成決策、做判斷、解決問題、和建構及溝通意義的能力和意願。

2. 高層次思考涉及許多過程，包含：質問、詮釋、分析、綜合、組織統整訊息、概化和推論、評估和預測結果、創造、評鑑等，且這些過程必須被適當地選擇、結合、與運用。

3. 高層次思考源自於基礎層次的思考。

4. 高層次思考則涉及多重可能答案和參與者的判斷。

Undall與Daniel（1991）認為高層次思考至少應包含：批判思考、創造思考、問題解決等三種思考內涵。葉玉珠（2002）則指出高層次思考應包括：邏輯推論、批判性分析、問題解決及運用創造力提供新的創見等。由此可知，高層次思考的運作過程包含了基礎思考，個體透過訊息的處理、轉換及推論，形成問題解決策略，透過計畫與實踐協助個體解決各項問題。

二、高層次思考的類別

㈠ 創造思考（creative thinking）

Wallas（1926）認為創造思考之運作歷程可分為：準備期、醞釀期、豁朗期與驗證期。Torrance（1969）歸納創造思考為一序列的心理運作過程包括：覺察問題缺陷、知識鴻溝、要素的遺漏等，進而發覺困難，尋求答案，提出假設、驗證及再驗證假設，最後報告結果。張玉成（1983）指出創造思考過程開始於問題覺知，接著是心智活動探索、方案的提出，最終為解決問題與驗證。

Undall與Daniel（1991）強調創造思考乃個體在特定的領域中，製作出一個適當並具有原創性與價值性產品的歷程，該歷程涉及認知、情意及技能的統整與有效應用，也就是說，創意表現是個體的知識與經驗、意向（包含：態度、傾向、動機）、技巧或策略與組織環境互動的結果。陳龍

安（2006）整理Guildford的研究，歸納創造思考包含五種能力的運用，其特質分別說明如下：

1. 敏覺力（sensitivity）：發現缺點、需求、偏失、不和諧、不尋常等的能力。

2. 流暢力（fluency）：產生多量見解或方案的能力。

3. 變通力（flexibility）：改換做事途徑，變更思考方式，不受習慣限制的能力。

4. 獨創力（originality）：產生不尋常、新奇、精美見解或方案，解決問題方法的能力。

5. 精進力（elaboration）：洞燭機先、精益求精的能力。

㈡ 批判思考（critical thinking）

Undall與Daniel（1991）認為批判思考是一種複雜的認知歷程，此歷程涉及思考者的知識、意向與技巧、以及與當下情境的互動。而一位良好的批判思考者除了必須具備足夠的知識、意向及技巧之外，還需要視問題發生的脈絡，建立一套有效及合理的判斷規則與標準，對陳述或問題加以澄清與評估，以做成決策並解決問題。

張玉成（1993）指出批判思考是個體對事物關係和價值從事判斷的歷程，包含：檢視、比較、判斷、歸納等思考過程。Ennis（1987）將批判思考分為五個向度，分別是：

1. 基礎澄清（basic clarification）：能把握問題重點；能分析具有爭議的論點或問題；能提出及回答有助澄清或質疑的問題。

2. 進一步澄清（advanced clarification）：能界定名詞並評估其定義；能確認前提與假設。

3. 基本支持（basic support）：能判斷資料的可信度；能客觀觀察及評估觀察報告的可靠性。

4. 推論（inference）：能演繹推論；能歸納推論；能做價值判斷並加以評估。

5. 策略與技巧（strategies and tactics）：能決定採取行動的時機；能

與他人良好溝通。

(三) 問題解決（problem solving）

　　Undall與Daniel（1991）指出問題解決是指個體為達成某一目標，或對達成目標的途徑有所抉擇時，所產生的一種思考心理歷程，透過認知策略與後設認知策略的綜合運用，配合解決問題的意願與背景知識最終達到問題解決的目的。唐偉成與江新合（1998）強調問題解決應包含聯想及類比、問題表徵與心像思考、解題策略的運用與選擇、後設認知的監控能力和批判思考的培養等五種能力。

　　在問題解決歷程中，從發現問題到尋求適當的解決方式，個體將經歷許多思考過程，包括運用先備知識及技能，組織所獲得的訊息，構想解題策略，選擇適切的方法來解決問題等，而此種歷程無疑是個體智慧與能力的結合。

　　Presseisen（1985）指出批判思考強調慎重分析議題、使用客觀標準、評鑑資料，創造思考強調產生新的及原創的觀點，而問題解決則關乎使用一連串的技巧以解決問題。葉玉珠（2002）整理相關理論將此三種思考內涵進行比較，詳如下表。

表8-1　批判思考、創造思考及問題解決的比較

項目	高層次思考種類		
	批判思考	創造思考	問題解決
面對的工作或問題	瞭解特殊的意義	創造新奇或審美的觀點或產品	解決已知的困難
必要的技巧	關係、轉換、因果關係	品質、關係、轉換	轉換、因果關係
希望的產品	完善的理由、證據、理論	新的意義、令人愉悅的產品	解決方案、概化

資料來源：引自葉玉珠，2002，頁79。

　　葉玉珠（2002）歸納上述三種高層次思考的共同特徵發現，其共同要素為：知識、意向、技巧／能力，所有的思考活動都不是線性或事先安排的，歷程中會涉及多重解決方案的產生、判斷與詮釋、應用多重規準與不

確定性，交織自我調節的思考過程，與在混亂中尋找意義與架構，需要許多努力來維持與提升思考能力。

第三節 高層次思考課程設計與教學內容

一、課程設計原則

由於個體處理高層次思考需應用質問、詮釋、分析、綜合、組織統整訊息、概化和推論、評估和預測結果、創造、評鑑等技巧，因此， Costa（1985）針對思考教學設計提出三個原則，分別是：

1. 為思考而教學：創造能促進思考發展的學校與教室環境。

2. 思考的教學：教導學生思考的技巧和策略。

3. 關於思考的教學：幫助學生覺知自己和他人的思考歷程，以及如何將這些認知歷程運用於日常生活和問題解決的情境中。

Schiever（1991）指出教師設計思考教學必須能讓學生同時兼顧學習課程內容、學習過程及學習策略，因此，課程內容必須是有效與有意義的，並能同時涵蓋深度及廣度，呈現事實的目的應在於說明主要的觀點及幫助學生形成新的概念觀點或內容；課程內容和過程應是可學習的，並可因應學生的經驗、不同學習風格、需求和興趣做適當的調整。

Resnick（1999）認為一個具有活力的思考課程必須具備以下特質：

1. 對於知識的核心有所承諾：安排逐漸深入概念的課程內容，課程與教學必須圍繞著主要概念，教學和評量的焦點必須把放在這些概念上。

2. 對於思考有高度的要求：教學過程中學生必須應用提問題、解決問題、推理、作計畫、解釋觀點、以及使用反省自我的學習策略等。

3. 主動應用知識：學生能綜合歸納不同來源的訊息，應用與討論所學概念，使用先備知識，詮釋情境及建構解決方法。

4. 負責任的談話：學生能對學習同伴、知識、以及所提出的證據與理由負責任。

二、教學內容

葉玉珠（2002）指出高層次思考教學在於協助學生發展的批判思考、創造思考及問題解決等能力，其關鍵在於引發學生思考的「心流（flow）」，這種經驗的產生，除了必須要有一些智能、知識及技巧做為基礎之外，還需要環境提供「適當」的刺激與挑戰，因此，其教學的內容需具備四個必要條件，分別說明如後。

1. 同時強調學業智能與非學業智能的發展：高層次思考教學設計的目的在於激發並支持個別學生的學習活動。Neisser（1979）認為學業智能是一種推理、認知學習、抽象及邏輯數字的概念，通常可從書本或傳授的知識獲得、較強調科學及客觀的思考方式、通常不涉及個人的價值判斷；非學業智能則是適應社會、結交朋友及面對日常生活的能力，此種智能通常由團體生活中學習而得，較強調富創意及有彈性的思考方式，通常容許較多的思考空間及個人主觀價值的判斷，而學業智能與非學業智能都是優良思考者必須具備的。

2. 知識為運用高層次思考能力與強化知識建構的基礎：有創意的人通常具有相當的專業知識及背景知識，知識的建構與運用至少需應用三種記憶能力：感官記憶、短期記憶、長期記憶。

3. 提升高層次思考意向：意向包含：動機、態度、傾向及承諾，具有高層次思考能力的人通常被內在動機所驅使，進而促使他們去發現、質詢、及自我挑戰。

4. 增進高層次思考技巧：高層次思考能力的展現需要具備許多技巧與策略，有助於改善學生的高層次思考技巧的教學過程包括：實施小組討論及合作學習、使用定錨教學、幫助學生建立思考架構發展基模導向策略、提問開放性問題等。

第四節　高層次思考教學模式

一、演繹模式、歸納模式與統合取向教學

O'Tuel與Bullard（1993）指出適合高層次思考教學的模式可分為「演繹模式」和「歸納模式」。Ruggiero（1988）則採用統合取向的教學之觀點，以下分別略述於後。

㈠ 演繹模式

演繹式的教學模式通常起始於學習一個較大的概念，然後將之分為幾個部分，逐步進行教學，也就是從「一般」到「特殊」的教學。 Ausubel（1963）的教學步驟為：

1. 給予前導架構（教師指導空間矩陣、類比等）。
2. 呈現次級的概念及例子。
3. 分析矩陣、類比或概念間的關係。
4. 評鑑。

㈡ 歸納模式

歸納的教學模式是由「特殊」到「一般」，當教學者希望學生經由比較的過程思索次級概念之間的關係，或教學目標是「為思考而教學」時，這種教學方法尤為適合。較常被應用的教學模式為，Taba的教學策略模式及探究模式。

1. Taba（1967）的教學策略模式

Taba指出有效的教學應該發展學生的學習策略，包括發展多元目標的一般策略和達成特定目標的特殊策略，其教學策略如下：

(1) 發展概念：從資料的處理、組織、比較、分類和驗證中逐步形成概念，並經類化而逐漸擴展或澄清。其步驟為：列舉→分類→命名→做成提取圖→推論→比較異同→概化→提出合理支持的論證。

(2) 解釋資料：學生一方面自己處理資料，一方面觀察他人如何處理資料，其步驟為：列舉→推論原因和結果→推論前因和後果→達成結論並

支持論點→類化至其他情境。

　　(3)通則的應用：預測、推論狀況、推論結果和狀況、結論、檢驗通則。

　　(4)衝突分析：應用策略以解釋人類所產生的行為、情感、態度和價值等，其步驟為：列舉→推論理由動機和感受→提出可行方法並加以檢驗→評估→類化。

　　2. 探究模式

　　探究模式著重學生對於問題的瞭解及解決策略的產生，教師在引導學生思考過程中會歷經不同的挑戰（O'Tuel & Bullard, 1993），其教學的步驟為：

　　(1)確認問題。

　　(2)產生假設或發展一研究目標。

　　(3)蒐集資料。

　　(4)詮釋資料對於假設的意義。

　　(5)發展暫時性的結論。

　　(6)證實或重複驗證。

　　(7)概化結果。

㈢ 統合模式

　　統合模式思考教學的特色在於兼顧觀點的產出量和評鑑，給予學生一個有順序可遵循及有一致結構的思考方法（Ruggiero, 1988），統合的思考教學模式包括下列五個步驟：

　　1. 探索：透過問題解決探索爭議性的問題，尋找未達到標準的需求，重視他人具有創見的觀點並思索其啟示為何。

　　2. 表達：在問題解決時，最好的表達是最有創意及建設性點子的產生；在解決爭議性問題時，最好的表達則是能抓住爭議性問題的重點。

　　3. 調查：決定什麼訊息是必須的，什麼訊息有助於解決問題，什麼訊息是相關的，然後設法取得此訊息。

　　4. 產生點子：產生可能的問題解決方案，發揮想像力並能暫緩評鑑

與判斷。

　　5. 評鑑／精緻化：檢驗最佳解決方案，並尋找不完美之處。

二、創造性問題解決模式

　　創造性問題解決法（creative problem solving，簡稱CPS）最早由Parnes於1966年所提出，該模式以線性五階段方式，逐步引導學生進行創造思考以解決問題。而後由Treffinger、Isaksen與Stead-Doval（2005）修訂成為非線性四成分八階段，適合一般開放性問題的通用問題解決模式，特別強調問題解決者在選擇或執行方案之前，應盡可能想出各種多樣的解決方法，其思考歷程如下：

　　㈠ 瞭解挑戰（understanding the challenge）：探索廣泛的目標、機會、挑戰，並澄清、形成、聚集思維以使工作有主要方向。

　　1. 建構機會（constructing opportunities）：定位並找出一個目標、任務或問題。

　　2. 探索資料（exploring data）探索問題或工作的各個面向，並決定焦點所在。

　　3. 架構問題（framing problem）：發展、精鍊、釐清問題的敘述。

　　㈡ 激發點子（generating ideas）：應用擴散性思考找出許多的可能性，與brainstorming不盡相同。

　　4. 激發點子：找出可以解決問題的各種點子。

　　㈢ 為行動準備（preparing for action）：找到方法使有可能性的選項成為可運作的解答，並使之成功的執行。

　　5. 發展解答（developing solution）：發展評價標準以評估各種點子。

　　6. 建立接受度（building acceptance）：發展特定的行動計畫並付諸實行。

　　㈣ 思考方向（planning your approach）：在思維進行中持續追蹤其軌跡，確保方向不致偏離，也可引導個體規格化或個人化自己所應用的CPS。

　　7. 評價工作（appraising task）：可協助個體由人員、資源、方法中

得到最好的，聰明的決定出如何應用方法以提升成功機會。

8. 設計過程（designing process）：協助個體選擇和使用成分、階段或真正需要的工具，以提升工作效率。

三、問題本位學習

問題本位學習（problem based learning，簡稱PBL）是一種將學習者安置於有意義的學習情境裡，以解決擬真情境（authentic context）中的問題為學習主軸，在提供解決問題的必要資源、指引、與探索的機會下，使學習者能在解決問題的過程中主動建構知識與發展問題解決的技能（Mayo, Donnelly, Nash, & Schwartz, 1993）。在PBL的學習情境中，學習通常是以小組討論與分工合作之方式來進行，並嘗試驗證各種問題可能的解決途徑，以避免惰性知識（inert knowledge）的產生。與傳統的講述式教學相比較，PBL較注重高層次的規則歸納與問題解決技能之培養，因此能有效促進學習者有意義的學習，進而獲致更佳的學習效益（Aspy, Aspy, & Quimby, 1993; Bridges & Hallinger, 1991）。

問題本位學習採用Dewey實用主義（pragmatism）的做中學（learning by doing）理論，引用Dewey的問題解決步驟：發現疑難→確認問題→形成假設→推斷→試證，主張教學時應激發學生的潛能，強調以結構模糊之真實性問題作為學習的開始，透過解題來刺激學生的思考，培養學生具實用價值的解題技能與知識。

陳明溥、顏榮泉（2000）指出在PBL的學習情境中，學習通常是以小組討論與分工合作之方式來進行，由學習者嘗試並驗證各種問題可能的解決途徑，以避免惰性知識的產生。PBL的學習歷程如下：

1. 介紹：依學生成績、性別、和學習特質作異質性分組、師生彼此互相介紹、教師介紹課程、目標及分配小組成員間責任。

2. 遭遇問題：教學者將一個定義模糊且能引起興趣與注意的問題呈現給各小組學生，透過情境的安排讓學生思索解決方案。

3. 透過問題進行探究：小組成員透過腦力激盪，界定問題且確認學習目標，發現需進一步探究的學習議題（假說），隨著持續探究的過程

中，發現新事實而修改先前已知的訊息，決定探究過程中所要採取的策略。

4. 自我指引研究：小組成員選定議題後開始蒐集資料，分析整理文獻資料，與其他小組成員分享，教師視情況需要提供引導性的發問或介紹基本資料的分析法。

5. 重新思考原來的學習議題：將個人在自我指引研究所得再應用於原來的問題上，此重複學習法，可驅使學生執行分析資料、自我指引研究知識的再應用，批判先前表現的歷程，有助於學生發展後設認知技能。

6. 決定最合適的解答：學生總結及整合所獲得的訊息，在各種可能的選擇中，依據一些標準或原因，決定一個最合適的答案。

7. 展現結果（解答或成品）：各小組透過口頭報告、書面報告、視聽媒體展現或會議形式展現結果，說明整各執行過程、內容、發現的結果及方法，透過教學者及其他成員的討論、質疑、詢問及建議，幫助學生回顧或擴展其想法。

8. 進行評鑑：含自我評鑑、小組互評和教師評鑑等，以多元評量或檔案評量方式進行。

四、批判思考教學模式

批判思考教學的目的在透過訓練使學生有能力檢驗訊息、定義問題、評定證據與描繪結論，透過智慧的運用為個人信念、價值進行辯護，並能呈現批判爭論，且賞識其他人的觀點（Beyer, 1988）。較常為資優教育所應用的教學模式有三，分別說明於後。

(一) Ennis 的批判思考教學模式

Ennis（2011）指出批判思考教學的目的為：精通批判思考的推論技巧、體認批判思考的價值以及養成樂於批判的態度。在教學設計時應同時重視批判思考的技巧與態度，著重批判思考中判斷的成分，其教學步驟如下：

1. 澄清批判思考的學習價值：教師進行批判思考教學時，宜說明批

判思考之意義與重要性，將有助於引起學生學習動機。

　　2. 診斷學生所欠缺的批判思考行為，據以設計相關課程：以量表測出學生欠缺的能力，再設計相關課程與學習活動。

　　3. 呈現批判思考的層面、概念與教學內容：基礎澄清、進一步澄清、基本支持、推論、策略與技巧等。

　　4. 實施批判思考訓練活動：依據Ennis所創的12種批判思考內涵組織相關批判思考訓練。

　　5. 評量訓練效果：於批判思考訓練活動後，應用評量工具檢核批判思考學習成效，並作為再訓練的參考。

(二) Beyer的思考教學模式

　　Beyer（1987）指出，唯有透過不斷的練習，才能將外在的思考訓練歷程轉化為自主式的引導與訓練，並從而熟練的運用思考技能，在其強調引導與反覆不斷練習的思考教學模式中，確實能協助教師有效針對批判思考進行教學，其教學步驟如下：

　　1. 介紹技能：讓初次接觸新技巧的學生瞭解其運作與應用。

　　2. 引導練習：讓學生反覆練習各項技巧與策略。

　　3. 引發獨立運用：運用課堂討論、辯論、寫作等方式，瞭解學生是否能運用該項思考技巧。

　　4. 轉化與精熟：引導學生熟悉情境與思考技巧應用的對應關係。

　　5. 引導練習：讓學生再次反覆練習各項技巧與策略。

　　6. 自動自發運用：提供足夠的機會讓學生在新的情境中運用所習得的思考技巧。

(三) Paul的批判思考教學模式

　　Paul（1990）認為態度和技能是批判精神（critical spirit）的兩大主軸，批判思考教學應是公正的詮釋、分析與解釋訊息，爭論或經驗一連串反思的態度、技巧與能力，用以引導自我的思考、信念或行動，並由智力的標準、要素與智力的特質形成批判思考教學模式，該模式的教學方式如下：

1. 先瞭解學生的思考層級，再依學生在該層級可能發生的困難予以協助。

2. 利用社會議題為主題，重視提問題的方式，使學生於解決實際問題的情境中練習批判思考。

3. 教師提供開放和諧的討論氣氛，著重批判思考態度及習慣的培養。

參考文獻

一、中文部分

唐偉成、江新合（1998）。以問題解決為導向的教學理念與模式。**科學教育，9，**12-27。

教育部（2002）。**創造力白皮書**。臺北市：教育部。

教育部（2011）。**特殊教育課程教材教法及評量方式實施辦法**。臺北市：教育部。

教育部（2013）。**十二年國民教育課程綱要**。臺北市：教育部。

張玉成（1993）。**思考技巧與教學**。臺北市：心理。

張春興（1991）。**張氏心理學辭典**。臺北市：東華。

陳明溥、顏榮泉（2000）網路化問題導向學習系統建構模式之研究。2015 年 12月03日，取自http://acbe.tku.edu.tw/iccai8/49/49.htm。

陳龍安（2006）。**創造思考教學的理論與實際**（第六版）。臺北市：心理。

葉玉珠（2002）。高層次思考教學設計的要素分析。**國立中山大學通識教育學報創刊號**。

二、英文部分

Aspy, D. N., Aspy, C. B., & Quimby, P. M. (1993). What doctors can teach teachers about problem-based learning. *Educational Leadership*, 50(7), 22-24.

Ausubel, D. (1963). *The psychology of meaningful learning*. New York: Greene & Stratton.

Beyer, B. K. (1988). *Developing a thinking skills.* Boston, MA: Allyn and Bacon.

Bridges, E.M., & Hallinger, P. (1991). *Problem based learning in medical and managerial education.* Paper presented for the Cognition and School Leadership Conference of the National Center for Educational Leadership, Ontario.

Costa, A. L. (Ed.)(1985). *Developing minds: A resource book for teaching thinking.*

Alexandria, VA: Association for Supervision and Curriculum Development.

De Bono, E. (1983). *Lateral thinking: Creativity step by step*. New York: Harper and Row.

Ennis, R.H. (1987). A taxonomy of critical thinking disposition and abilities. In J. Baron, & R. Sternberg (Eds.), *Teaching thinking skills: Theory and practice*. New York: Freemen.

Mayo, P., Donnelly, M.B., Nash, P.P., & Schwartz, R.W. (1993) Student perceptions of tutor effectiveness in problem based surgery clerkship. *Teaching and Learning in Medicine*, 5(4), 227-233.

O'Tuel, F. S., & Bullard, R. K. (1993). *Developing higher order thinking in the content areas K-12*. Pacific Grove, CA: Critical Thinking Press and Software.

Paul, R.W. (1990). *Critical thinking: What every person needs to survive in a rapidly changing world*. Rohnert Park, CA: Sonoma State University.

Pressisen, B. Z. (1985). Thinking skills: Meaning and models. In A. L. Costa (Ed.), *Developing minds: A resource book for teaching thinking* (pp.43-48). Virginia: Association for Supervision and Curriculum Development.

Resnick, L. (1987). *Education and learning to think*. Washington, DC: National Academy Press. (ED 289 832)

Ruggiero, V. R. (1988). *Teaching thinking across the curriculum*. New York: Happer & Row Publishers.

Schiever, S. W. (1991). *A comprehensive approach to teaching thinking*. Boston, MA: Allyn and Bacon.

Sternberg, R. J. (Eds.) (1999). *Handbook of creativity*. NY: Cambridge University.

Sternberg, R. J., & Swerling, L. S. (1996). *Teaching for thinking*. Washington, DC: American Psychological Association.

Taba, H. (1967). *Teachers handbook to elementary social studies*. Reading, MA: Addison-Wesley.

Treffinger, D., Isaksen, S., & Stead-Doval, B. (2005). *Creative problem solving, 4E: An introduction* (4Ed.). Waco, TX: Prufrock Press.

Udall, A. J., & Daniels, J. E. (1991). *Creating the thoughtful classroom*. Tucson, AZ: Zephyr Press.

Van Tassel-Baska, J. (1998). *Gifted and talented learner*. Denver, CO: Love.

胡永崇

第九章

特殊群體的資賦優異學生

依據我國教育部所訂《身心障礙及資賦優異學生鑑定辦法》，具有卓越潛能或傑出表現者，皆屬於資賦優異者。理論上，潛能與表現二者之間，應具有明顯正相關，且具有因果關係。因此，卓越潛能應是反映現在或預測未來的傑出表現之有效指標；而傑出表現者，亦必是具有卓越潛能者。不過，許多學生卻因身心條件限制或社會文化因素，以致雖具有卓越潛能，卻未能反應在傑出表現上；傑出表現者，也可能在潛能測驗難以有符合傑出表現的得分。此外，有些學生也可能潛能與表現二者，皆未能正確反應其應有之能力現況，因而顯得不夠資優而被排除於資優的鑑定之列，且未能接受應有的資優教育。美國IDEIA法案（The Individuals with Disabilities Education Improvement Act, IDEIA）及我國特殊教育相關法規，皆僅分別規範身心障礙與資賦優異，並未特別規範兼具障礙與資優的特殊教育學生，因此，此類學生在鑑定與教育過程中，極易被忽略。

就人力資源與適性教育而言，具有卓越潛能的學生，卻無傑出表現，及具有傑出表現，卻難以通過資優鑑定，或潛能與表現二者，皆因特殊因素而被低估，不但是人力資源的掩沒，也不符適應教育原則。這些身處不利條件的資賦優異學生，通常稱為特殊群體資賦優異學生，有時也被稱為被忽略的資優生（neglected gifted）或隱性資優生（invisible gifted）（Joy & Maria, 2012; Hallahan, Kauffman, & Pullen, 2012）。主要對象包括：身心障礙、低成就、低社經地位與文化殊異、女生等類型的資賦優異學生。本章將說明這些學生的特徵、鑑別、教育輔導等。

第一節　兼具身心障礙的資賦優異學生

具有身心障礙的資賦優異學生（gifted students with disabilities）也常被稱為雙重特殊需求學生（twice/dual-exceptional students）。這些學生兼具身心障礙與資賦優異二項特質，而同時具有雙重的特殊教育需求。不過，此類學生卻也因具有身心障礙特質，而使其資優特質常被忽略或低估，以致未能充分被鑑定及接受適性資優教育。雖然我們也常看見有些身心障礙者，仍展現傑出才華，例如：有肢體障礙的中央研究院院士許倬雲與作家

劉俠、有聽覺障礙的音樂家貝多芬、有視覺障礙的義大利歌手安得烈‧波伽利、有學習障礙的愛因斯坦與新加坡前總理李光耀等等，不過，一般而言，雙重特殊需求學生，其資優特質被障礙抑制或掩蓋的可能性，卻大於獲得應有之重視與啟發。

一、身心障礙資賦優異學生的特質

理論上，任何障礙皆可能出現於資賦優異學生，而資優特質也可能出現於各類身心障礙者（智能障礙者也可能具有一些特殊才能，只是要符合資優之標準其可能性較低），換言之，資賦優異在一般學生的出現率也適用於在身心障礙學生的出現率（Davis, Rimm, & Siegle, 2011）。因此，資優學生在所有身心障礙學生的出現率，有的學者估計3%，有的則估計2-7%（引自鄒小蘭譯，2013）。美國全國教育學會（National Education Association, NEA, 2006）指出，由於雙重特殊需求學生並非美國IDEA法案的明確對象，且此類學生異質性亦高，加上政府缺乏有系統的蒐集此類學生之資料，因此，要正確統計其出現率有相當難度。不過，NEA仍依相關文獻資料，推估雙重特殊需求學生的出現率為6%。雖然雙重特殊需求學生在整體資優學生的出現率應相當於在一般學生的出現率，但此類學生實際接受資優教育的機會卻低於預期的出現率。吳昆壽（1998）曾調查國內雙重特殊需求學生數，即發現在接受調查的774所國民中小學中，只有73個資優障礙生。

兼具資優與障礙的雙重特殊需求學生，在目前教育體制下，可能遭遇以下困難：(1)障礙特質比資優特質更易被察覺、鑑別。除非其資優特質極其明顯，否則被鑑定為資優或鑑定為兼具資優與身障二者身分的可能性較低；(2)資優特質易於被障礙掩蓋而難以展現或被低估。可能因障礙的限制、鑑定過程或鑑定工具的限制，或因動機與自我概念等因素，以致此類學生難以展現其應有之能力，形成潛能與表現之間的明顯落差；(3)障礙的需求未被察覺及未獲處遇。有些雙重特殊需求學生，可能以其資優特質而克服若干障礙情況，而使其障礙較不明確（例如：資優的學習障礙學生，基本學業技能可能未見明顯缺陷），以致其障礙方面的需求未能得到

適當介入服務；(4)年級愈高，其資優特質被鑑別的可能性愈低。當資優特質長期未獲重視，學習及評量持續未獲適當調整，學生也一直未接受適性教育，加上年級愈高，各項作業或任務的難度愈高，資優生顯得愈來愈平庸的可能性也愈高；(5)接受障礙教育方案的比例多於接受資優方案。由於身心障礙教育方案的普及性大於資優教育方案，且此類學生可能因身心條件限制難以在鑑定過程中展現其傑出的潛能或表現，因而常以障礙教育作為此類學生的優先教育計畫或唯一的教育計畫；(6)障礙或缺陷的補救，多於優異特質的啟發。一般而言，多數此類學生之障礙特質，比資優特質更為明顯，或更是家長及教師困擾的來源，因此，其所接受的教育亦著重於缺陷的補救，而非優勢能力的發揮或精進；(7)障礙與資優二項特質相互抑制，而使其在障礙與資優二方面，皆不甚明顯、不夠特殊，以致未接受障礙或資優方面的特殊教育，學生的障礙與資優二方面之需求也未能獲得適當介入輔導，形成資優與障礙的雙隱現象（invisible gifted, invisible handicaps）（Silverman, 1989）；(8)易因課程缺乏挑戰性，或因障礙條件的限制阻礙其傑出表現，而使其顯得動機不足，甚至常受到不積極、不用功、懶散等負面批評。此類學生若接受障礙的教育方案或僅安置普通班，課程對其而言，並無挑戰性，甚至可能導致其對這些課程內容的厭煩與排斥。有些學生則可能因伴的隨障礙妨礙其學習而顯得沮喪、挫折。例如：注意力缺陷限制了其對課程內容的思考，或閱讀困難限制了其對課程的進階學習。

　　Nielsen及Higgens（2005）曾將資優與挑戰並列，描述雙重特殊需求學生的特質（如表9-1）。就這些特質而言，雙重特殊需求學生，一方面具有資優的特質，例如：非學業領域的才能、詞彙能力、掌握主要原則、洞察力、高層思考、創造力、好奇心、想像力、幽默感、設定有利情境等；另一方面卻也具有相對應的問題，例如：課業學習困難、對學業學習失去動機、以不當行為掩蓋低自尊、長短期記憶困難、固執不變通、動作困難、學習技巧不佳、難作因果關係思考、衝動、分心、社會技巧不佳等。如果這些缺陷特質未獲適當介入輔導，則不但可能阻礙其資優特質的發展，長期以往亦將使其表現愈來愈顯平庸。Nielsen及Higgens（2005）

甚至以「颱風眼」（the eye of the storm）來形容此類學生同時承受二項極端身心特質的困境與衝突。學生的才華在障礙的暴風雨環伺下，雖暫時保有颱風眼般的寧靜，但卻也衝不出暴風圈，且隨時都可能被暴風圈破壞。

表9-1　雙重特殊需求學生的特質

資優方面	挑戰方面
具有與學校課程不相關的才能或興趣	學校課程遭受很大挫折
語彙能力很強	學業技能有缺陷或發展不平均，以致對學校課業失去進取心或逃避學習
對大方向感興趣，對細節則不關心	以哭泣、胡鬧、生氣、退縮、冷淡、拒絕回答等不當行為掩蓋其低自尊
對複雜的問題和主題，具有敏銳的洞察力	具有長期和短期記憶的困難
常提出優異的高層次概念與意見	固執、不會變通
工作時具有高度創造力，有時也會應用技巧彌補其缺陷	粗大動作與精細動作困難，手腳不靈巧，書寫能力不佳，完成紙筆作業有問題
抱持強烈好奇心	缺乏組織與學習技巧
不平凡的想像力	難以作系列的線性思考，以致無法瞭解因果關係或事情發展脈絡
高度幽默感，有時會顯得有些怪異	高度衝動性
能設定對自己有利的情境，以彌補其缺陷	極易分心
常有獨立思考與判斷能力	社會技巧不佳，有時也會表現出反社會行為

　　美國全國教育學會（NEA）（2006）針對兼具學習障礙與資賦優異的雙重特殊需求學生，也提出此類學生的以下特質：(1)認知歷程的問題造成基本學科學習的困難；(2)口語能力佳，但書寫能力或閱讀能力低；(3)觀察力佳，記憶力低；(4)真實問題解決、批判思考、決策等能力佳；(5)注意力缺陷，但對有興趣的主題卻能作長時間的專注；(6)對他人常有強烈的質疑態度；(7)不尋常的想像力；(8)不願對學業學習冒險，非學業學習卻願冒險且不顧後果；(9)以不成熟的方法，像哭泣、生氣、退縮等表達其困難或感受；(10)常需給予支持，顯得依賴、固執難變通；(11)對自己的障礙很敏感；(12)不被同儕接納，顯得孤立；(13)具有領導能力，但

障礙也可能阻礙其展現領導能力；(14)興趣廣泛。

　　一般而言，雙重特殊需求學生，具有其所屬資優類別學生的相關特質，也具有其所屬身心障礙類別的相關特質，不過，其障礙特質卻常阻礙資優特質的發揮，而使此類學生的傑出表現受到限制，潛能難以展現，且易使其感受沮喪、挫折、自尊心低，甚至懷疑自己能力。就障礙特質對資優學生的影響程度而言，兼具感官或肢體障礙（視障、聽障、肢障）的資優生，其障礙對資優特質的抑制較低，且通常其障礙特質、資優特質與雙重特殊需求較易被察覺；兼具認知或情緒障礙（學習障礙、自閉症、注意力缺陷過動症、情緒行為障礙）的資優生，其障礙特質對資優特質的衝擊或抑制較大，但卻常因障礙與資優的相互抑制，使其障礙特質、資優特質與雙重特殊需求被察覺的可能性降低。

　　雖然雙重特殊需求學生可能具有一些共同的特質，不過，資優學生具有相當的異質性，身心障礙學生異質性更大，二者兼具可以想見其異質性與二類特質組合的複雜性。因此，要歸納出各雙重特殊需求學生的共同特質，是不可能的。教育人員對此類學生的教育輔導，仍需注意個別學生的特殊身心特質。

二、雙重特殊需求學生的鑑別

　　雙重特殊需求學生常因兼具障礙特質，而使其資優特質難以表現，以致受到障礙類別鑑別的可能性大於資優鑑別；有些學生，則以其資優特質補償其障礙，而使其因障礙衍生的需求受到忽略。此類學生的鑑別需注意以下原則：

㈠ 相關人員需對此類學生具有警覺

　　如果學生本人、同儕、家長、教師、評量人員等，對雙重特殊需求學生缺乏認識，則易忽略此類學生的資優特質或障礙特質，因此，不會轉介此類學生接受鑑定，或即使加以推薦，最後也難以通過鑑定，因而使其失去接受資優或障礙之適性教育機會。為促使學生本人及相關人員對雙重特殊需求有充分瞭解，可以辦理相關研習、提供檢核表、學生本人諮商等措

施，加強此類學生被轉介或提名的可能性。此外，從事資優鑑定時，對於可能有障礙特質的學生，也可提供障礙特質的檢核表或障礙特質敘述，讓學生本人、家長、同儕、教師等填寫，以顯示學生的障礙特質與需求；從事障礙鑑定時，對於可能有資優特質的學生，可以提供資優特質檢核表或資優特質敘述供填寫，以顯示學生的資優特質與需求。此外，有雙重特殊需求疑義的學生，鑑定時也需同時加入資優與障礙之專業委員，以免僅針對資優或障礙加以鑑別，而忽略同時考量該生的雙重特殊需求。

㈡ 鑑定方式的調整

我國《特殊教育法》第41條規定：身心障礙及社經文化地位不利之資賦優異學生，應加強鑑定與輔導，並視需要調整評量工具及程序。《特殊教育法施行細則》第31條亦規定：對於身心障礙之資賦優異學生或社經文化地位不利之資賦優異學生需加強輔導，應依其身心狀況，保持最大彈性，予以特殊設計及支援，並得跨校實施。

雙重特殊需求學生異於單純的資優或身障，因此，有必要在鑑定內容、鑑定過程、鑑定標準等作適性之調整與保留彈性。鑑定內容調整方面，例如：針對視覺或聽覺障礙學生，如果進行魏氏智力測驗（WISC-IV），則可以考量其感官之障礙，改採較不受視覺影響的語文理解指數智商，或較不受聽覺影響的知覺推理指數智商。此外，選擇測驗工具也需避開學生的弱勢；對學習障礙學生，則可以忽略較易受學習障礙特質影響的工作記憶、處理速度等二個指數智商。一般而言，雙重特殊需求學生在標準化測驗中，其個別內差異可能比一般資優學生更為明顯，若只看全量表而未考量內在差異，極易低估學生的能力。在鑑定過程的調整方面，則需因應學生的需求調整鑑定方法，例如：視障、聽障、肢障等學生，或學習障礙、注意力缺陷過動症、情緒障礙等學生，在測驗內容呈現、作答反應方式、測驗時間調適、測驗情境等，皆可加以調整，以符合學生需求。例如：對視障學生採點字或試題報讀或提供必要視覺輔具，對書寫障礙學生採口述答案，對注意力缺陷過動症學生施測，需注意學生是否處於專注條件或是否處於服藥狀況等等。測驗過程亦需採用個別施測方式，在不影響

測驗效度的原則下，尚需隨時給予適度提醒與指導，避免使用團體施測方式，以免低估此類學生的測驗表現；在鑑定標準方面，則可綜合考量學生的資優及障礙特質，且因應評量過程可能的高估或低估，調整鑑定標準。例如：針對兼具自閉症的音樂資優學生，只考量術科測驗表現，對紙筆測驗形式的樂理測驗，則刪除或降低其在甄試成績的比例。為避免此類學生接受標準化測驗可能的低估，鑑定時，也需著重於其實作成就或檔案評量的應用，由學生以往的實際表現評估其資優特質。

雖然多數雙重特殊需求學生接受標準化測驗，其真實能力可能被低估，不過，也有一些此類學生其潛能或資優特質卻需等到接受標準化測驗後，才受到較為正式之發掘與確認。例如：有些學習障礙、注意力缺陷過動症或自閉症學生，由於學科學習與行為的問題，其在班級中的學習表現並未表現傑出，加上可能具有動機問題與較明顯的行為問題，因此，一直被視為只是普通學生，甚至被認為是學習及行為問題的學生，其優異的潛能也一直未被發掘。

㈢ **說明學生之需求與服務**

依教育部所訂《身心障礙與資賦優異學生鑑定辦法》第22條之規定，各類身心障礙學生之教育需求評估，應包括：健康狀況、感官功能、知覺動作、生活自理、認知、溝通、情緒、社會行為、學科領域學習等。各類資賦優異學生之教育需求評估，應包括：健康狀況、認知、溝通、情緒、社會行為、學科領域學習、特殊才能、創造力等。各項教育需求評估，應依學生之需求選擇必要之評估項目，並於評估報告中註明優弱勢能力，所需之教育安置、評量、環境調整及轉銜輔導等建議。

依此規定，若「鑑輔會」鑑定雙重特殊需求學生時，若能夠指出此一學生在資優與障礙二方面的需求，並提出教育介入措施的建議，則應更有助於此類學生在學校中接受符合其需求的特殊教育服務。

三、雙重特殊需求學生的教育輔導

雙重特殊需求學生一旦接受鑑定，確定其資優的身分後，其接受適性

教育的權利即可獲得保障。此類學生之教育輔導，宜注意以下原則。

(一) 加強相關人員對雙重特殊需求學生的認識

　　加強學生本人、同儕、家長、教師等相關人員對雙重特殊需求學生的認識，確認此類學生資優與障礙二方面的特質與需求，不但有助於此類學生受到鑑別，保障其接受特殊教育的權益，且有助於提供其適性教育介入。許多學者皆指出，此類學生通常只接受普通班的教育，或只接受身心障礙的缺陷特質之補救，而較少接受資優的教育方案（吳昆壽，2008；盧台華，1996；Davis, Rimm, & Siegle, 2011; NEA, 2006）。因此，教育行政與學校行政單位，可經由研習、研討等方式，加強相關人員對此類學生的認識。

(二) 宜接受資優教育方案，而非身心障礙教育方案

　　雖然雙重特殊需求學生，同時兼具資優與障礙，但此類學生應接受資優教育的安置，以充分發展其潛能。雖然教育方案需同時重視其障礙特質的因應，但教育的重點仍應在於優勢能力的發展，而非僅是缺陷的補救。如果因其符合身心障礙的鑑定基準而安置於身心障礙的班別或方案，將使其教育內容偏重障礙特質的補救，而非資優特質的發展。

(三) 資優特質發揮與障礙特質的因應二者需加以整合

　　雙重特殊需求學生的教育輔導重點應在於資優特質的發展，因此，除專長領域之加深、加廣或加速學習，及批判思考、高層思考、創造思考、問題解決、獨立研究及領導等能力等，皆需列為課程之重點。藝術才能優異學生，則需發展與精進其藝術才華。不同類型的雙重特殊需求學生，需提供多元才華教育方案，依學生個別優弱勢，發展其優勢才華；不過，從事資優課程的教學過程，亦需同時整合與因應其障礙所衍生的需求。依不同學生的個別需求，包括：缺陷學業技能的介入、生活適應、自我效能、社會技巧、情緒管理、學習策略、職業與生涯、輔助科技應用、動作機能訓練、溝通訓練、定向行動及點字等特殊教育課程，及評量調整等相關支持服務，也需納入整體特殊教育方案之中。

㈣ 整合個別化教育計畫與個別輔導計畫

我國《特殊教育法》規定,身心障礙學生,學校需為其訂定個別化教育計畫,資賦優異學生,則學校需為其訂定個別輔導計畫。這二項計畫都是目前我國具有法定地位,且保障學生接受適性教育權益的重要文件,因此,也是落實此類學生個別化教育最重要的教育措施。由於雙重特殊需求學生兼具二項特殊教育學生身分,因此,學校需訂定此二項計畫,並應加以整合。一般而言,個別化教育計畫較重視身障特質的因應,個別輔導計畫較重視資優特質的因應。二項計畫加以整合,則有利於學生接受符合其雙重特殊需求的教育。

㈤ 諮商、諮詢與合作教學

雙重特殊需求學生往往因障礙特質,抑制其潛能的發展,也可能因其完美主義、高自我期許,卻受限於障礙條件而使其易有沮喪、自我概念低、動機低等問題,或以不適當的行為掩飾其缺陷(例如:逃避、退縮等等)。經由諮商有助於學生重新認識自己、接納自己,重建自己較為正向的自我概念、自我期望與自處態度,且發展出克服或補償自己缺陷的方法。家長與教師在對學生的教學輔導過程,也需經由諮詢,瞭解此類學生的需求與教育方法。此外,由於其教育涉及資優與身障,因此,學校在訂定教育方案及教師在從事教學輔導過程,也需資優與身障二類特殊教育教師共同合作,才能同時滿足學生的雙重特殊需求。

第二節 低成就的資優生

由於個人、家庭、學校等因素的交互作用,各種不同潛能的多數學生皆可能有不同程度的低成就現象,低成就也是普遍存在的現象。一般而言,低成就(成就低於潛能)案例遠多於高成就(成就高於潛能)。所謂低成就(underachievement)意指學生的實際表現明顯低於其潛能。低成就與成就低下(low achievement)二者雖皆有成就較低的問題,但低成就代表其表現明顯低於潛能,對於潛能較高的學生而言,即使其表現與一

般學生相當或甚至尚優於一般學生，但只要表現明顯低於潛能，仍屬低成
就。因此，亦有學者估計，若以智力與學習表現的差距為鑑別方法，則至
少50%的資優生屬於低成就者（Karaduman, 2013）；成就低下則通常代表
學習表現低下，且其學習表現與潛能之間的差距不大，換言之，成就低下
的原因可能亦受限於較低的潛能。

　　卓越潛能與傑出表現，皆屬資優生。理論上，卓越潛能者亦具有傑
出表現，而傑出表現者潛能亦佳，不過，實際上卻有不少資優生其表現明
顯低於潛能。如果學生具有卓越潛能，但卻持續缺乏傑出表現，則其是否
仍屬資優即常有爭議。Hallahan、Kauffman與Pullen（2012）即認為，資優
是指其表現（performance），而非其人（person）。Davis、Rimm與Siegle
（2011）則指出，低成就資優生是社會上極大的資源損失，當然這些學生
也是社會的極大潛在資源。他們並引用相關數據指出，約有一半的資優生
其學校表現並未達到其能力水準。

　　低成就的資優生可能包括：學習障礙或其他雙重特殊需求學生、低
社經地位與文化殊異學生等，不過，本節的重點在於探討單純之低成就學
生，其他二類學生由另節說明。

一、低成就資優生的特質

　　低成就資優生本身是個異質團體，因此，要確定各低成就資優生共
同的特質並不容易，不過，為使教育人員對此類學生有進一步認識，學者
仍歸納此類學生可能具有的一些較具共通性的特質。蔡典謨（1999）認為
低成就資優生具有社會發展不成熟、較多情緒問題、較多反社會行為、及
較低的社會自我概念等特質。Davis、Rimm與Siegle（2011）也指出，低
成就的資優生具有幾項人格特徵：低自尊、缺乏自我效能的感受、逃避
任務以避免失敗、反抗權威、因完美主義而不敢冒險或挑戰。Karaduman
（2013）由傑出表現者的特徵，反推低成就者的特徵為：缺乏目標導向、
消極思考、缺乏自信、缺乏變通、缺乏自我規範、無尊榮感、學習不夠精
進、不願冒險等。林建平（2010）則由綜合性觀點，認為低成就的資優生
具有以下三方面的特質：(1)認知方面：學習習慣不佳、缺乏認知及後設

認知的學習策略、知覺異常、不專注等；(2)情感方面：低自尊、低自我概念、缺乏自我價值、習得的無助感、對學習自暴自棄、缺乏學習目標及價值、學習焦慮等；(3)行為方面：自我防衛、逃避學習、被動學習、無學習動力、無法完成課業、反抗權威、過動行為、行為退縮、違紀行為、逃課翹家、交友不當、親子衝突、親師衝突等。

二、導致資優生低成就的原因

低成就資優生是異質團體，因此，不同個案其導致低成就的原因即可能不同，我們不太可能在二個不同的資優生身上，找到完全相同的低成就原因。當我們探討資優生低成就的原因時，仍需依個別學生的情況作較深入之瞭解。不過，多數低成就資優生，造成其低成就的原因不外個人因素、家庭因素、學校因素等三項及其交互作用（葉俐君，2008；Davis, Rimm, & Siegle, 2011; Pagnani, 2008）：(1)個人因素方面，可能包括以下原因：心理健康問題、情緒困擾、行為問題、自我概念低、缺乏明確的學習目標與目標導向行為、完美主義而致逃避失敗與不願接受挑戰、憂鬱、外控特質、缺乏內化的學習動機、不當的學習成敗歸因、缺乏學習策略與後設認知能力、注意力問題；(2)家庭因素方面，包括以下可能的原因：父母期望不適當或不明確、家庭環境缺乏組織、缺乏父母的支持或情感上的鼓勵、父母教育態度不一致、父母缺乏適當規範、父母管教或約束過多、缺乏認同的楷模；(3)學校因素方面，可能包括以下原因：長期缺課、缺乏加速或有挑戰性的課程以致對學習產生厭倦、課程與其興趣或需求不合、教師的教學風格與其學習風格不符、缺乏符合其興趣的課外學習機會、課程缺乏彈性、班級氣氛過度競爭、同儕排斥其成就、人際關係不佳、教師對其態度或期望不適當、對教師或學校產生負向或挑戰性與排斥的態度、學習環境不佳等。

在眾多導致資優生低成就的因素中，哪些因素可能扮演較關鍵性之角色。Gagne（1995）指出，在才能發展過程中，動機對於才能的啟發、自我引導與維持扮演關鍵性角色。Gallagher（2005）認為缺乏較為明確的學習目標，是造成資優生學習動機低下以致產生低成就的主因。葉

俐君（2008）引述相關研究指出，動機、自我調節、目標價值等三項因素，可分辨高、低成就資優生高達81%的機率。Abu-Hamour與Al-Hmouz（2013）的研究顯示，數學科較語文科，資優生較易表現出低成就現象。動機、自我調適、對學校與教師的態度等三者，皆能有效區辨高低成就的資優學生，不過，動機因素對高低成就學生的區辨力最佳，且內控動機相較於外控動機，更是其中區辨性最強的因素。Siegle與Mccoach（2005）則認為內在價值信念（intrinsic value）是影響動機的最主要因素，學生對學習任務產生學習興趣及發現學習的價值，才會產生內化的學習動機（intrinsic motivation）。

三、低成就資優生的鑑別

考量學生是否為低成就的資優生，亦需考量學生之低成就是長期的或暫時性的、是全面性領域或特定性領域、是其優勢潛能的領域或非其優勢潛能的領域、是學生有動機的領域與無動機的領域、是成就明顯低下（low achievement）或只是潛能與成就之間的明顯差距（underachievement）。如果就嚴重程度而言，愈是長期的低成就、普遍性領域的低成就、有優勢潛能的領域仍表現低下、有學習動機的領域仍表現低下、困難領域不僅與潛能有差距且表現低下，則其嚴重程度愈大。

低成就資優生的鑑別，則需注意以下原則：

㈠ 選擇適當的鑑別方式

所謂低成就，其概念定義是指學習表現明顯低於潛能，或實際表現低於依潛能所預期應有的學習表現。不過，操作性定義如何具體界定卻有不同做法。一般而言，檢驗潛能與表現之間的落差有三種做法：(1)實得與預測之差距分析：此一方法即假定潛能測驗與成就測驗二者之間具有明顯正相關，由潛能測驗得分可以有效預測成就測驗得分。因此，若事先求得對篩選對象具有代表性之常模受試樣本在此二項測驗的相關係數，即可採用估計標準誤方式篩選低成就學生。將依潛能測驗預測該生應有之預測成就測驗得分，減去其在成就測驗之實際得分。若實際得分低於預測得分

若干個估計標準誤以上，即為低成就學生。例如：實際得分低於預測得分1.5個估計標準誤以上者，即符合篩選標準。此一方法需事先取得各年級的代表性常模樣本以求得相關係數，不過，潛能測驗與成就測驗之間的相關性，常模樣本通常高於資優生（例如：智商達120以上者，智商與成就之間的相關性即可能降低），因此，可能導致潛能測驗愈高者，愈易獲得低成就之鑑別；(2)固定差距分析：此一方法即先將潛能分數與成就分數轉化為同一種常模分數（百分等級或標準分數），再訂出二項測驗的轉化分數之固定差距，作為低成就的篩選依據。例如：訂出智力測驗與成就測驗T分數差距達15分（1.5個標準差）以上者為低成就。此一方法具有簡單易行的優點，但智力較高者，即使其學習表現尚佳，亦可能因潛能與成就的差距而符合篩選標準，導致智力愈高者愈容易符合篩選標準，智力較低者則其成就低下現象較易被忽略。此外，符合篩選標準者其成就表現仍可能有明顯差異；(3)固定切截分析：此一方法即先訂出潛能優異的切截點與成就低下的切截點，凡符合此二項切截點者即達篩選標準。例如：訂出離差智商130或122.5（高於平均數正二個或正1.5個標準差）以上為資優之切截點，且訂出成就表現離差商數85以下者（低於平均數負一個標準差）為低成就，凡符合此二項切截點者即達資優低成就之篩選標準。此一方法簡單易行，可篩選出所有潛能測驗達一定資優程度以上的學生，但在成就測驗卻低於某一低成就之篩選標準者。固定切截分析法是資優低成就的相關研究中，最常採用的篩選方法。

　　雖然低成就資優生的主要鑑別方法有上述三種，但這三種方法隨研究者之不同，其所設定的篩選標準仍可能不同，例如：智商需達何種程度才符合資優的標準、成就需達何種低下程度才符合低下的標準、潛能與成就的差距需達何種程度才符合明顯差距的標準等，各研究可能皆有不同的設定標準。

㈡ 選擇適當的鑑別測驗

　　不同的低成就資優生鑑別方法，皆需使用測驗工具。選擇鑑別測驗需注意以下原則：(1)測驗工具需具有信效度，尤其是對資優生的信效度；

(2)潛能測驗需能有效預測成就。如果潛能測驗與成就表現缺乏明顯正相關，則以潛能測驗預測成就表現即易產生誤差。例如：智力測驗方面，非語文智力測驗對學業表現的預測力可能低於語文智力測驗；(3)潛能與表現之間需具有因果關係。例如：一般智能優異學生，若學業表現低下，屬於低成就，若藝術才能方面表現低成就，則不屬於低成就。同樣的，語文性向資優的學生，若數理方面表現較低，也不屬於資優低成就；(4)學業表現應符合資優生之課程內容，強調高層次思考之測驗內容，而非記憶與理解之學習內容。例如：語文測驗即需重視推理、整合詮釋或批判思考之測驗內容，數學測驗需重視解題能力而非計算能力；(5)各種資優類別皆可能有低成就學生，例如：音樂、美術、舞蹈等藝術才能，也有低成就學生，也需發展及選擇適當之藝術性向與藝術表現之評量工具或評量方式。

(三)彈性調適鑑別方式

　　低成就的資優生隨年級升高，其成就落後的情況也可能加大，且學生在遭遇長期挫折之後，其學習動機也可能愈低。若能及早鑑別且提供適當介入，則較可有效預防其落後程度加劇。不過，低年級學生因課程內容較簡單、較基礎，且內容較少、練習較多，通常其潛能與表現之間，較不易出現明顯落差，而低年級學生即使落差程度不如高年級，但其嚴重程度卻可能甚於高年級，因此，對於低年級學生的低成就篩選，其篩選標準可以放寬，即差距程度較高年級略小者，亦可符合篩選標準。此外，低成就的資優生隨年級升高，動機亦可能遞減，因此，較高年級的學生若接受資優之鑑定，也可能導致潛能測驗與成就測驗，皆因作答動機降低而使其測驗表現同時被低估，以致難以通過資優之鑑定。對動機低下的學生實施資優低成就篩選，也需考量智商低估的誤差，適當調降智商之標準。

　　有些低成就的資優生，由於成就表現較低，若資優鑑定將成就表現列為必要條件，則低成就學生即可能被排除於鑑定之列。我國教育部所訂「身心障礙及資賦優異學生鑑定辦法」對資優生之鑑定，將卓越潛能與傑出表現二者，皆同時列為資賦優異學生，不過，縣市鑑輔會若只針對傑出表現進行評估，或要求卓越潛能與傑出表現需二者皆備，則低成就資優生

將較難通過鑑定。

㈣ 加強相關人員對低成就資優生之認識

學生、家長、教師等，若對資優低成就具有充分認識，則學生自己在學習過程，即較易察覺自己的資優特質與學習問題而尋求協助、要求鑑別；家長亦較可能判斷其子女是否具有資優特質與低成就現象，而及早尋求教育系統之協助與要求鑑別；教師也可能較易發現學生的資優與低成就現象，而採取適當介入措施，並在輔導難有成效時會尋求特教之轉介鑑別。

低成就的資優生，可能因情緒人格問題、行為問題、動機問題、課程參與問題、學習表現低下問題，而被教師視為一般學生或甚至有問題的學生，而非資優學生。事實上，低成就的資優生雖然學習表現較低，但仍具有資優的特質，只要教師注意觀察應可察覺而加以轉介鑑別。例如：學生可能具有以下特質：記憶力佳、學習速度快、不愛記憶背誦或單調的作業、常識豐富、語言能力強、具批判性、組織能力強、邏輯分析能力強、具創造力或常有新穎獨特想法、常反應學習內容太過簡單等。

四、低成就資優生的教育輔導

Davis、Rimm與Siegle（2011）認為低成就並非天生的，是後天習得的，是家庭、學校或文化所教出來的，因此，也可藉後天的介入加以改變。資優生若學習表現低下或與其潛能出現明顯落差，不但不符適性教育原則，也不利於學生的才能發展與國家人才培育。低成就資優生的教育輔導需學生個人、學校、家庭等三方面之綜合介入，不易有單一的方法。輔導介入也需找出導致學生低成就的原因，針對其問題給予個別化之輔導措施。以下說明低成就資優生教育輔導的一般原則。

㈠ 加強相關人員對低成就資優生的瞭解與輔導知能

如前述，家長及教師若對低成就資優生缺乏正確認識，則此類學生常是家長或教師心目中的問題學生而非資優生；反之，對此類學生的特質瞭解，則易察覺學生的問題，及接納學生，並較可能給予必要之輔導介入，

及進一步尋求諮詢合作。

資優生低成就的原因常與家庭氣氛與父母管教方式有關，父母若能提供民主、尊重、支持、接納的家庭氣氛，及給予孩子適當的價值觀、認同、期望、行為規範等，則有助於預防或改善低成就的問題。

教師方面，若能避免過度競爭、過度重視考試成績、強調外在動機、缺乏彈性等，及給予學習方式與內容的選擇自由、賦予適當期望、改善師生關係等，亦皆有利於低成就資優生之輔導。

學生本人若對自身的低成就與資優特質有所瞭解，亦較能澄清自己的問題，較有利於自我瞭解、自我接納，及自我調適。如果自己難以克服問題，也較會尋求諮商與協助。

㈡ 提供資優課程與安置

學習內容不符學生能力，缺乏挑戰性，及教學方式過於重視記憶與理解的較低認知層次，忽略創造、批判、高層次思考、獨立研究、自主學習的教學，也可能使得資優生對課程缺少興趣而厭倦。因此，提供資優課程與資優安置（例如：巡迴輔導、資源班、資優班等），皆有助於避免資優生產生低成就的現象。

㈢ 學習與情意的輔導

有些資優生可能因缺乏有效的學習策略，而難有傑出的學習表現，此類學生即需給予學習策略之指導，例如：閱讀理解策略、解題策略、考試策略、後設認知與自我監控策略等。有些學生則需給予認知信念與情意之輔導，例如：學習成敗的歸因再訓練，指導學生將成敗歸因於學習策略應用與努力，但避免將失敗歸因於能力不足；競爭與壓力的自我調適指導，以避免學生為恐懼失敗或競爭而選擇逃避，或為免同儕壓力而不敢表現傑出。此外，給予自主管理、人際技巧指導，也有助於學生建立適當的學習與生活習慣，做好時間管理，及建立良好的同儕關係。

㈣ 發展學生優勢能力與生涯輔導

資優生可能同時有其優勢與弱勢，並非全能，若能依其優勢能力與

興趣發展，則有助於引發其學習動機而願意投注心力。此外，提供良師典範及協助學生設定生涯目標，使其學習目標更為明確，亦可改善低成就現象。當然在協助學生設定生涯目標時，也需尊重學生的優勢能力與興趣，避免強加社會價值觀或強迫學生選擇非其意願之生涯目標。

第三節 低社經地位與文化殊異的資賦優異學生

我國在族群與文化的差異上，雖不如美國明顯，但社經地位低的資優生，及少數文化殊異的資優生，其接受資優鑑定與教育方案的機會仍不如一般學生。社經地位較低的學生，可能來自貧窮家長、偏鄉地區的家庭；文化殊異的學生，則可能包括近年增加的外籍配偶之子女，尤其是長期居住於母親出生國，入學時再返國的兒童，及原住民族學生。此外，也可能包括少數的外國人之子女。

一、低社經地位與文化殊異的資賦優異學生之現況

Davis、Rimm與Siegle（2011）綜合相關資料指出：(1)美國教育部於1993年的統計，通過鑑定的資優學生中，47%來自家庭收入前25%的家庭，只有9%的資優生來自家庭收入後25%的家庭；(2)低收入家庭的學生，比較傾向接受補救教學，而非進入大學的預修課程。28%低社經地位家庭的學生進入大學預修課程，卻有49%的中社經地位家庭的學生及65%的高社經地位家庭的學生，進入大學預修課程；(3)低社經地位家庭的學生，入學時常有認知技能不足的現象，且其就讀的學校亦較屬經費預算不足的學校；(4)就高等教育而言，獲得科學方面的博士學位，美國非洲裔與西班牙裔的比例，皆明顯低於白種人；(5)少數族群的資優生，估計約有30-70%，未能接受資優教育方案。

林淑娟（1999）研究國中一般智能優異學生的領導才能，在其150個資優學生的研究樣本中，低社經地位學生有21人（占14%），中社經地位學生有52人（占34.67%），高社經地位學生占77人（51.33%）。社經地位愈低的學生，占其資優樣本的比例愈低；廖永堃（2002）以臺灣地區國

小、國中、高中等三個教育階段的原住民族學生為調查對象，發現原住民族學生占各類資優班別學生的人數比例，分別為體育班占6.98%，舞蹈班占1.02%，音樂班占0.88%，美術班占0.36%，一般能力資優占0.10%，數理資優占0.06%。可見原住民族學生占各類資優生的比例除體育類較高外，其他各類的比例皆低，尤其是一般能力資優、數學資優的比例更低。黃昭綾（2008）以臺中市國小低年級學生為研究對象，發現弱勢家庭學生與非弱勢家庭學生，在非語文智力方面，幾乎沒有差異，但在學業成績方面，則弱勢家庭學生的平均表現，明顯低於非弱勢家庭的學生。黃隆興（2005）比較國小一般智能優異學生與普通學生的家庭背景，發現普通生的雙親學歷多為「高中職」、「國中或以下」，而資優生的雙親學歷則以「專科」、「大學」及「研究所」居多。此外，普通生的雙親工作以從事「體力工」與「技術工作員」為主，而資優生的雙親職業則以「助理專業人員」與「專業人員」占較大比例。可見家庭背景因素也可能是資優學生出現率的重要相關因素。黃彥融、盧台華（2012）以臺灣北部三縣市就讀國小各類資優班的新住民學生為調查對象，則發現在學習、同儕互動、師生關係、行為規範、自我概念等學校適應的各層面之問卷得分，新住民學生皆明顯低於非新住民學生。可見新住民學生即使就讀資優教育方案，但其學校適應仍較一般學生困難。

　　社經地位不利的學生，教育行政單位、學校行政單位、教師、家長等，通常較關注其基本學業技能是否落後，是否需接受補救教學，較少關注此類學生是否資優，有否接受適性之資優教育方案。我國教育部歷年來，針對偏鄉、弱勢學生、原住民族學生，所積極推動的也幾乎都是學科的補救教學計畫，例如：教育優先區計畫、縮短城鄉學習落差計畫、攜手計畫—課後扶助方案、國民小學及國民中學補救教學實施方案等。就國民教育的強迫教育與義務教育之精神而言，不讓包括弱勢家庭的學生在內之任何學生學習落後，固然是教育行政單位的重要責任，但就特殊教育的適性教育觀點而言，如何讓具有卓越潛能的弱勢家庭或文化殊異家庭的學生，受到鑑別並且接受適性之資優教育，也是教育行政單位的責任。

二、低社經地位與文化殊異的資賦優異學生的鑑別

低社經地位與文化殊異的學生，接受資優教育方案的人數少，固然與出現率較低有關，但鑑別過程的問題，也可能是導致出現率更低的因素。以下說明此類學生的鑑別原則。

㈠加強相關人員對此類學生的認識

一般而言，除非實施全面性篩選，否則鑑定過程通常皆需經由轉介。因此，普通班教師及家長即經常扮演轉介的重要角色。不過，如果普通班教師或家長，具有以下迷思，則他們轉介此類學生接受資優鑑定的可能性即降低：社經地位低的學生，不可能出現資優生；此類學生最重要的是補救教學，而非資優方案；班級功課與作業表現並未特別傑出，不可能會是資優生；學習謀職技藝的重要性，高於升學及進階學術；大都為藝術或體育方面的資優，學術性向或一般智能優異的可能性低。

為促使學生本人、家長、教師等，對此類學生所具有的資優特質及鑑別有較正確的認識，教育行政單位可辦理相關研習，提供相關檢核表或觀察量表，作為教師及家長推薦學生接受資優鑑定之參考。

㈡鑑定過程的調整

鑑定過程是否產生文化、社經地位或語言的歧視作用，一直是此類學生鑑定最受重視的主題。此類學生接受標準化測驗，通常表現較低，但此一較低的測驗表現，也可能導因於測驗內容與過程的歧視性。因此，鑑定工具、鑑定過程、鑑定標準，皆有必要作適度調整。鑑定工具的調整方面，選擇符合學生文化與語言的測驗工具，是非常重要的考量因素。一般而言，語文屬性的測驗、強調速度的測驗，對於此類學生較不利；非語文屬性的測驗、較無時間限制的測驗，則較不致產生歧視作用；鑑定過程的調整方面，實施個別施測，隨時給予必要的協助與作答指導，及增加例題的題數與指導，且在正式施測前確定學生已能充分瞭解作答方法，並注意學生母語與施測語言不同的因應。為確保學生具有接受測驗的必備技能，施測前最好先指導學生接受測驗的策略（例如：仔細讀題、分配時間、答

案檢核、答案推測、題型熟識等）；鑑定標準的調整方面，可以考量測驗內容對此類學生的適當性，而調整鑑定標準。例如：綜合智力測驗，偏重採計較無歧視性的非語文分量表。音樂資優鑑定時，若考量文化或語言差異，可偏重採計術科實作成績，降低樂理或音樂性等紙筆測驗；若學生無充分之術科學習經驗，則偏重採計音樂性向測驗或教師觀察評定。

㈢ 以動態評量為鑑定方式

　　標準化測驗對社經地位低或文化殊異學生可能較為不利，因此，採用動態評量也是避免低估此類學生的鑑定方式。如果學生先前未接受與測驗內容相關的教學經驗，則測驗即難以測出其應有的潛力。例如：學生因社經地位不利或居住偏鄉等因素，以致學科教學產生落差，缺乏常識、語彙等教學，則接受學業成就測驗或智力測驗，皆可能難以測驗其應有的能力。事實上，雖然智力測驗的本質應在於測量學生的先天潛能，但實際上，智力測驗測得的，多半仍是後天學習結果或經驗，而非單純的先天潛能。

　　在接受標準化測驗的經驗或策略方面，此類學生也較缺乏應有的測驗先備技能。郭靜姿、張蘭畹、王曼娜及盧冠每（2000）即指出，原住民族學生接受測驗，常有以下現象：(1)害怕難題，對自己的能力沒有信心；(2)不耐煩；(3)在有時限要求的測驗中，容易緊張；(4)對指導語的要求不明瞭；(5)對測驗內容無法完全理解，缺乏相關概念；(6)識字能力不足；(7)忽略題目的敘述，缺乏讀題的技巧；(8)直覺與反應衝動；(9)口語能力表達不佳等。於是他們設計動態評量，對原住民學生實施瞭解題意、熟悉作答方式、學習解題技巧等教學，並比較教學前與教學後的學生測驗表現，結果發現在18位受試學生中，進步幅度達0.5-1.0個標準差者有三人，介於1.1-1.5個標準差者有九人，介於1.6-2.0個標準差者有五人，介於2.1-2.5個標準差者有二人。在教學介入後，原住民學生智商達到120以上者在18位的受試中有八位。這八位學生原來在標準化前測中僅有一位智力達到資優鑑定的標準。可見這種經由適當介入後再進行測驗的動態評量方式，較能正確評估此類學生的潛能，不致低估其測驗表現。

㈣ 兼採實作評量與檔案評量

此類學生接受標準化測驗，通常較易低估測驗表現，因此，若能兼採實作評量與檔案評量，則較不致低估學生的潛能或成就表現。例如：可參考學生對實際問題的解決表現、實際文章的閱讀理解與內容批判、藝術領域的實作表現，或由其平日的學習表現及教師的觀察描述等，評估其應有之潛能或表現。

三、低社經地位與文化殊異的資賦優異學生之教育輔導

低社經地位與文化殊異的資賦優異學生，除加強鑑定以保障這些符合資優鑑定標準的學生接受適性教育的權益外，在教育輔導方面亦需注意資優教育的原則，且需再配合以下措施：

㈠ 加強相關人員對此類學生的認識

社經地位不利的學生，可能對自己期望較低，甚至不相信自己擁有資優特質，家長也可能忙於工作生計無暇瞭解子女的潛能。教育人員則可能對此類學生存有一些刻板印象，例如：大都功課表現不佳，多數需接受補救教學；家庭貧困，繼續升學較困難；可能有才藝，但缺少學術的優異表現等。加強相關人員對此類學生的認識，除有助於其受到資優鑑定的轉介推薦，亦有助於其接受符合潛能的適性教育。

㈡ 加強親職教育與家庭支持

低社經地位家庭與文化殊異家庭，可能具有與主流文化不同的文化傳統、價值觀與子女教養態度。文化本身只是差異而非優劣，但如果學生原生家庭的文化、價值觀與教養態度對學生的潛能發展不利，則教師仍需與家長懇談。例如：有些家庭或其文化，較傾向子女及早就業或謀取實用性求職技能，對升學高等教育或追求學術卓越，則較具貶抑態度。因此，即使學生具有學術潛能或其他非有利於立即就業的才能，家長對於這些能力的發展仍持保留態度。有些低社經地位家庭，則教養態度上較傾向壓抑、權威或限制，而非開放、民主、接納、理解的方式。不適合的教養態度對資優學生的潛能啟發與人格發展，皆將造成負面效應。

此外，來自貧困家長也可能因家庭支持系統不足或迫於家庭經濟狀況，而無法讓學生參與潛能發展的方案，例如：參加學校進階課程、參加才能啟發的營隊或計畫等。學校若能提供家庭適當支持，則有利於來自貧困家庭學生參與資優的相關計畫。

㈢ 發展學生之優勢能力

社經地位或不同文化的學生，固然不應因文化因素而限制其各項可能的傑出領域發展，但不同族群的學生亦可能有不同的優勢能力，因此，如果能夠依其優勢能力發展，則應更有助於學生潛能的發揮。例如：臺灣地區原住民族學生，一般而言，在音樂、舞蹈、體育等方面，常具有較為優異之表現。

㈣ 及早進行篩選

隨年級增加，社經地位不利學生與一般學生之間的差距可能加大，可能更顯得平凡或不夠傑出，因此，如果能在學前或較低年級即進行篩選，再提供充實方案，則這些學生即較能保持其潛出應有之表現。

㈤ 發展偏鄉地區資優方案

都會地區的資優學生人數較多，資源較為豐富，因此，幾乎多數資優方案皆設立於都會地區，偏鄉地區的資優學生接受資優教育的機會即受到限制。偏鄉地區同校資優生人數較少，學校常難以單獨成立資源班，因此，為解決偏鄉地區資優學生接受資優教育的問題，教育行政單位可以考慮設立可同時服務數所學校學生的巡迴輔導資優方案，或跨區域的資優資源班與資優方案，也可辦理寒暑假資優相關營隊，使偏鄉的學生亦能接受適性資優教育方案。此外，偏鄉的學生家庭支持功能通常較弱，因此，偏鄉學校的資優教育，也應給予更為充實的師資及設備。

第四節 女性資賦優異學生

隨著時代進步，女性的社會地位也不斷提高，男女之間的社會地位差異也逐漸縮小，但不可否認即使今日，社會對男女的期望仍有若干差異，

女性所面臨的角色期望仍可能對其學習與生涯抉擇造成壓力與衝突，甚至因而抑制其傑出之表現，而使她們寧可表現較為平常，亦不願出類拔萃。就資優女性而言，社會一方面期望其有傑出表現，另一方面又希望其符合社會對傳統女性溫柔婉約的女性化期望；資優女性本身，一方面希望在學術或專業上有傑出表現，另一方面又希望能扮演家庭照顧者及賢妻良母的角色，因此，也常造成女性資優者的衝突，此類衝突，隨年紀增加，也可能加劇。資優類別方面，女生也傾向選擇語文、藝術等資優領域，男生則較多選擇數理領域。

一、女性資優者性別失衡情況

依內政部（2015）的統計，我國103年度15歲以上人口，男性占49.56%，女性占50.44%，具有博士學位者，男性占73.86%，女性占26.14%；具有碩士學位者，男性占61.94%，女性占38.06%；具有學士學位者，男性占48.74%，女性占51.26%。可見就具有大學學歷者而言，男女之間差異不大，甚至女性比例略高於男性，但具有碩士學位者，男女之間的差距拉大，具有博士學位者，男女之間的差距更大。

另依主計處（2015）的統計，我國民國95年10月，女性每月平均薪資為男性的80.03%，104年10月，女性每月平均薪資為男性的84.36%，十年來男女薪資雖差距縮小，但女性平均薪資仍低於男性。

教育人員與博士生的性別比例方面，依教育部（2015a）對103學年度各級學校教育人員的性別比例統計（表9-2），隨教育階段升高，女性教育人員所占比例降低。就大專院校各專業領域的教師性別比例而言，自然科學、工程與科技、農業科學等領域，男教師比例明顯高於女教師。在教授此一職級上，男教師之比例都高於男女教師之性別比例。顯示大專的女教師即使進入大專院校任教，其升為教授此一大專院校教師最高職級的比例，仍低於全體教師中的女性比例。在博士班學生的性別比例方面，男生比例都高於女生，在工程科技與自然科學等二個領域，男生高於女生的比例更為明顯。

表9-2　103學年度各級學校教育人員與博士生性別百分比（%）

教師	幼兒園	國小	國中	高中職	大專
男老師	1.31	29.50	31.41	42.13	64.79
女老師	98.69	70.50	68.59	57.87	35.21

校長	國小	國中	高中職	大專
男校長	70.23	65.58	80.52	94.34
女校長	29.77	34.42	19.48	5.66

大專教師	總計	自然科學	工程科技	醫學科學	農業科學	社會科學	人文
男老師	64.79	77.54	90.98	47.20	74.71	60.76	51.31
女老師	35.21	22.46	9.02	52.80	25.29	39.24	48.69
男教授	79.87	82.85	94.95	70.63	81.22	71.38	60.71
女教授	20.13	17.15	5.05	29.38	18.78	28.17	39.29
男博士生	68.88	73.16	87.18	55.22	63.40	57.15	50.18
女博士生	31.12	26.84	12.82	44.78	36.60	42.85	49.82

　　資優學生男女性別方面，依教育部（2015b）特殊教育通報網103學年度的資優類別性別比例統計資料（表9-3），可以發現國小與國中，一般智能與學術性向的資賦優異學生，男生的比例高於全國所有學生的男生比例；藝術才能優異學生方面，則各教育階段女生的比例皆明顯高於男生，顯示女生選擇往藝術才能發展也許較符合家長及其個人之期望，而男生作此選擇，則與家長及其個人之期望較不符合。

表9-3　103學年度各教育階段不同資優類別的性別百分比（%）

階段	國小				國中				高中職			
類別	全國	一般	學術*	藝才	全國	一般	學術	藝才	全國	一般	學術	藝才
男	52.35	58.76	52.73	22.91	52.22	55.23	59.42	29.19	53.68	0.00	52.37	24.51
女	47.65	41.24	47.27	77.09	47.78	44.77	40.58	70.81	46.32	0.00	47.63	75.49

註：*學術資優，國小階段全國只有55人。

在不同學科領域的資優類別之性別比例方面，由臺北市資優教育資源中心（2015）所列臺北市辦理資優教育的國小、國中與高中，各類別隨機各抽取男女合校的一校其最新學年度之學生資料為例，以瞭解不同學習領域或類別資優生的男女比例概況（表9-4）。由表9-4資料可知，國小一般資優，男生比例略高於女生；國中與高中，語文類資優生，都是女生多於男生，但數理類資優生，則男生多於女生，且數理類男女比例之差距大於語文類之差距。就男女比例差異情況而言，也許女生選擇語文類資優較符合社會及其個人期望，選擇數理類資優，則可能面臨壓力；同樣的，男生選擇數理類資優，可能較符合社會期望，但選擇語文類資優，也可能面臨較大壓力。

表9-4　臺北市部分國小、國中與高中各類資優生男女百分比

類別	國小一般	國中英文	國中國文	國中數理	高中英文	高中語文	高中數理	高中數學
男	51.67	37.93	46.15	65.85	38.75	32.94	78.41	79.31
女	48.33	62.07	53.85	34.15	61.28	67.06	21.59	20.69

二、女性資優者所面臨的衝突

雖然隨著民主化與性別平等的漸受重視，對男女之間的角色期望差異與性別刻板印象愈來愈淡化，但即使今日，資優女性在資優與女性的雙重標籤下，仍可能具有若干社會期望的壓力與角色的衝突。綜合而言，女性資優者可能面臨以下之社會期望壓力與角色衝突（于曉平，2007；于曉平、林幸台，2010；杜宜展，2007；盧台華，1996；Davis, Rimm, & Siegle, 2011）：

㈠ 性別角色的刻板印象

傳統的性別角色重視男女之間不同的角色特質，男性應具有男性特質或男孩樣（boy code），男性特質可包括以下：目標導向的、富邏輯理性分析的、主動攻擊的、勇於冒險的、獨立進取的、堅毅不屈的、勇於負責

承擔的、追求自身卓越表現的、追求事業顛峰的；女性應具有女性特質或女孩樣（girl code）（Pollock, 1998），女性特質可包括以下：重感情的、情感豐富的、溫柔富同情心的、依賴順從與善良的、安於現狀的、被動與委婉的、善於照顧他人的、給人關心與溫暖的、不求表現的、犧牲自己成就他人的、不超越男性的。

　　資優女生具有卓越潛能或傑出表現，在追求卓越表現的過程中，常需發揮進取、競爭、堅毅、自信、獨立、理性分析等傾向男性特質的歷程，此時女性即易產生角色衝突。如果要像個女生、有女人樣，則需抑制個人成就；如果要表現傑出，則需突破傳統的女人角色，與男性相互競爭。適應良好的女性，可以性別「中性化」或選擇「做自己」，並追求卓越；反之，則可能符應傳統女性角色，而使成就低於其潛能所應有之表現。

㈡ 學術與生涯抉擇的問題

　　社會期望的女性學術傾向於文學、藝術、社會科學等較屬於感性的領域，男性則傾向於數理、工程等較屬於理性的領域，因此，女性資優者在選擇學術領域時，即需面臨依自己興趣與優勢能力選擇學術領域，或依社會期望選擇生涯領域之衝突。如果選擇數理、工程，則與社會期望不符，且需進入傳統上屬於男性的學術領域，並需與男性競爭。女生若能突破傳統文化對學術領域的性別期待，則有利於發揮其優勢能力，並可能表現傑出；若不願違背社會期待，則將選擇社會科學、人文、藝術等學術領域，並因而難以發揮其在數理、工程之潛能。就我國目前各類資優學生性別比例而言，女生在語文、社會科學、藝術等領域的比例高於男生，而數理資優，則男生人數明顯多於女生。

　　在生涯選擇方面，傳統上女性屬於家庭，「女主內」的角色賦予女性照顧家庭的責任，且女性的傳統角色是溫柔順服的，而非主動進取與爭取傑出表現的，因此，女性面臨生涯抉擇時，常面臨角色衝突。究竟需追求事業上的卓越，與男性競爭，或選擇回歸家庭，放棄追求事業之傑出表現，並接受男性領導。突破傳統的性別生涯角色者，即可能在事業上獲得傑出表現；反之，則事業成就將低於潛能。

三、資優女性的鑑別

　　資優女性受傳統刻板印象、社會期望與家庭教養態度之影響，在資優鑑別上常易被忽略。Hallahan、Kauffman及Pullen（2012）即認為女生是資優鑑定中最易受到忽略的族群。資優女性之鑑別需注意以下原則。

(一) 加強相關人員對資優與資優教育之認識

　　資優女性在鑑別上最大的問題，並非女性資優者人數比例低，而是女性資優者在數理、工程、自然科學等學術領域上的人數比例太低。因此，有必要加強學生本人、家長及教師對資優特質與資優教育的認識。學生本人若對自己的資優傾向與資優教育有正確認識，則較可能主動突破傳統性別刻板印象，爭取接受資優鑑別與接受資優教育；家長及教師亦需消除傳統性別的刻板印象，不再將女性的學術選擇設定於藝術與人文。當察覺女學生具有數理、工程等方面的特質時，亦應主動鼓勵學生接受此一學術領域之鑑別與資優教育。

(二) 採用動態評量

　　動態評量重視以教學後之進步幅度決定學生的潛能高低，教學後相較於教學前，進步幅度愈大者，代表潛能愈佳；反之，即代表潛能較低。鑑別女性資優若採用傳統的標準化測驗（例如：數學性向測驗或數理成就測驗），即可能因女性缺少與男性接受同樣的數理教學機會而不利於測驗表現。若能採用動態評量，由學生教學後之進步情形判斷其潛能，即較可避免此一學習經驗不足的問題。

(三) 及早鑑別

　　就發展心理而言，年紀愈小者能力分化愈不明顯，因此，有些研究即發現在幼兒園、國小、國中等教育階段，男女生在語文與數理方面的差異並不明顯（王文伶，2006；沈苔蓉，2012；侯雅齡，2013；鄒小蘭、王琡芬，2014）。此外，隨著成長，學生也愈來愈能感受社會的性別角色期待，也愈可能陷於角色壓力與衝突。若能及早鑑定，一方面可強化資優生數理、語文、藝術等各方面的可能優勢能力，另一方面亦有利於避開因

社會文化所形成的女性資優生在數理領域的成就抑制現象。就表9-4資料而言，到國中、高中階段，數理類資優生，即出現男生明顯多於女生的現象，且高中階段此種差距更為明顯。因此，若能在國小階段（例如：小學三年級）即加以鑑別，則應更有利於降低資優生的性別比例，未來在學術領域的差異性。

四、資優女性的教育輔導

雖然有些研究（郭靜姿等，2012）指出，男女資優生在大腦結構上的差異，不過，一般仍傾向認為男女之間的差異，主要應為後天的教育環境所致，而非先天的大腦結構差異（蔡麗玲，1999a，1999b）。即使經由測量，發現男女大腦檢測結果之若干差異，也難排除此一差異來自長期後天教養環境不同所致的可能。因此，經由後天教養態度與教養環境之調整，應可有效降低男女資優生在不同學習領域的性別比例差異，及降低資優女性所面臨的生涯抉擇與發展之壓力。資優女性之教育輔導需注意以下原則。

㈠ 加強相關人員對資優的認識

傳統的性別刻板印象，家長與老師較不相信女生會是資優生，女生自己也較可能忽視自己的卓越潛能或傑出表現。因此，加強學生本身、家長及教師，對各類資優生特質的認識，應有助於增進女性被推薦與接受包括數理資優在內的各類資優鑑定的機會。當家長或教師發現學生具有豐富詞彙能力、優異空間思考與邏輯推理能力、或優秀的藝術敏感性時，即可警覺學生是資優之可能性，學生之潛在能力即較不致被忽略。此外，家長及教師若對資優學生特質與資優教育具有較充分認識，也較能接納資優女性，及提供其必要的情緒支持與友善學習環境，並較能提供符合其潛能的教學內容，及尋求資優教育教師之諮詢合作。

㈡ 加強性別平等教育

我國《性別平等教育法》強調性別地位之實質平等，重視多元性別差異與消除性別歧視。因此，近年來在政府及社會各界不斷努力下，男女性

別的刻板印象及固有的社會期望確實不斷降低，不過，傳統文化仍有許多的性別刻板印象，不管男生或女生皆易被賦予「男孩樣」或「女孩樣」，男生若表現積極進取、獨立思考與富批判精神、且不斷追求卓越，則符合社會文化期望；但女生若表現相同特質，則易被視為沒女孩樣，沒女孩所應有的溫柔婉約與端莊矜持，有時也可能被譏為「男人婆」而倍感困擾。

加強學生、同儕、家長、教師等相關人員的性別平等意識，應有助於降低社會上對性別的刻板印象，且有助女性資優者在追求卓越表現的過程，較不致面臨太多社會文化的角色期望壓力與衝突。

性別平等教育的重點應在於提供性別的友善環境，消除社會上的角色刻板印象及對性別發展的無形障礙。因此，教育過程需協助學生化解角色刻板印象，但亦需重視學生優弱勢能力，尊重學生對性別角色、學習領域與生涯領域的自由抉擇。換言之，女孩應有女孩樣、女孩需有男孩樣或男女孩皆需中性化等，皆仍難脫性別角色的刻板印象。教育人員在協助學生釐清與解決角色刻板印象後，只要學生的選擇是出於自由意志，而非屈服於社會文化壓力，則其所作的角色選擇即應受到尊重。教育人員不宜又強加男女資優者應有的角色期望於學生。

㈢ 女性資優者的諮商

除教育人員及教育環境對資優女性更友善以降低其所面臨的角色壓力與衝突外，經由諮商也有助於解決資優女性的困擾。諮商輔導的重點為認識自己的優弱勢、肯定與接納自己的資優特質、提升學習領域的自我效能與自我概念、性別角色刻板印象的瞭解與突破、學習領域與生涯領域選擇的衝突與解決等。

諮商的主旨在於協助學生瞭解與接納自己、分析問題本質、討論壓力解決的可能途徑、協助學生負起解決問題的態度與責任等，而非代為決定或僅是問題解決方法的提供。諮商過程需協助學生認識與接納自己，且具有面對壓力與衝突的主動負責態度，亦需尊重學生所作的選擇。

㈣ 角色楷模與良師典範

即使女性資優者可能面臨生涯發展上的限制，但事實上，各行各業也

有許多傑出的女性，例如：科學家、企業家、政治家等。因此，透過角色楷模及良師典範制的實施，對資優女性的生涯抉擇應有助益。于曉平、林幸台（2010）的研究即發現，角色楷模課程有助於提升數理資優女生的性別角色、生涯自我效能與生涯發展之意識。

從事角色楷模或良師典範時，亦需注意避免陷入另一角色刻板印象。例如：只提供女科學家、女企業家、女政治家等傳統上傾向男人主導的領域之角色楷模，而抑制或否定在語文、社會科學、藝術等領域上有傑出表現的女性之角色楷模。

此外，就表9-2我國的大學教師性別資料而言，大學的自然科學、工程科技、農業科學等領域，女教師比例明顯偏低，也可能不利於女性資優大學生的角色楷模學習。因此，大學辦理資優生之特殊教育方案時，最好也能考量女教師比例偏低的學門，資優女生在同性別角色楷模或良師典範上的需求。

㈤ 加強親職教育

年齡較大的資優生，對其學習領域與生涯領域，可能具有較多獨立選擇的機會與自我決定的權力，但年齡愈小的女性資優生，其資優領域的發展，受家長影響的可能性即愈大。如果家長仍保有傳統性別角色的刻板印象，或持有傳統職業貴賤的思維，則可能會強迫資優生選擇符合家長角色期望的學習領域及生涯領域，因而限制了資優女性的發展，甚至造成資優女性的壓力與衝突。例如：在學習領域方面，有些家長認為女生應朝藝術領域或語文領域發展，有些家長認為男女皆應朝自然科學或工程科技領域發展，因而常會否定學生的資優領域選擇，強使學生接受其安排，造成資優生在學習及生涯發展上的壓力與困擾。

親職教育的重點，一方面協助家長認識其子之資優特質、優弱勢能力、興趣，另一方面亦需消除家長對性別角色的刻板印象，及促使家長尊重資優生所作的學習與生涯之抉擇。

五、資優男性的教育輔導

　　一般論及資優生鑑別與教育輔導的性別問題，通常都只針對女性資優生，較忽略男性資優生（Greene, 2012; Thomas, 2012）。雖然女性資優者面對的角色衝突可能大於男性，但男性所面臨的問題仍不可忽視。我們的社會對女性與男性都有角色的刻板印象與期望。社會文化期待男性或男孩就該有男人樣或男孩樣，因此，當一個男學生其優勢能力或興趣在藝術領域（尤其是舞蹈）或人文社會領域時，就會與「男理工、女人文」的家長與社會期待不符，因而即易面臨選擇上的壓力與衝突。即使男生作了藝術或人文等學習及生涯領域的選擇，進入資優教育方案及職涯後，又需面對方案內或職涯領域內，多數同儕皆為女性的社交問題。此外，就表9-2而言，我國幼兒園、國小、國中等教育階段，女教師比例明顯高於男教師，或許對資優男生的角色認同也會產生一些問題。

　　因此，在我們重視女性資優者的學習與適應問題時，亦不可忽視男性資優者同樣亦有其特殊的問題。本節所述對女性資優者的各項輔導措施，只要性別角色互調，也同時適用於男性資優者。

參考文獻

一、中文部分

于曉平（2007）。**高中數理資優女生性別角色、生涯自我效能與生涯發展之關聯及角色楷模課程實驗之影響研究**（未出版之博士論文）。國立臺灣師範大學，臺北市。

于曉平、林幸台（2010）。角色楷模課程對高中數理資優女生性別角色、生涯自我效能與生涯發展影響之研究。**教育科學研究期刊，55**(1)，27-61。

王文伶（2006）。資優兒童的空間、語文、和數量推理能力之性別差異：一個試驗研究。人文與社會學報，**1**(9)，221-236。

內政部（2015）。**性別統計指標**。檢索自http://www.moi.gov.tw/stat/gender.aspx。

主計處（2015）。**性別統計**。檢索自http://www.stat.gov.tw/np.asp?ctNode=6133&mp=4。

沈苔蓉（2012）。**國小一般智能資優學生認知能力組型之研究**（未出版之碩士論文）。國立高雄師範大學，高雄市。

杜宜展（2007）。大學生性別角色刻板印象之研究。**實踐博雅學報，8**，111-148。

吳昆壽（1998）。資優殘障學生教育現況與問題調查研究。臺南市：國立臺南師範學院。

吳昆壽（2008）。資優障礙學生介入服務模式初探。**中華民國特殊教育學會年刊**（271-284頁）。臺北市：中華民國特殊教育學會。

林淑娟（1999）。國中一般智能資優學生領導才能之研究—以彰化縣為例。**網路社會學通訊期刊**，1999年11月15日。檢索自http://www.nhu.edu.tw/～society/e-j/82/82-09.htm。

林建平（2010）。低成就學童的心理特徵與原因之探討。**國教新知**，**57**(1)，43-51。

侯雅齡（2013）。資優生科學自我概念與科學成就之縱貫研究。**教育科學研究期刊**，**58**(2)，57-90。

郭靜姿、林慶波、張馨仁、周坤賢、曾琦芬、張玉佩、林燁虹（2012）。高中數理能力優異班學生與普通班學生大腦結構及性別差異之研究。**教育科學研究期刊**，**57**(2)，25-64。

教育部（2015a）。教育統計處性別統計專區。檢索自http://depart.moe.edu.tw/ED4500/。

教育部（2015b）。**特殊教育通報網**。檢索自https://www.set.edu.tw/。

黃彥融、盧台華（2012）。新移民子女資優生學校適應問題之研究——以北部三縣市為例。**特殊教育學報**，**35**，47-78。

黃隆興（2005）。**國民小學資優生與普通生家庭社經背景、社會資本及文化資本之比較研究**（未出版之碩士論文）。國立花蓮教育大學，花蓮縣。

葉俐君（2008）。扭轉資優低成就的因素與方案。**國小特殊教育**，**46**，110-118。

鄒小蘭譯（2013）。**特殊族群資優教育**。臺北市：華騰。

鄒小蘭、王琡棻（2014）。國小一般智能資賦優異學生鑑定資料分析與探究。**特殊教育學報**，**39**，81-110。

廖永堃（2002）。**原住民學生多元才能探尋模式之研究**（未出版之博士論文）。國立臺灣師範大學，臺北市。

臺北市資優教育資源中心（2015）。**資優班學校一覽表**。檢索自http://trcgt.ck.tp.edu.tw/cir_practice.aspx。

蔡典謨（1999）。低成就資優生的家庭影響。**資優教育季刊**，**72**，1-9。

蔡麗玲（1998a）。從性別平等教育觀點看「男女大不同」的謬誤與危機。**性別平等教育季刊**，**42**，20-27。

蔡麗玲（1998b）。「男女大不同」是科學抑或信仰？性別平等教育季刊，**42**，33-47。

盧台華（1996）。特殊族群資優教育。**教育資料集刊**，**21**，265-282。

二、英文部分

Abu-Hamour, B., & Al-Hmouz, H. (2013). A study of gifted high, moderate, and low achievement in their personal characteristics and attitudes toward school and teachers. *International Journal of Special Education, 28*(3), 5-15.

Davis, G. A., Rimm, S. B., & Siegle, D. (2011). *Education of the gifted and talented*. Boston: Pearson Education.

Gagne, F. (1995). From giftedness to talent: A developmental model and its impact on the language of the field. *Roeper Review, 18*, 103-111.

Gallagher, J. J. (2005). The role of race in gifted education: According to Jim Gallagher. *Roeper Review, 27*(3), 135-138.

Greene, B. M. (2012). Talk is cheap: Exploring alternative strategies for counseling gifted adolescent males. *Gifted Child Today, 35*(3), 209-214.

Hallahan, D. P., Kauffman, J. M., & Pullen, P. C. (2012). *Exceptional learners: An introduction to special education*. Boston: Allyn and Bacon.

Joy, E. J., & Maria, A. (2012). The "Invisible" gifted and talented bilingual students: A current report on enrollment in GT programs. *Journal for the Education of the Gifted, 35*(1), 35-47.

Karaduman, B. (2013). Underachievement in gifted students. *International Journal on New Trends in Education and their Implications, 4*(4), 165-172.

National Education Association (2006). *The twice-exceptional dilemma*. Retrieved from www.nea.org.

Nielsen, M. E., & Higgens, L.D. (2005). The eye of the storm: Services and programs for twice-exceptional learners. *Teaching Exceptional Children, 38*(1), 8-15.

Pagnani, A. R. (2008, September). *Gifted underachievement: Root causes and reversal strategies*. A practical handbook for guidance counselors and teachers. The Summer Institute for the Gifted Newsletter. 12/27/2015 Retrieved from http://www.giftedstudy.org/newsletter/pdf/underachievement_handbook.pdf

Pollock, W. (1998). *Real boys: Rescuing our sons from the myths of boyhood*. New York: Holt.

Siegle, D., & Mccoach, D. B. (2005). Making a difference: Motivating gifted students who are not achieving. *Teaching Exceptional Children, 38*(1), 22-27.

Silverman, L. K. (1989). Invisible gifts, invisible handicaps. *Roeper Review, 12*(1), 37-42 .

Thomas, P. H. (2012). Insights from a donut shop: Educating gifted males. *Gifted Child Today, 35*(3), 157-158.

謝建全

第十章

資賦優異學生的
獨立研究指導

　　獨立研究（Independent study, I. S.）是資優教育課程設計的主要方式之一。在教育的環境中可以藉由活動的安排，發展一些引發資優學生對於周遭事物的興趣與好奇。獨立研究的規劃與設計，亦說是可以引導學生在探究知識的一種過程，除了能兼顧資優學生身心特質與學習型態的思考，奠定學生一般知識的基礎，亦能促進學生進一步想探索自己興趣的主題。在本質上，它是一種研究方法與態度的訓練，其目的是要學生學會自己找答案、自己解決自己的問題。因此，所謂「獨立研究」應該是學生經由引導對主題研究或專題研究後，已經具有獨自從事研究時，能根據自己的興趣，選擇主題，訂定研究計畫，選擇適當的研究方法，有效的蒐集資料、分析與解釋資料，進而形成研究結果的能力。而最終目的是希望學生將來都能成為具有主動學習、獨立思考與研究的知識生產者及終身學習者。

　　因此本章將分別探討指導資優學生獨立研究時，學校及老師們應如何進行課程規劃與設計？在教學過程中可採行的方式與步驟？教師應具備哪些的素養？最後，針對學生完成獨立研究後所產出的成果及其實例與檢討，加以說明。

第一節　獨立研究的課程規劃與設計

　　如前所述，要培育資優學生成為具有主動學習、獨立思考與研究知識的生產者，在資優教育課程規劃除考慮資優學生加深加廣的需求外，亦須設計獨立研究的課程，以激發資優生潛能。國外資優教育的文獻中，有關資優學生獨立研究課程的規劃與設計，主要包括：充實三合模式（The enrichment triad model）（Renzulli, 1977）、普渡三段充實模式（Purdue three-stage enrichment model）（Feldhusen & Kolloff, 1986）、自我指導模式（Self-direction model）（Treffinger, 1978）及自主的學習者模式（Autonomous learner model）（Betts, 1985）及創造性問題解模式（Creative problem-solving）（Parnes, 1967）。本節將分別以充實三合模式及普渡三段充實模式為例，介紹如下：

一、充實三合模式（The enrichment triad model）

此模式主要乃在學校如何提供機會或學習的環境，藉由普通課程及相關的設施等，以培育學生能夠運用適當的探究方法，研究實際的問題或主題，並與其秉持的假定相互結合，以達成充實三合方案預期的目標。學生依自己的個別差異及期望，發展不同進度的學習與研究過程。其主要順序或步驟，如圖10-1。

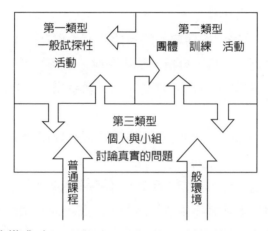

圖10-1　充實三合模式（The enrichment triad model, Renzulli, 1977）

此模式的相關活動及其目的，分別說明如下（王文科，1993； Davis & Rimm, 1989, 1994, 1998, 2004; Davis, Rimm, & Siegle, 2011, pp.176-178）：

1. 第一類型活動（Type I）：亦即一般試探性活動（general exploratory activities），係為傳授學生一種新的或伸展的學習領域而設計。其目的在於：

(1)提供學生在學校課程外，一些試探性的主題。

(2)提供一般充實性的活動給所有有興趣學習的學生。

(3)引起動機強烈的學生主動發現、追求第三類型活動的獨立研究。

換言之，試探性活動的主題係根據學生的興趣、第三類型活動可能提議的方案、可能傳授學生的學科結構與方法論等而來。希望學生從接觸的各類活動主題或機會中，配合自己感興趣的領域，擴充學習的深度與層

次。因此，為使學生順利從事一般試探性活動，學校宜設置資源中心，備妥各類書籍、雜誌或其他媒體資料等，以供學生選擇主題所需的資訊。

2. 第二類型活動（Type II）：亦即團體訓練活動（group training activities），泛指包括認知、情意與技能活動在內的歷程活動（process activities）。其目的在於（Renzulli & Reis, 2003）：

(1)誘導學生創造思考、問題解決、批判思考能力（如：對周遭事務的觀察、分析及評鑑能力）及情意方面的發展（如：自我省思、人際關係及處理生活中偶發事件等）。

(2)培養學生「學習如何學」的技能（如：傾聽、觀察、摘記、撰寫大綱、晤談、調查、分類、分析、整理資料、下結論等）。

(3)能使學生學會運用參考資料（如：讀者指引、目錄、摘要，及一些光碟系統等）。

(4)學生能以書面、口頭的溝通技巧及視聽媒體等資訊，將研究成果有效地與所有觀眾進行互動。

J. S. Renzulli認為透過歷程活動，可使學生習得上述技巧，而最好的途徑是將之應用於處理實際生活的問題。因此，他建議教師應透過普通班級所能習得的技巧，加強或補充教學，以奠定第三類型活動的基礎。

事實上，此模式於第一、二類型活動，可以事先針對全校所有學生的學習而設計，尤其是如何培養學生的創造力、思考技巧及價值觀等訓練，有其成效。對於資優學生而言，在第二類型活動則更須強調高層次思考訓練，包括：創造思考、問題解決、批判思考及科學研究能力等。

3. 第三類型活動（Type III）：亦即個人與小組討論真實問題（individual and small group investigation of real problems），此模式提供了真正為資優教育而安排的分化途徑。資優學生於此活動可以追尋到一個適合研究的問題。此活動的主要目的在於：

(1)協助年輕人運用適當的探究方法，成為真實問題或主題的實際探討者。

(2)提供學生主動參與有待探討之問題，採用適當的方法以解決該問題。

(3) 發展自我導向的學習技能（包括：計畫、組織、運用資源、時間管理、做決定、作品的評鑑等）。

(4) 發展自信心、工作熱忱及完成任務的成就感。

而設計此一類型的活動，Renzulli（1994）認為可分為十個步驟，以引導學生進行研究（Davis, Rimm, & Siegle, 2011, p.178）：(1)評估、發現或創造學生的興趣；(2)訪談學生以瞭解其真正的興趣；(3)協助學生找一個可以研究問題；(4)發展一個研究計畫；(5)協助學生確認多元的資源；(6)提供一些研究的方法；(7)提供一些管理方面的協助（人力、物力等）；(8)協助學生確認作後的研究結果及產出的作品；(9)提供學生研究過程的一些回饋；(10)依據研究數據，與學生一起評估研究的過程及結果。

在第三類型的課程中，以教師為學生提供研究方法及實驗室環境（laboratory environment）的任務，最具價值。J. S. Renzulli認為在此類型活動中，即應讓學生身歷其境成為真正問題的研究者，學生扮演知識的生產者（producers）而非消費者（consumers）而已。因此，教師必須站在引導者的立場，提供真實情境、環境，協助學生釐清問題、設計研究、安排各項教具、設備，甚至推介社區相關資源及學者專家等。

此模式亦適於以充實方式進行全校學生的課程設計。初步由全校進行各領域學習經驗的擴增，進而發展至各班學生對領域內某一些學習活動的興趣，最後由學生以個人或分組方式進行專題研究。例如：由全校正進行母親節的慶祝活動為例。第一類型活動可以由全校學生探索與母親節相關的資料或經驗，並以多元方式呈現，可以包括書面及一些非書資料等；第二類型活動可於班級進行一些由學生蒐集或獲得資料的分享，加以討論，以增進團體的互動及創意的引發，預為未來個人或小組進行專題研究的準備；第三類型活動個別學生或小組以專題方式，探討母親節的由來及其在各國的表現方式的差異比較之研究。

由此可見，經歷此三類型活動，個人獨立研究的基礎與過程漸趨完備。學生在完成獨立研究並產出實際的成果或作品之前，第一類型活動屬於探索與醞釀的階段；而第二類型活動則是提供學生進行團體分享、討論

或辯論的機會，激發更多的火花，探討可採行的研究方法；第三類型活動
所強調個人與小組討論真實問題，亦即個人以專題的方式，與小組討論並
解決實際所面對的問題，漸而形成可以發表的成果報告或作品。

二、普渡三段充實模式（Purdue three-stage enrichment model）

　　此模式主要以發展學生的創造力為取向。其重點在以三種類型的教學
活動，發展三個層次的技能。三種類型的教導活動，除了以發展創造力為
核心外，亦強調聚斂性的問題解決能力（convergent problem solving）、研
究技巧（research skills）及獨立學習（independent learning）等訓練活動。
此模式的相關活動及其目的，分別說明如下（王文科，1993；Davis &
Rimm, 1989, 1994, 1998, 2004; Davis, Rimm, & Siegle, 2011, pp.176-178）：

　　1. 第一階段——發展基本的擴散性與聚斂性思考能力（the develop-
ment of basic divergent and convergent thinking abilities）：此階段應實施的教
學活動，包括：期限較短且由教師引導的作業，此等作業以創造思考性質
為主，但也顧及邏輯與批判性質的作業，常見的方式，例如：請列舉垃圾
袋的特殊用途？如何改良自行車或省油車？預測未必會發生的事件結果
（若沒有電視會怎樣？），藉此發展學生的流暢、獨創、變通、精密等創
造能力與態度。

　　2. 第二階段——設計較複雜的創造性與問題解決活動（more complex
creative and problem-solving activities）：此階段的活動主要是在提供學生較
長的思考時間，透過教師較少的指導，以啟發學生更具主動的研究精神。
常見的方式，例如：以腦力激盪（brainstorming）與分合法（synetics），
增進學習與練習使用創造思考技術。此外，運用系統化的問題解決模式
（systematic problem-solving model），界定問題、列出想法、評鑑想法及
付諸實施等步驟，以完成複雜的學習任務。

　　3. 第三階段——設計強化獨立學習能力的活動（independent learning
abilities）：此階段的活動主要在讓年輕人以迎接挑戰的方式，界定與釐清
問題，由書本或其他資源蒐集所需的大量資料，解釋其所發現的問題，進
而發展理論架構。換言之，此階段中教師不僅在協助學生使用圖書館中的

百科全書，而且在協助他們根據學習目標，擬定學習計畫，並將其所發現的觀念傳遞給他人。因此，此階段的活動，例如：撰寫短篇故事、短劇、短片及研究有關當地空氣污染的報告等。

　　此模式與前者充實三合模式頗有相互呼應之處。第一階段發展基本的擴散性與聚斂性思考能力可與前者第一類型活動強調對知識領域的試探或經驗有關；而第二階段設計較複雜的創造性與問題解決活動與前者第二類型活動強調團體進行思考技巧及研究方法的訓練有關；最後，第三階段設計強化獨立學習能力的活動與前者第三類型活動進行個人與小組的專題研究，發展研究成果或作品，有異曲同工之妙。

第二節　獨立研究指導的方式與步驟

　　教師在指導資優學生進行獨立研究之前，有一些概念需釐清。郭靜姿（1993）認為：1.獨立研究不是「學生獨力」的研究，但也不是「教師捉刀」的研究。其目的是在培養學生獨立進行研究的能力，教師在過程中，扮演引導的角色。2.獨立研究必須考慮學生個別差異，而提供引導學生進行研究其「獨立」的程度，可視下列條件加以安排：(1)學生自我引導的能力；(2)學生以往從事研究的經驗；(3)學生所具備的研究技能。對於其有高度自我引導能力的學生，教師的主要角色是諮商者，主要提供學生適時的協助。3.獨立研究有其先前應具有的條件，獨立研究需以學科知識為基礎，找出感興趣的研究領域，充實必備的技能，始能勝任研究。

　　一般而言，資優班教師對於在資源班所開設之學科名稱以專題研究（the project approach）或主題研究為主，其主要係因為授課主題（專題）係由教師事先訂定，再引導學生根據主題來討論內容、進一步進行研究工作。根據蔡典謨（1995）指導國小學生所做的專題研究經驗，在教學上，應加強：(1)培養蒐集資料的能力：查閱相關文獻；(2)培養閱讀文獻的能力：評析文獻內容，發現有意義的問題；(3)培養寫研究計畫的能力：設計實驗，解決問題；㈣培養發表的能力：與人分享發現的快樂。

　　教師在指導的過程中，Doherty與Evans（1983）認為可以分為下列三

個階段。而針對青少年學子所進行的獨立研究過程內容，則可以加以調整與簡化，並且強調學習的意義與經驗。

㈠ 教師引導階段（一週至一年，視學生能力調整）

(1)運用專題講座，提供學生不足的學科知識；(2)運用資源教室的充實活動，提供一般探索機會；(3)協助學生找出感興趣的研究領域，隨時記下可研究的題目；(4)提供研究能力訓練，如：圖書館運用、網際網路運用觀察的能力；做筆記的能力、晤談的方法等。

㈡ 獨立研究階段（5週至15週，視學生能力調整）

(1)選擇主題；(2)擬定工作進度；(3)擬定初步的研究問題；(4)尋找資源；(5)記錄研究的發現；(6)擬定正式的計畫及研究問題；(7)進行師生討論會；(8)提出研究成果；(9)評鑑。

㈢ 專題討論階段（一週至五週，視學生能力調整）

(1)提出過程研討的機會；(2)提供特定主題的研討；(3)計劃新的研究。

為增進資優班教師指導學生獨立研究的技巧，郭靜姿（1993）指出在指導學生選擇主題上，可以注意下列幾項技巧：(1)訂定研究主題的方式：尋找研究主題一般可運用幾個來源，從有關理論中演繹研究問題；(2)如何幫助初學學生選擇主題：利用資源是學習的重要方式。由於學習是有層次之分的，要培養學生獨立研究的能力，必先學習獨立學習，然後再到「專題研究」或是「主題研究」，最後才是獨立研究。獨立研究的學習方式，資優班目前所實施的資優專題研究和主題研究，大都採取：(1)獨立學習；(2)合作學習；(3)小組學習等三種形式。除此，黃啟淵（1994）提出應用於基礎資優科學教育的三階段模式，以提供資優生發展他們的學科知識，此三階段分別為：階段一：聚斂性與擴散性思考技能。其主要內容是從基本科學探究技能到整合性科學探究技能。階段二：問題解決及創造性問題解決技巧。其主要內容是自教師所選擇的問題進行團體的探究。階段三：獨立研究專題：其主要內容是進行獨立研究或實驗。以

國小階段實際指導資優學生的經驗，柯麗卿（2005）認為獨立研究技能的學習，可分為四階段11步驟流程進行，如表10-1：

表10-1　獨立研究技能學習的四階段11步驟流程表

基本概念階段	(一)說明獨立研究的意義
	(二)認識研究的方法
	(三)熟知研究的類型與基本步驟
計畫階段	(一)確立研究主題
	(二)擬定研究計畫
	(三)研究資料的蒐集與閱讀
研究階段	(一)研究的進行與持續性的資料蒐集
	(二)整理與分析資料
	(三)撰寫研究報告
評鑑階段	(一)形成性評鑑
	(二)總結性的評鑑

資料來源：柯麗卿（2005）。獨立研究的教學與評量，資優教育季刊，94，22-28。

綜上所述，獨立研究的過程有其連貫性，主要可分為四個階段：一是訂定主題與文獻探究的階段，二是研訂研究計畫的階段，三是進行研究與成果撰寫階段，最後則是研究成果的展示階段。針對不同程度的學習者在指導「獨立研究」時，可以因其程度給予不同的指示，在國小因係初學階段，教師進行資優學生獨立研究指導時，可以提供更加詳細、明確的步驟，以便學生可以按部就班的來學習。在國中階段，則可多增加一些自我統整與概念及方法應用的學習。一般而言，獨立研究可以分為下列幾項：(1)確定研究問題；(2)蒐集相關文獻；(3)界定研究問題；(4)擬定研究設計；(5)蒐集研究資料；(6)從事資料分析；(7)撰寫研究報告。

如前所述，對資優學生的教學應以強調多元、彈性與個別化為原則，因此，在教育的環境中可以藉由活動的安排，引發資優生對於周遭事物的興趣與好奇心。以國小為例，Lamb、Kennedy、Hopf與Vaughn（1993）認為老師在指導國小資優學生進行獨立研究，並不在於期望他們成為科學

家，更重要的是藉由一些基本的研究概念與老師的教學策略，使學生在未來的社會生活中有傑出的表現。因此，指導國小資優學生研究的技巧，可以加強下列重點：㈠研究方向的初探；㈡題目的選擇；㈢相關資料的蒐集與保存；㈣與他人進行資料的分享及討論；㈤訂定標準以進行研究問題的評估。而Bishop（2000）引述C. C. Kuhlthau有關資料尋找過程的發展模式（Information Search Process Model），將資優學生由接到作業開始進行研究起至準備發表研究成果止，所面臨的困境，予以表列說明，如表10-2。

表10-2　學生在獨立研究資料尋找過程的發展模式

時程	接受指派作業	選擇主題	探查問題重點	形成問題	蒐集資料	準備發表
感受	不確定　樂觀		混沌／挫折／懷疑	明白　有方向／有信心		滿意
想法	模糊 —————————————→ 明朗／產生興趣					
行動	找尋相關資料 —————————→ 找到所要的資料					

資料來源：Bishop, 2000, p.55.

事實上，由於國內目前各校指導資優學生進行獨立研究時，雖未必有一定的方式，而上述的指導過程或許可以引以為參考。就指導的過程中，首先必須協助學生醞釀主題，主要係因學生對研究的技巧，仍然相當的生疏，對於主題的訂定仍不熟悉。主要的問題在於學生所醞釀的主題往往過大，或是不具體（太抽象），不知研究為何，或是主題不像研究主題。因此，主題的確定需要有一個適當的說明，以便學生個人或是小組在訂定主題上能具體可行。Renzulli（1977）所倡充實三合模式（the enrichment triad model）第三類型活動（個人或小組活動討論真實問題），與獨立研究意義相近。資優班教師在進行獨立研究的指導時，即可以暖身的方式進行一般性探索活動和團體訓練活動，將有助於獨立研究的順利進行。由於獨立研究課程是教師安排資優學生探究知識的一種過程，因此就其研究範圍而言，包括各知識領域的探究；而活動的方式，則可依校內外資源，採專題演講、閱讀報告、校外參觀、戶外採集活動及一些思考訓練活動與實驗等。

　　Doherty與Evans（1983）認為教導資優學生獨立研究，可以同時運用多位學者所提的方法統整加以運用，他們認為方式運用上可以以Renzulli的充實三合模式為架構，課程過程上則可以以Bloom的認知模式或是採用Parnes的生產性思考技能。總之，獨立研究就其活動性質而言是動態的，由學生對問題的接觸至解決，除須動腦思考外，亦須動手操作及動口說明講解，講求自我的獨立思考，更須與他人研討切磋。Tomlinson與Imbeau（1999）認為有時協助資優學生進行獨立研究對主題的興趣，遠比其研究這個主題的內容要重要；而如何增加資優學生與指導老師及同儕間的互動、不斷的討論，可以避免學生陷於自我孤獨而無法突破的困境，最後，若研究方向或研究品質出現問題時，始予以介入並加以協助（引自Anonymous, 1999）。

　　長久以來，國內教學現場進行資優學生獨立研究指導的相關研究，仍在開發階段。在國中階段，一些研究顯示，運用Renzulli的充實三合模式，資優教師及學生在獨立研究的啟發，甚有助益，學生經過團體訓練活動，對於提出研究執行計畫，有顯著幫助（蔡典謨，2000）；而運用資訊網路做為媒介，可增進資優學生獨立研究方案的推展，分別有網路輔助學習成效良好（潘裕豐，2000）、以部落格提升學習動機（籃玉君，2008）、以資訊科技（單槍、網路作業檔案庫、Excel統計、文書製作），可培養學生毅力與專注力等（鮑力田，2008）。資優教師以適合學生的學習方式，培養其積極的研究態度及高層次思考能力，引導自我學習，有助於學生深入研究某一主題並完成獨立研究的成果。然而在升學主義作祟下，國中資優學生獨立研究指導，多以參加科展得獎為目標卻又擔心增加學生課業負擔過大，形成趨避的現象。

　　相對的，在國小階段，雖較無升學壓力，然而資優學生在研究過程中由找題目至完成研究報告，仍有一些問題待克服。許素甘（2006）以行動研究法探討國小高年級資優學生在「獨立研究教學」的學習歷程，歸納研究結論發現，除研究過程遇到瓶頸之外，另有下列的需求：(1)認知需求：建立學習的機制，營造教學情境，讓學生對整個學習活動能有具體的圖像；(2)技能需求：除了熟稔研究技能外，有效的策略更是學習成功的

關鍵；(3)情意需求：讓學生在學習過程中，對自己的能力與成果作自我評量與反思，以增進自我效能、自我監控的能力。為增進國小在獨立研究指導的知能，陳麗旭（2104）以國小學生的程度，將獨立研究的指導流程及各年級主題教學加以簡化，初步分為第一階段：一般能力探索階段，目的在培養孩子的基本能力及認識研究方法。第二階段為專題研究階段，希望孩子能運用各種科學方法，面對問題，進行研究。其各年級的分段進程及主題教學，說明如表10-3：

表10-3　國小獨立研究實施進程與主題教學內容關係一覽表

年級	獨立研究實施進程	主題教學
低年級	1. 語彙能力 2. 認識圖書館 3. 工具書的使用 4. 觀察能力	圖畫書的賞析 故事接龍 查字典 種綠豆
三年級	1. 閱讀能力 2. 資料蒐集 3. 剪報能力 4. 運用圖書館的能力 5. 認識電腦 6. 類化、聯想與重組的能力	主題剪貼 故事編寫 童詩創作 創造思考活動
四年級	1. 觀察記錄能力 2. 資料分類能力 3. 摘要筆記能力 4. 心像運作能力 5. 閱讀心得寫作能力 6. 提問能力 7. 運用電腦的能力	動植物培養 參觀心得 閱讀心得 主題創作
五年級	1. 觀察實驗的能力 2. 界定問題的能力 3. 邏輯推理能力 4. 上網搜尋資料的能力 5. 創造思考的能力 6. 認識訪問法 7. 認識調查法	有趣的實驗 旅遊報導 人物專訪 班級讀書會 問卷調查

年級	獨立研究實施進程	主題教學
六年級	1. 研究方法的訓練 2. 批判思考的能力 3. 問題解決的技能 4. 運用電腦文書處理的能力 5. 運用電腦資料分析的能力 6. 撰寫研究報告的能力 7. 發表分享的能力	專題研究 媒體製作 班刊出版 網頁製作

資料來源：陳麗旭（2014）。如何指導國小學生的獨立研究。檢索自http://163.32.247.66/fsps/studyall/html/othhtml/56.htm

綜合上述，指導資優學生獨立研究，在課程設計及教學活動上，可以將全校性的充實方案納入思考，以年級各領域的相關知識為基礎，結合學生日常生活經驗及社會當前大家關切的議題，由學生進行試探並做資料的蒐集，經師生共同討論與分享心得，醞釀出可以產生的主題或題目，進行深入研究。而適切的主題或題目，宜注意其明確、具體、可操作性的定義，以利後續資料蒐集與研究步驟的進行。因此主題或題目涵蓋範圍不宜過多，以免失焦或無法完成。而教師在指導學生獨立研究時，亦可藉由學生分組討論相互檢視彼此主題或題目的適切性；必要時亦可結合相關領域的教師或學者專家，進行研究過程及成果的評鑑，使整個獨立研究的指導更為完善。準此，教師在指導資優學生獨立研究時，個人須具備的課程規劃、教學與研究的專業素養，益顯重要。

第三節　獨立研究指導的教師素養

由於資優學生的學習需求多元，教師在指導資優學生獨立研究時，常面臨一些挑戰。尤其是如何培養其獨立思考與探索問題的能力，教師須具備精熟的研究方法的專業素養及過程技能的指導。謝建全（2002）的研究顯示：國小資優班教師在指導學生獨立研究時，較常出現的研究方法的訓練，依序為資料蒐集、研究報告的撰寫、研究報告的展現、編寫研究計畫、運用研究工具及界定問題等技能。多數老師都偏重「資料蒐集技

能」、「研究報告的撰寫」及「研究報告的展現」的訓練；而如何協助學生「界定問題」及「運用研究工具」等技能的訓練，則較不被重視。此種現象，可能與教師學生研究的議題多元及教師本身對研究工具的不夠精熟有關。除此，劉惠佳（2003）的研究亦顯示國小資優資源班獨立研究方案的實施，教師主要是參考Renzulli的三合充實模式進行課程規劃，而且多依循有經驗教師的教學設計規劃獨立研究方案課程；多以個人自修研讀獲取所需之教學知識，自行設計編輯的課程教材。而最常請教的對象是校內教師，半數以上的教師會為資優學生安排指導教師，且多數是由教師本身擔任。學生研究方案題目決定的方式多由指導教師從旁協助個人或小組決定，且以自然與生活科技領域居多。在指導過程中最感困難則是實驗所需器材不足、教師工作負擔太重、家長忙碌較無時間協助子女、缺乏指導教師、學生缺乏時間。一般而言，在學校裡，很多老師不太願意擔任獨立研究指導課程的教學，其原因可能如下（潘裕豐，2004）：

1. 教師面臨的挑戰

(1)教師開始失去對學生學習內容的權威和壟斷；(2)教師第一次處於被學生選擇的地位；(3)教師從個體走向合作，從分科走向跨學科。

2. 教師的角色轉換

(1)從知識的權威到平等參與學生課題研究；(2)從知識的傳遞者到學生學習的促進者、組織者、引導者；(3)從侷限教科書到關注生活科學和學科間的交叉；(4)從單純教學到同時開展行動之研究。

3. 資優教育教師的新要求

(1)轉變觀念，一切以學生的發展為本，重新學會欣賞自己的學生；(2)更新知識，形成複合型知識結構；(3)改變教學行為，重視師德修養，更富人格魅力；(4)瞭解研究，會指導學生開展科學研究。

除此，當學生開展科學研究中，教師的指導亦須注意：(1)及時瞭解情況，有針對性地指導；(2)爭取家長、社會等有關方面的關心、理解、支援和參與；(3)指導學生寫好研究日記和做好真實記錄；(4)在不同階段進行重點指導。

儘管如此，柯麗卿、蔡典謨（2007）以自編問卷調查高雄市國小資優

資源班指導獨立研究教師結果發現，大多數教師支持資優學生獨立研究教學，且自認有能力進行課程規劃獨立研究課程，會為學生個人或小組完成有興趣的主題，舉辦獨立研究成果發表會；除此，亦認為若事先做好課程規劃、教學過程中給予學生適當的引導與鼓勵，藉由教學進度的掌握、參與進修與研習及做好親師溝通與相關資源的運用，可以順利的指導學生進行獨立研究。

　　歸納言之，資優教師在獨立研究教學大都有相當的熱忱與信心，惟於學校相關資源的充實與個人研究素養上，仍可再努力並強化。以指導學生自然科學的獨立研究為例，在科學素養與能力上，應具備有科學研究的專業素養、熟悉各種研究方法和高層次思考技巧、資源整合利用、資料搜尋技巧以及電腦資訊的能力；在教學前，應重視規劃、準備的工作；教學實施的過程中，應運用高層次思考技巧的教學策略、依學生的個別差異及學習表現進行調整教學策略、適當地給予學生引導與鼓勵、掌握教學進度、重視師生互動、尋求社會資源以協助學生進行研究；教學後，應強調學生學習策略的運用與後設認知的學習，並進行教學反思，以達教學策略與方法的精益求精（柯麗卿，2010）。

　　為增進教師對資優學生獨立研究指導的專業知能，以高雄市為例，除辦理教師專業成長的研習外，高雄市政府教育局（2007）歸納整理教師本身在指導資優學生獨立研究時，應努力的一些重點及注意事項，要點摘述如下：

1. 教師專業能力不足時，需加強：
(1) 自我進修、找資料、詢問有教學經驗的老師或請教專家。
(2) 找期刊、相關書籍、學習單的資料參考。
(3) 參加相關研習或查詢相關資料。
(4) 參考校內外碩士論文的架構。
(5) 請求有專業能力的家長協助。
2. 教師專長領域有限時，需加強：
(1) 請教其他有經驗或有專長的人士，或自行研讀相關書籍資料。
(2) 努力和其他教師協商課程分配方式，並依專長指導獨立研究。

(3)請校內老師提供實務經驗再由指導老師進行教學。

(4)外聘專業人士協助教學。

(5)儘量找校內、外專長人士資源。

(6)指導學生蒐集資料的方式或協助尋求資源人士。

同時，擔任獨立研究指導教師在指導學生進行獨立研究教學時，應加強：

1. 事先做好課程規劃：為使指導學生進行獨立研究教學工作更加順利，指導老師在教學前應事先妥善做好課程的規劃，瞭解學生之先備能力、進行分組學習（亦可先行試驗一組）、事先瞭解有哪些資源（硬體設備等），可以協助或取得；進行教學時，分析主題是否為學生能力可完成的……等。

2. 教學過程中適當的引導與鼓勵，並掌握學生進度：指導教師在教學過程中應該要適當的給予學生引導與鼓勵，尤其是在選定主題與研究步驟方面；因此指導教師應多參與進修與研習活動、多觀摩、學習其他教師的教學經驗，使指導過程較能得心應手。除此，亦可透過相關專家學者或其他有經驗教師的協助來提升本身的專業知能，以利獨立研究教學的進行。

綜合上述，要成為一位能指導資優學生獨立研究的教師，非屬易事。教師除了本身需有相關領域的專業及研究的能力之外，亦須具備跨領域專業溝通協調能力及教育的熱忱，不斷自我成長與創新。

第四節 獨立研究成果的實例與檢討

在國中小推動資優學生的獨立研究，首見於臺北市並由資優教育資源中心的推廣。各校資優課程設計及獨立研究的指導，藉由資優教育資源的共享與平臺的建立，已有相當的成果；同樣的，高雄市亦由所成立的資優教育資源中心，每年辦理獨立研究成果發表活動，以培育學生獨立研究能力。

以高雄市近年來所辦資優學生獨立研究發表為例。郭宗奇（2009）認

為資優學生獨立研究的目的主要在訓練資優學生能從自己選定的研究主題中，藉由親身參與研究，而能由研究的過程中培養「存疑創新、即物窮理」的科學精神、訓練「實事求是、精益求精」的科學方法、涵養「客觀理智、嚴密徹底」的科學態度；而「科學展覽」是鼓勵小學、國中、高中、高職等各級學校學生從事科學研究所舉辦的一種兼具展覽與比賽性質的活動。前者多由學校擇期辦理校內資優學生獨立研究發表會，藉以相互觀摩與交流；而後者則由各級學校在校內舉辦校內科展，從中遴選優良作品參加各縣市教育主管機關所舉辦的縣市科學展覽，然後再選出第一名作品參加全國性的科學展覽比賽。其實二者在性質上，或有差異，實際對於學生獨立研究指導的過程，應為一致的。

為積極推廣資優學生獨立研究，高雄市政府教育局（2015）亦將歷年來國中小資優教育學生獨立研究成果，分別刊載於資優教育資源中心網站（http://web2.spec.kh.edu.tw/releaseRedirect.do?unitID=184&pageID=3095）。僅將其徵件類別、作品說明書內涵及評分，要點摘述如下：

1. 類別：數學、自然與生活科技、人文社會（含語文）。

2. 作品說明書的內涵包括：(1)主題名稱；(2)摘要（300字以內）；(3)研究動機（一併說明作品與教材的教學單元相關性，不限課內）；(4)研究問題或目的；(5)研究設備器材；(6)研究過程或方式；(7)研究結果；(8)討論；(9)結論；(10)參考資料及其他。

3. 評分：(1)初審：研究主題創新、文獻引用的適當與詳盡程度、主題內容、研究方法適切性、研究過程周詳程度、組織架構的嚴謹、文筆流暢、學術性或實用價值及可行性等評分項目。(2)複審：除初審項目外，增加口語表達能力的評分項目。

如前一節所述，指導資優學生進行獨立研究並非易事，學生的研究成果或作品，可能產生教師指導時未注意到的盲點？許正和（2013）曾以評審的心得提出一些評審時優良作品給指導獨立研究教師參考外，亦提出一些可以再努力的建議，例如：(1)問題的提出於第一次確定即不再修正，致造成問題界定不清或不正確的現象；(2)文獻資料蒐集少因而造成重複解決舊問題的現象；(3)實驗器材選取欠嚴謹且測量準確度、可信度低；

(4)數據及圖表分析僅做表面解讀，未深入討論並尋求突破；(5)結論條列過多易失焦。在一般的比賽或頒獎場合，評審者的這些期許，其目的都希望參賽者的研究成果或作品，可以更臻完善。於此之前，陳鳳如（2002）認為以學術性論文寫作歷程指導資優學生進行獨立研究，可以提升其研究的品質，無論在研究動機、目的的釐清，都有助於學生在題目訂定、資料蒐集與研究方法的適切運用，經嚴謹的驗證與資料統計分析，所獲致的研究結果與發現較具說服力。這些論述，可以做為中小學教師指導學生獨立研究努力的方向。因此，若以學術研究及著作發表的標準看待國中小資優學生獨立研究，不算是苛求，而是資優教師應努力的目標。

以全國中小學科展為例，由歷屆得獎的作品，可以看出老師們在指導學生們進行獨立研究的用心及其過程與指導的重點。為加強我國的科學教育，鼓勵各校師生參加中小學科展及促進交流，國立臺灣科學教育館（2015）亦將各屆得獎作品分別依高中職、國中小及不同類組，加以公布，其網址為（https://twsf.ntsec.gov.tw/Article.aspx?a=40&lang=1#）。以54屆科展生物科為例，參展件數，國小有17件，國中組19件，高中組17件，共53件，錄取共34件，就整體表現而言，評審認為國小組參展學生都很活潑，口語表達能力佳，觀察記錄詳實，然而大部分的作品都太龐雜，建議針對少數主題，進行深入探討即可。而有些作品的樣本數及重複次數不足，無法充分解釋結果，最後是研究的生物應儘量鑑定出物種名稱，不宜用溪蝦、蚯蚓、鳥等通稱。至於國中組，作品研究範圍很廣泛多元，呈現出生物多樣性特色，研究的內容深度也比往年有提升，顯示同學付出很多，老師也充分指導，惟如能提升統計概念，才能使作品更具說服力。而高中組，作品學術水準比往年有提升，研究內容與學術品質加強不少，但仍有改進之處，如：生物統計，壁報製作如圖表等仍需強化。若再審視其他各科評審的看法，亦有類似的情形。

一般而言，經由老師指導學生獨立研究甚至參加科展，由於研究成果內容漸趨多元，師生須投入更多的心力。尤其對於數據或資料的蒐集與引用，須更為精準、須更有力的論證或佐證；而繼續強化學生對研究成果的資料的呈現、口語表達與辯證的能力，則是教師們指導學生獨立研究時，可再努力的重點。

參考文獻

一、中文部分

王文科（1993）。資優課程設計模式舉隅。載於國立彰化師範大學特殊教育研究所（編），**資優鑑定與課程設計**。臺中：臺灣省政府教育廳。

郭靜姿（1993）。如何指導資優生進行獨立研究，**資優教育季刊**，**48**，5-15。

黃啓淵（1994）。從探索技能、專題研習到獨立研究，**資優教育季刊**，**52**，16-23。

許素甘（2006）。**國小資優學生獨立研究學習歷程與成效之分析**（未出版之碩士論文）。國立臺灣師範大學，臺北。

柯麗卿（2005）。獨立研究的教學與評量，**資優教育季刊**，**94**，22-28。

柯麗卿、蔡典謨（2007）。高雄市國小資優資源班獨立研究教學之調查研究，**資優教育研究**，**7(1)**，1-27。

柯麗卿（2010）。獨立研究指導教師之專業素養與有效教學行爲初探，**資優教育季刊**，**114**，22-29。

高雄市政府教育局（2007）。**高雄市95學年度國小推廣資優教育獨立研究課程教師指導手冊**。高雄：高雄市政府教育局。

高雄市政府教育局（2015）。**資優教育資源中心網站**。檢索自http://web2.spec.kh.edu.tw/releaseRedirect.do?unitID=184&pageID=3095。

郭宗奇（2009）。**認識「科學展覽」及「資優生獨立研究」**。檢索自http://web.mcjh.ntpc.edu.tw/dyna/data/user/gifted/files/2009111121022310.pdf。

許正和（2103）。給指導獨立研究之教師的一些建議。**高雄市資優教育中心獨立研究指導教師研習講義**。高雄：資優教育中心。檢索自http://web2.spec.kh.edu.tw/ftp/20140901120424.pdf。

國立臺灣科學教育館（2015）。全國中小學科學展覽會。檢索自https://twsf.

ntsec.gov.tw/Article.aspx?a=40&lang=1#。

陳鳳如（2002）。學術性論文寫作歷程的指導在資優學生進行獨立研究上的應用。**資優教育季刊**，**84**，7-11。

陳麗旭（2014）。**如何指導國小學生的獨立研究**。檢索自http://163.32.247.66/fsps/studyall/html/othhtml/56.htm。

劉惠佳（2003）。**國小資優資源班獨立研究方案實施狀況之調查研究**（未出版之碩士論文）。國立嘉義大學，嘉義。

潘裕豐（2000）。**網路遠距輔助學習模式對資優生「獨立研究」方案學習成效之研究**（未出版之博士論文）。國立彰化師範大學，彰化。

潘裕豐（2004）。資優生獨立研究課程設計的理念與應用探討，**資優教育季刊**，**92**，12-21。

蔡典謨（1995）。**資賦優異兒童教育改進計畫—東師兒童週末班之規劃發展**。臺北：教育部教育研究委員會專題研究計畫。

蔡典謨（2000）。透過獨立研究培養知識的生產者。輯於中華資優教育學會（主編），**資優教育全方位發展**。臺北：心理。

鮑力田（2008）。**國小資優班學生進行獨立研究課程實施成效之探討**（未出版之碩士論文）。國立高雄師範大學，高雄。

謝建全（2002）。資優教育獨立研究課程之評估——以國小資優班為例，**臺東師院學報13**（下），241-270。

籃玉君（2008）。**運用部落格提升資優生在獨立研究中自我引導能力之成效研究**（未出版之碩士論文）。國立臺灣師範大學，臺北。

二、英文部分

Anonymous. (1999, September/October). Independent study. *Gifted Child Today Magazine*,. Mobile.

Betts, G. (1985). *Autonomous learner model : For the gifted and talented*. Greeley, CO: Autonomous Learning Publication and Specialists.

Bishop, K. (2000). The research processes of gifted students: A case study. *Gifted Child Quarterly, 44*(1), 54-64.

Davis, G, & Rimm, S. B. (1998). *Education of the gifted and talented.* (4th ed.). Needham Heights: Allyn and Bacon.

Davis, G, & Rimm, S. B. Siegle, D. (2011). *Education of the gifted and talented.* (6th ed.). Boston, MA: Pearson Education.

Doherty, E. J. S. & Evans, L. C. (1983). *Primary independent study.* Connecticut: Synergetics.

Feldhusen, J. F., & Kolloff, P. B.(1986).The Purdue three-stage enrichment model for gifted education at elementary level. In J. S. Renzulli (Eds.), *Systems and models for developing programs for the gifted and talented* (pp.126-152). Mansfield Center, CT: Creative Learning Press.

Lamb, P., Kennedy, D., Chezen, J., Hopf, S., & Vaughn, V. (1993). Research skills for gifted elementary pupils. *Gifted Child Today Magazine, 16*(4), 3-7.

Parnes, S. J. (1967). *Creative behavior guidebook.* New York : Charles Scribiner's Sons.

Renzulli, J. S. (1977). *The enrichment tried model: A guide for developing defensible programs for gifted and talented.* Mansfield, CT：Creative Learning.

Renzulli, J. S. (1994). *Schools for talent development: A practical plan for total school improvement.* Mansfield Center, CT: Creative Learning Press.

Renzulli, J. S., & Reis, S. M. (2003). Schoolwide enrichment model: A comprehensive plan for the development of creative productivity. In N. Colangelo, G. A. Davis (Eds.), *Handbook of gifted education* (pp.114-141). Needham Heights, MA: Allyn and Bacon.

Treffinger, D. J. (1978). Guidelines for encouraging independence and self-direction among gifted students. *Journal of Creative Behavior, 12*, 14-20.

黃世鈺

▌第十一章▌▌▌

資賦優異學生的親職教育

　　依據我國《特殊教育法》規定，資優學生是指：具卓越潛能或傑出表現，經專業評估及鑑定具學習特殊需求，須特殊教育及相關服務措施之協助者，其對象包括：一般智能資賦優異、學術性向資賦優異、藝術才能資賦優異、創造能力資賦優異、領導能力資賦優異、其他特殊才能資賦優異等類別（教育部，2014）。另依《家庭教育法施行細則》記載，親職教育是指增進父母職能的教育活動（教育部，2012）。緣此，資優學生的親職教育，應係指增進資優學生父母角色職份與教養能力的教育活動。推展資優學生的親職教育，除可增強父母有關親職教養知能與實務技巧、啟發資優學生無可限量的潛能、發揮對資優學生的成長與發展關鍵的影響力外，更能促進資優學生父母對學校活動的參與機會、順利推展校務工作、並豐沛學校寶貴的社會與人力資源。

　　本章聚焦於國民教育學制中具有正式學籍的資優學生，兼融學理說明與實務策略，藉供家長、教師及關懷資優學生親職教育者參考。至於學前資優幼兒的親職教育部分，則請另行參閱相關論著（黃世鈺，2006）。

第一節　資優學生親職教育的基本理念

　　許多父母在瞭解孩子具有優異傾向、並經鑑定為資優學生後，心理上通常是憂喜參半、相當複雜的：雖然慶幸孩子優秀、卻有更大的焦慮是擔心不會教與教不好自己的資優孩子。

　　俗話戲稱：家有資優兒、父母變聰明！道盡家有資優學生的父母，要經常費盡心機、絞盡腦汁，面對孩子看似光怪陸離、層出不窮或無中生有的難題。久而久之，伴隨孩子成長，父母親自己也日積月累增長智慧了。

　　親職教育是為人父母親的教育，要言之，希望能稱職扮演資優學生的父母親，除平常心之外，首先必須建立對資優學生下列三項基本認識：

1. 差異性的事實：瞭解資優學生獨特的優異傾向與特質。
2. 常態性的現象：接受資優學生一般的生理發展與狀態。
3. 凸顯性的挑戰：面對資優學生超常的行為表現與需求。

釐清資優學生存在差異性的事實、常態性的現象與突顯性的挑戰等複

合性特質後，父母親更能具有正向的積極心態、健全對於資優學生親職教育的基本理念，進而和學校、教師攜手，邁向「發展潛能，培育人才，造福社會」的資優教育目標。

有關資優學生親職教育的基本理念，可分從角色職份與教養能力兩個向度，進行探討。

一、在角色職份方面

角色職份是指執行角色時應達成的工作項目、內容與應盡的責任。親職教育是父母的天職，賦予父母更多源於內在的自發性與主動性，其角色職份更具有自然流露與深厚的親情關懷。

家有資優學生的父母，在角色職份上，可從角色認知與角色掌握，分述如下：

㈠ 在角色認知上

父母要能從覺察身為資優學生的親職使命中，認知發現者、參與者（配合）、執行者、學習者與回饋者的四重角色。

通常，父母親是最先感受到，與觀察出孩子具有資賦優異傾向的發現者，必須把握教育時效向教育單位或機構搜尋或洽詢相關鑑定與教育安置資訊，依循既定流程，確認孩子的資賦優異能力。

其次，父母親要能提供孩子日常生活中最原始的第一手資料，參與孩子的相關鑑定與研判流程，並配合教育安置所需，掌握孩子的資賦優異特質，充實後續輔導的參照資訊。

同時，父母親需配合各項教育輔導，執行在家協助、溝通與理解資賦優異孩子的生理發展與心理成熟狀態等事項，隨時與學校教師與輔導人員保持聯繫。

實踐終生教育、為關心家有資賦優異學生具有更好的成長發展，善盡父母親職教養的責任，尤其是父母成為不斷學習者的重要角色。

彙整資賦優異學生在學校以外的行為表現、並綜合親職互動與教養的所有訊息，是回饋學校資優教育與輔導的最佳途徑。

㈡ 在角色掌握上

家有資賦優異學生，父母要體認自己是父母，須以平實務實的態度和步伐，照顧與督責孩子的日常飲食起居、尊重孩子的獨立需求而不陷於縱容、溺愛、予取予求，或是過於嚴苛、期望過高徒增孩子壓力，至於把孩子的優異傾向當成親友間炫談話題，尤其大忌。

父母是資賦優異孩子的朋友，要能傾聽孩子的內在聲音、接受孩子是孩子的未成熟情緒現象進行輔導、協助孩子面對問題、提供建議與鼓勵孩子自我解決問題而不越俎代庖；父母要能當孩子的益友與諍友，教導資優孩子褪除不必要的優越心態、培養正向的價值觀與平和理性的是非判斷。

父母是資優學生的家庭良師，在面對難題時，能分析事理、從旁引導理性思考與尋求解決方法；在處理人際障礙時，能善加譬喻、分享經驗與處理心得、教導排解尷尬與挫折情境；在因應學習困境時，能針對癥結、掌握重點與問題核心，協助指引就教專業與資訊蒐集途徑。

父母可以和孩子成為孩子的同學，親子共學、一起學習與切磋琢磨，成為孩子的學伴，相互解惑，也展現謙虛就教與勤勉好學的身教，提供孩子父母亦師亦友的溫馨與幸福感，對於資賦優異學生，更能發揮啟發與充實的無限助力。

二、在教養能力方面

資優學生的教養能力常列為親職教育的首要課題；要因在於父母企盼教好孩子的深刻期待與需求，不僅具有解決當下的困境、更蘊含未來發展的預期性。針對各類型資賦優異學生，各級學校及相關教育單位，均責無旁貸、有必要積極提供專業協助、增進父母在教養能力上的各項諮詢、輔導與增能的機會，以消弭父母的無力與挫折感、充實父母親對資優孩子的教養知能，從而建立父母教養自信、善用積極正向的親子教養策略、促進親子關係，且能有效為國家、社會培育未來棟樑。

為充實父母對資賦優異學生的教養知能，可從教養需求與充實能力兩面向，探討如下：

㈠ 教養需求

從瞭解孩子的優異傾向、到合宜的養育與照顧方式、乃至於尋求接受適性的教育安置，都是父母環環相扣的關切與需求。

生理上的教養，必須兼融孩子常態性的成長與個別性的需求，引導父母務需在孩子的平凡與超常中求得平衡，畢竟孩子不是十項全能的資賦優異。面對孩子優異的強項固然鼓勵栽培，面對孩子的一般弱項也要耐心輔導。

心理上的教養，必須協助父母充實對資賦優異內涵的認識與理解，顧及孩子超越實際年齡的成熟度與思考力，尊重、包容以及適時導正孩子的價值觀與行為表現，在家庭中能恰如其分的進行親子教養職份。

㈡ 充實能力

家有資賦優異學生，充實親子溝通與就學輔導的能力，常是父母接受親職教育的重要選項。

孩子夠聰明，獨立性強、自主意見多，需引導父母學習積極傾聽與進行親子溝通；從接納與尊重中，適時提出反思，培養孩子多元、多角度思考、進行邏輯思辨與理性分析，無疑是父母良好的親職教養能力。

孩子夠聰明，學習力強、探索性高，需提供支援、支持父母就孩子的個別差異尋求學習資源，讓孩子能針對其資賦優異特質，接受適性的課內學習與課外充實課程等教育安置，期能充分啟發孩子的優異潛能。

綜言之，普及資優親職教育、追求資優親職普及化，協助父母成長，以培育國家優秀棟樑、為整體大社會創造更多福祉，是資賦優異學生親職教育的最重要目的。

第二節　實施資優學生親職教育的個別化家庭服務計畫

基於個別化教育計畫（Individualized Education Programs, IEP）與個別化輔導計畫（Individualized Guide Plan, IGP）的理念，為資賦優異學生

的親職教育規劃個別化家庭服務計畫（Individualized Family Services Plan,
IFSP）是教育單位實施資優學生親職教育的主要措施。

　　源於美國99-457公法（IDEA）為接受早期療育服務的發展遲緩兒童
家庭擬定一份的個別化家庭服務計畫（黃世鈺，2012）的精神，聚焦資優
學生的優勢項目與能力，結合包含：父母、其他家庭成員、服務協調者與
其他專業、跨專業及合作性等團隊成員，強調重視家長參與及權利、以
家庭為中心、滿足家庭需求、提升家庭功能、從事規劃、執行、與評鑑，
結合相關教育資源、調適父母具有正向期待與作為的服務計畫（Lara &
Leonard, 2007），依據計畫，提供資優學生家庭，包括：專業團隊的諮詢
服務、教育輔導、家庭服務、以及提供針對身障資優生特別關切的、優先
的、個別規劃的相關資源與療育等服務內容。

　　在強調以家庭為主（family- centered）的過程與產出等前提下，研究
指出，實施資優學生親職教育的個別化家庭服務計畫，可從家長重視的課
題與需求的內涵，兩向度著手。

一、實施資優學生親職教育的個別化家庭服務計畫的課題

　　研究（Beckman & Bristol, 1991）指出，實施資優學生親職教育的個別
化家庭服務計畫，首先必須引導家長重視下列課題：

㈠ 覺察文化殊異（sensitivity cultural diversity ）

　　尊重、瞭解與掌握資優學生的差異性及其家庭背景的多元性，依據其
複合性的意涵，規劃合宜的個別化家庭服務計畫。

㈡ 實施家庭評量（implement for family assessment）

　　務實與充分地鑑別資優學生強項能力的家庭優勢背景，規劃符合家庭
需求的個別化服務計畫。

㈢ 適性教育介入（adaptive educational intervention）

　　提供基於家長意願、考量家庭接受度與配合能力的個別化家庭服務計
畫。

㈣ 預期服務成果（development outcomes）

依據家庭本位，針對個別化家庭服務計畫目標，整合家庭資源、瞭解家庭的多元環境、互動關係與優勢能力，以滿足親職教育需求與期待，達成協助資優學生親職教育的積極效益。

二、實施資優學生親職教育的個別化家庭服務計畫的內涵

針對家長的關注焦點與需求面相，實施資優學生親職教育的個別化家庭服務計畫，宜掌握下列內涵：

1. 具體陳述家庭需求：包含家庭特別關切與期待優先的事項，例如：認識資賦優異的定義、資優學生的人格特質、瞭解資優學生的鑑定流程與安置模式等議題，作為規劃整體個別化家庭服務計畫與執行的重要進程。

2. 檢視親師合作相關資料並研擬預期績效，強化家庭能量、善用家庭優勢與資源，例如：發揮家長團體的功能、以及如何學校建立合作關係等議題，引導家長參與具教育意義價值的親職學習活動。

3. 參照資優學生的具體表現，進行優、劣勢分析，明確標示執行個別化家庭服務計畫的策略，例如：如何啟發資優生的智能、以及協助資優生發展健全的人格並培養社會適應能力等議題，以利落實預期成效。

4. 綜合各項量化或質性資料、教師教學、家長需求建議與實地觀察訪視中，定期檢討個別化家庭服務計畫，例如：各項有關資優學生的教育措施與教學策略、以及如何運用社區資源，充實資優學生的有效學習等議題，以利瞭解資優學生學習表現，與適應行為上的整體進展與狀態，並據此針對服務計畫進行必要與適度的修正。

實施資優學生親職教育的個別化家庭服務計畫，係基於家庭能為（family empower）的信念，在結合家長與教育家長的歷程中，發揮資優學生親職教育的最大功能。在重視異質化與提供客製化的前提，各項個別化家庭服務計畫可發揮殊異性的多元風貌，在不拘單一制式表格的彈性裡，兼融家長相當重視的課題與需求內涵，落實實施資優學生親職教育的各項措施，以期收到最大的成效。

綜言之，為實施資優學生的親職教育，所規劃的個別化家庭服務計畫，可歸納如圖11-1：

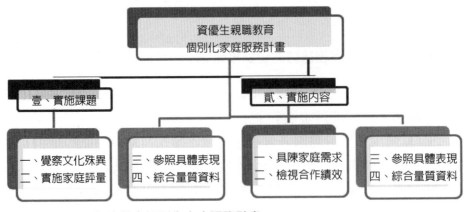

圖11-1　資優生親職教育個別化家庭服務計畫

第三節　推展資優學生親職教育的方式

有關推展資優生親職教育的方式，謹從推展資優生親職教育的模式、與推展資優生親職教育的內容兩項，分別闡述具體落實的可行之道。

一、推展資優生親職教育的模式

歸納研究發現（黃世鈺，2006；Gallagher, Rhodes & Darling, 2004 MacDonald, Robinson Safford & Spiker,1999; Mahony, Kaiser, Girolametto, Turbille & Marguis, 2001）發現，推展資優學生親職教育的方式，通常具有：需求、功能、生態歷程、支持與合作等模式（如表11-1）（黃世鈺，2006）。

表11-1　推展資優學生親職教育的模式

模式	分項	特點
需求模式	瞭解特質的需求	透過文宣、媒體，以及各項鑑定與評量的途徑；結合衛生保健單位的定期檢查。
	教養資訊的需求	提供早期介入、行為輔導、學習協助、親子互動等訊息。
	家庭支持的需求	與其他資優幼兒父母分享，與老師、諮商者討論幼兒問題處理。
	正向接納的需求	期盼獲得幼兒手足、同儕、親友等正向接納態度。
功能模式	早期覺察	教育家長建立幼兒發展常模的通識知能，熟習幼兒行為觀察與紀錄的能力。
	早期篩選	可從定期健康檢查或提早入學鑑定作為在家初查的指標外。
	早期處遇	依據不同的家庭社經層次，採取認知、動作、語言、社會情緒、知覺領域等早期處遇措施。
生態歷程模式	適性的行政決策	尋求適合幼兒個別差異的焦點，規劃個別化的相關輔導措施。
	充足的準備工作	鼓勵家長從整體生態的宏觀思考，啓動相關資源環境，提供家庭支援有效的後盾。
	鑑別性的關鍵參與	形塑家庭生態網；依據家庭與社區互動的區域性特質，展現生態互動的預期成效。
	資料分析與撰擬政策文獻	充實整體性生態歷程的各種微觀發現，促進幼兒接受早期介入的核心與邊際效應。
支持模式	家族互動	家庭始終如一的深厚支持，對於早期介入成效深具助益。
	社區資源	各項公共設施與使用之便利性，對於早期介入的推展，更能落實家庭之外。
	充分服務	就社會福利、相關法源、行政措施等具體方案，整合服務內涵。
	家庭抉擇	權衡各項家庭合作的務實性與功能性，評估其效益性與持續性。
	特質與準備度	有助於家庭適應突發性狀況，增進應變能力；增益家庭面臨各種困境的解決能力。
	轉銜歷程的便捷性	透過家庭合作，評估各項轉銜歷程的便捷性，瞭解轉銜務實與可行性。

二、推展資優生親職教育的內容

　　學校因學生性向與開設班別，依據個別需求，通常採取定期團體式、或不定期、個別化的途徑，分別推展：家庭聯絡簿、善用親師契約、家庭

裡的學習活動、編印家長手冊和家長通訊、親職座談會、家長讀書會、家長資源的運用、辦理親子活動、家長參與資優學生教育方案的計畫與評鑑等各項資優學生的親職教育（胡金枝，2010）。

依據上述模式，統整透過多元、具體與系統化等途徑，彙整落實推展資優學生親職教育的可行內容如下：

㈠ 規劃家庭聯絡簿

以親師溝通的方式，提供家長瞭解學校的活動資訊，同時通知家長有關班級的各項活動與課表，教師並對家長在聯絡簿上的留言，抱持高度重視且迅速給予適當回應的積極態度。

近年間透過網路社群，「親師e-Book」在臉書（facebook）以及線上（Line）即時、免費通訊功能等大量運用，尤其發揮另類家庭聯絡的功能。

學校常用的書面制式聯絡簿，格式與內容如表11-2。

㈡ 協定親師契約

依據家長能力、意願及學生個別差異與需求，親師協議父母居家配合執行的親職項目或參與資優學生相關學習計畫，安排適切的學習環境；親師並透過定期與彈性化聯繫，檢視契約成效。

親師契約須在主動與需求的前提下進行相互規範，並具有溝通與彈性制宜的可行性，以促進親師情誼，達到協助資優學生適性發展的目標，亦免於徒生爭議，影響成效。

㈢ 引導在家學習

與強調在家自學（home schooling）異曲同工，規劃類似「參與閱讀」、「討論學習」等主題式活動，協助家長兼融充實與補救學習型態，引導資優學生進行在家廣泛、不拘形式的彙整資訊與多樣學習。

表11-2　家庭聯絡簿的格式與內容

節次	時 間	一	二	三	四	五
早修	7:20～7:50	英文單字	英文單字	英文單字	英文單字	英文單字
	11:30～12:10	歷史	地理	公民	歷史	地理
第五節	1:30～2:15	自習統整時間				
第六節	2:25～3:10	數學	英文	理化	數學	英文
第七節	3:20～4:05	國文	生物	彈性時間	國文	自然
Homework		地講： 英講： 生講：	公講： 理講：	歷講： 國講： 數講：	地講： 英講： 自然講：	歷講： 國講： 數講：

導師簽章	家長簽章	心情留言 勵志小語	應帶物品	成績	今日作業、明日考試	日期
				國文		
				英語		
				數學		年
☺雙向溝通☺				生物		月
				理化		
				歷史		日
				地理		
				公民		星
				地科		期
				其他		○

導師簽章	家長簽章	心情留言 勵志小語	應帶物品	成績	今日作業、明日考試	日期
				國文		
				英語		
				數學		年
☺雙向溝通☺				生物		月
				理化		
				歷史		日
				地理		
				公民		星
				地科		期
				其他		○

（臺中市居仁國中，2015）

教育部於102年5月31日發布「國民教育階段辦理非學校型態實驗教育準則」（教育部，2013），各縣市政府教育局且規劃「非學校型態實驗教育家長與學校教育責任一覽表」，均可提供家長申請與運用。

基於資優學生的個別性與差異化，滿足適性需求的在家學習，無疑更能助益資優學生的潛能發展。

㈣ **制定家長手冊與通訊**

結合家長會制定家長手冊，列述有關學校組織、資優學生教育目標與策略、學校設施設備利用、計畫課程、師資以及親職角色與職份等資訊。

在經費與人力許可下，各校輔導室並邀集資優班教師與熱心家長，共同參與訂期編印家長通訊（parent newsletter），提供學校活動通知、資優班活動通知、成果報導、資優教育專題、適性親職教養方式等訊息。

透過數據網路的流通性與便利性，採行e化電子書的家長手冊與通訊，一般通稱的親師e-Book已在各校廣被利用（如圖11-2）。

圖11-2　竹北高中親師e-Book（竹北高中，2015）

㈤舉辦資優學生親師座談會

透過學校系統性規劃，採行親師共辦與聯誼方式，或由家長分組輪流擔任召集人，定期座談有關資優訊息、親子教養、資源運用、學校參與及建言；同時建立不定期與非正式等機動性聯繫管道，處理資優學生偶發與及時性問題，期能營造親師緊密聯繫管道，發揮教育與防範的多重功能。

親師座談會具有親師懇談的性質與意義，可採多元型態逐項與累次進行，除提供正確務實的親職角色與親子教養知能外，並能建立親師共識與良好的互動關係，有助於提升資優學生學習與成長效能、達成輔導資優學生適性發展的目標。

進行親師座談會，一般準備的內容與進行的程序包括：

1. 擬定座談目的、內容、程序、實施要項等計畫。
2. 撰述親師座談會活動的目的、方式等項目與內容。
3. 彙整學校各項資優學生輔導措施等相關資料。
4. 說明導師班級經營理念及期待家長配合學校與班級事項。
5. 預思家長可能提出的問題及應對處理方式。
6. 進行布置會場：
(1)展示平日教師教學與資優學生學習成果、作品及各科作業。
(2)展示親子互動資料。如：家長讚美、資優學生獨特與創意表現等。
(3)提供資優學生親職教育與親子教養資料，分送閱讀。
(4)會場桌椅排列，以利與會人士能面對面交換意見為宜。
(5)於黑板書寫或張貼會議內容與各項程序。
(6)播放音樂營造溫馨和諧氛圍。
7. 邀請家長分享資優學生教養經驗，並相互討論與解答各項困境。
8. 親師共同會商促進資優學生更多適性教養的策略。
9. 配合學校規劃，遴選家長代表與幹部。
10.建立各項親師聯絡網。

(六) 籌組資優生家長會

　　資優生家長會籌組要旨，在確保資優學生在學校接受教育期間的學習權、受教權，以及維護家長的教育權，建立與增進學校、家庭和社區間聯繫及溝通網絡，且能妥善運用社會資源，期使資優學生、家長與學校經由正向互動與交流，營造資優學生最佳學習環境，以期啟發潛能、發揮長才、獲得適性成長。

　　各級學校均規劃家長會設置辦法，各縣市且設有各級家長聯誼會，組織與凝聚家長關懷子女教育的參與及支援力量。依據《公私立中小學校學生家長會設置辦法》所定，家長會具有以下任務：

1. 研討班級教育及家庭教育聯繫事項。
2. 協助班級推展教育計畫及提供改進建議事項。
3. 選舉班級家長會代表及執行家長委員會之決議事項。
4. 協助辦理親師座談會。
5. 參與家庭訪視等（教育部，2015）。

　　在依法辦理與配合需求的前提下，籌組資優生家長會，建立資優生家長與學校間正式溝通與對話組織，家長除參與學校相關資優教育措施、針對各項需求與實務，提供針砭與可行意見外，並能評估與監督學校相關資優課程的利弊得失，且能運用家長資源與學校合作，從而影響教育當局相關資優教育的規劃與執行，以及立法單位釐訂資優教育相關政策的參照，其設置確有必要。

(七) 實施家長讀書會

　　透過親師交流定期進行，提供家長資優教育相關知能、協助瞭解資優子女的特質與學習特性，建立正向親職教養態度、並能保持親師良好的溝通管道，提升與啟發家長善用優勢能力，克盡親職。

　　為建立家長讀書會體制，學校通常規劃相關組織章程以利運作（如表11-3）：

表11-3　家長讀書會組織章程

壹、成立宗旨	一、為建構學生家長閱讀課外讀物的興趣及習慣，營造書香家庭，提升家長輔導子女之知能，建立完美的親職教育體系。 二、藉由閱讀與討論的活動，暢通學校與家庭溝通管道，達成教育學子的共同理念。
貳、依　　據	一、配合教育部「推動全民閱讀運動，建造書香社會」之目標。 二、「國立臺中第二高級中學家長讀書會實施計畫」。
參、會員資格	本校學生家長，凡熱愛讀書之家長，均可參加。
肆、經　　費	本會茶水及出版專刊之經費，得請家長會費中酌以補助。
伍、會員權利	一、參加本會舉辦之各項活動。 二、享有使用本校圖書館各項資源之優惠。 三、推薦優秀人員入會。
陸、會員義務	一、擔任本會推派之職務。 二、繳納會費或購書費。 三、參加定期之聚會。 四、共同決定讀書計畫。 五、遵守有關本會之規定。
柒、組　　織	一、本會由校長擔任主任委員，圖書館主任為執行祕書，處室主任、家長會委員為指導委員。 二、本會置會長一人，綜理會務。下設庶務、文書等組，各置組長。各組組長職掌如下： 　　1.庶務組：負責閱讀材料之購買、分送、會費之收支、會場準備、會員之聯絡等。 　　2.文書組：負責會議資料之蒐集、整理、會員通信錄之建置、專刊編輯、出版等事宜。 三、會長、組長均由會員相互推選產生。 四、會費使用及帳目結算，由會長、組長聯署公布之。
柒、聚會方式	一、次數：每三週聚會一次為原則，必要時得延後一週實施。 二、時間：訂於週六之上午九時至十一時為之。 三、地點：設於圖書館閱覽室。 四、會議主席、導讀由會員輪流擔任。
捌、配合措施	一、必要時圖書館配合辦理讀書會研習活動。 二、推介閱讀圖書書目。 三、協助出版讀書會專刊（預定一年一期為目標）。 四、充實圖書館圖書，增加閱讀材料。 五、協助聘請學者或專業人員擔任講座。
依據本會組織章程實施，未盡事宜，得透過提案討論修正之。	

（臺中二中，2015）

　　歷次讀書會包括：主題書導讀、心得分享（含啟示性、特色、措詞賞析）、問題討論、延伸閱讀、放聲朗誦等流程；遇有專題講座，則更擴展參與對象，邀請友校家長讀書會成員共同分享。在互動中，提升家長對教養資優子女更多瞭解與教養自信，有助於培養正向的親子關係。

⑻ 成立教師助理團

　　家長擔任教師助理類似教師助手的志工角色，在班級教師指導下，協助教師進行和教學相關的活動。

　　成立資優學生家長的教師助理團，可透過親師聚會，計畫性與系統性的彙整家長專長與許可時段，臚列家長能為的協助，並配資優學生在校各項加深與加廣學習的項目，分析與統計列表參與事項，包括：彙整學習資料、製作補充教材與教具、教材準備、分組討論、課業諮詢、語文練習、技術操作、參與協同或專長教學、家庭聯繫與個別輔導、學生偶發性行為的及時處理等。

　　讓家長以教師助理的角色，在資優學生的學習現場中，具體落實關懷資優教育的行動；同時提供家長瞭解教育現場的實務與真相，更能促進親師互動與親子教養知能。

⑼ 策劃親子活動

　　親子活動的目的在增進親子互動機會，透過遊戲、戲劇、角色扮演、情境對話等輕鬆閒逸、不拘形態的方式，提供資優學生與家長、資優學生與同儕、以及家長間進行交流與互動的機會，讓資優生在活動中盡情發揮潛能、讓父母親於活動中抒發與分享教養心得及困境，以調適父母與資優生相互間的期許和壓力，增進父母與資優學生間的相互瞭解與接納，消弭不必要的誤解與對立，強化親子關係，是親子溝通的最佳途徑之一（如圖11-3）。

圖11-3　資優學生親子活動案例（香港資優兒童家長會，2015）

㈩ 參與教育方案

實施資優生親職教育個別化家庭服務計畫，彙整資優生成長史、觀察記錄、與歷年學習成果，引導家長支持、參與及支援資優生教育方案的實施計畫與成果評鑑，並針對教育方案目標評核結果，與專家、老師探討面臨困境的因應之道與解決規劃。

(十一) 辦理資優生親職教育講座

透過主題式或系列性講座方式，建立與充實有關教養資優學生的親職知能，或經由講座釐清與溝通親職角色，是最普遍與直接的途徑，通常配合學校行事曆，每學期辦理一次（如表11-4）。

表11-4 資優生親職教育講座計畫

○○縣／市○○年度資優教育親職講座實施計畫

主題：「在專注與固執之間」——父母的挑戰

一、依據：
　　㈠教育部資優教育白皮書。
　　㈡特殊教育法第46條。

二、目的：
　　透過資優教育專家的演講與分享，使家長能從中學習正確資優教養的觀念及方式，進而提升學生創新思考與問題解決等能力，並培育多元才能、智慧兼備的資優生，打造適性揚才、優質卓越的教育環境。

三、辦理單位：
　　㈠指導單位：○○縣／市政府
　　㈡主辦單位：○○縣／市資優教育資源中心
　　㈢承辦單位：○○縣／市國民小學

四、辦理時間：○○年○○月○○日（星期六）09：00～12：00

五、辦理地點：○○縣／市○○國小視聽教室

六、參加對象：關心親子教養及資優教育之教師及家長，計120名。

七、演講主題：「在專注與固執之間」——父母的挑戰

八、講師：○○○教授

九、報名日期及方式：
　　㈠家長請將報名表傳真至○○國小輔導室資優組。
　　㈡家長兼具教師身份者請上教育部特教通報網報名。

十、經費概算：由○○年度縣市資優中心經費編列支應。

十一、獎勵：研習工作順利圓滿完成後，由承辦學校依「所屬學校校長教師及承辦人員獎懲裁量基準」辦理敘獎。

十二、本計畫經核准後實施，修正亦同。

　　綜言之，近年來3C資訊與載具便利發達，透過即時通訊Line、Facebook等網頁與社群聯繫益加頻繁，利用即時電子布告欄或看板，隨時機動與彈性實施資優生親職教育的可行性與近便性，廣為利用（如圖11-4）：

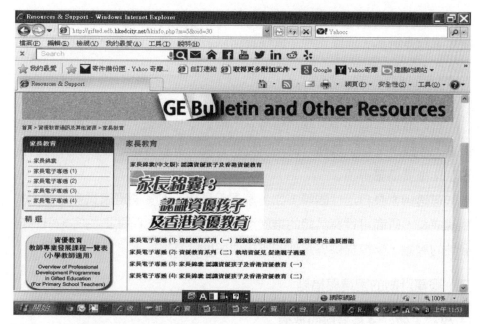

圖11-4　利用網頁發布資優生親職資訊例（香港資優教育家長會，2015b）

　　各項透過非正式與不定期的教育資訊分享、及多元化與複合性的方式，提供推展資優學生親職教育更富創意、不拘形式與廣泛的視野和有利途徑，期能發揮深耕資優學生親職教育的最佳成效。

第四節　實施資優學生親職教育面臨的困境與措施

　　綜結目前學校實施資優學生親職教育的現況，列述在基本理念、服務計畫與推展方式上，面臨的現狀困境與可行措施如下：

一、基本理念的困境與措施

㈠ 父母缺乏參與親職教育的價值觀及對親職教育的理念偏差

　　家長對資優生教育採袖手旁觀的態度，不但是教師的困擾，也是資優生健全發展的一大障礙。而一昧認為和升學有關的活動才重要，限制資優生發展興趣，也是教師容易遇到的問題。

學校輔導室可透過問卷或訪談，對家長、教師、學生調查等措施，瞭解親職教育需求，依優先順序或性質加以區分，進一步規劃親職教育推動的方向。

㈡ 資優學生親職教育的定位不明

目前並無相關法令，強制學校必須推動家長參與，且學校專業性親職教育人才缺乏，加上課務、班務與校務負荷，針對資優學生親職教育的實務工作推展仍屬不易。

可透過家長自治性團體，如：家長委員會、或資優班家長會等非正式組織成員，研商可行與具體的推展活動型態、方式、時間與內容，引導自發性的規劃，學校提供專業性的支援與協助。

二、服務計劃的困境與措施

㈠ 學校未做好家長參與的準備

學校對於較高層次的參與方式，如：教室觀察、父母成長團體，尚未具備心理及制度上的準備，且舉辦的活動多未評估家長的實際需求，以至於家長缺乏參與的意願。

依據實施服務計畫的目的，旨在提供資優學生家庭專業團隊諮詢服務、教育輔導、家庭服務與針對身障資優生的相關療育等服務內容。

學校可針對家長參與成效進行評估利弊得失，以提供作為資優學生親職教育實施的改進及補強。各項評估可從有形的成果，如：活動參與次數、形式多元化、發行刊物等著手，至於無形的評估，則可透過問卷調查和觀察，瞭解與檢討改進實施的需求與必要性。

㈡ 服務計畫專業性高，家長不易瞭解

各項服務計畫均依照資優教育學理與輔導實務進行撰擬，非具相關資優教育背景的老師與家長，在專業上確有不足，在參與上容易裹足不前或倍感挫折打退堂鼓。

學校在服務計畫的參與上，有必要以深入淺出的方式，增加計畫推展的親和性與簡易性，除可強化家長的接受程度外，對於計畫的實踐，尤可

化阻力為助力,激發家長主動參與的熱忱。

三、推展方式的困境與措施

㈠參與管道單元僵化,家長心有餘而力不足

基本上家長對於學校為家有資優學生辦理親職教育活動,多抱持肯定的態度,惟目前雙薪家庭增多,家長由於工作因素,未必方便請假,通常無法依照學校所排訂的時間參與各項親職教育活動與學習。

學校宜針對家長的個別差異與需求,適度彈性調整,提供多元化的參與管道,以提高家長參與的意願及人數。

㈡推展活動易受學校經費影響

巧婦難為無米之炊,推展資優學生的親職教育活動,在小眾人數比例下,常因經費必須依附在全校性活動下辦理,缺乏滿足獨特需求的特定性規劃,以致影響成效。

學校宜與資優學生家長溝通、善用家長人力與物力資源,並結合社會企業或政府相關機構共同策劃辦哩。同時,可由輔導室組織主動、積極具意願與專長的家長,強化相關教育訓練,以利隨時彌補學校人才有限、不足的困境;且透過家長間同儕的影響力,相互激勵提高參與意願。

綜言之,實施資優學生親職教育的對象是家長,其目的更在於培育適性發展的資優學生,為國家及整體社會造就未來棟梁。父母是孩子的第一位老師、也是最關懷孩子的終身導師,孩子能最直接與迅速地由所愛的父母獲得最佳學習,在啟發資優學生無限潛能的教育歷程中,父母始終肩負著舉足輕重的角色。惟透過學校專業性的規劃,長期而有系統地與家庭密切合作、經由親師攜手,以教育夥伴關係,共同營造資優學生優質的受教與成長環境,落實推展並具體實踐資優學生的親職教育,是百年樹人、必須劍履篤行的扎根工程。

參考文獻

一、中文部分

臺中二中（2015）。家長讀書會組織章程。臺中：臺中二中。

竹北高中（2011）。竹北高中100年親師座談會手冊。新竹：竹北高中。

居仁國中（2015）。家庭聯絡簿（格式與項目）。臺中：居仁國中。

香港資優兒童家長會（2015）。認識資優兒童。香港：資優教育家長會。

香港資優教育協會（2015）。家長錦囊。香港：資優教育協會。

胡金枝（2010）。資優學生的親職教育—以低成就資優生家長親職工作坊為例。資優教育季刊，**117**，p.9～17。

教育部（2012）。特殊教育法施行細則。臺北：教育部。

教育部（2013）。國民教育階段辦理非學校型態實驗教育準則。臺北：教育部。

教育部（2014）。特殊教育法。臺北：教育部。

教育部（2015）。公私立中小學校學生家長會設置辦法。臺北：教育部。

黃世鈺（2006）。資優幼兒的教育與輔導—早期發現與早期教育之研究。臺北：五南。

黃世鈺（2012）。特殊兒童之早期教育。載於王文科（主編），特殊教育導論（頁519- 558）。臺北：五南。

二、英文部分

Beckman, P. J., Bristol, M. M., (1991). Issues Developing the IFSP: A framework for establishing family outcomes. *Topics in Early Childhood Special Education. 11*(3), 19-31.

Gallagher, P. A., Rhodes, C. A., & Darling, S. M. (2004). Parents as professionals in early intervention: a parent education model. *TECSE, 24:1*, 5-13.

Lara, S. H., & Leonard, A. (2007). Recognizing the role of parents in developmental outcomes: A systems approach to evaluating the child with developmental disabilities. *Mental Retardation and Developmental Disabilities Research Reviews, 13*, 293-301.

Mahony, G., Kaiser, A., Girolametto, L., MacDonald, J., Robinson, C., Safford, P., & Spiker, D. (1999). Parent Education in Early Intervention. *TECSE, 19*(3), 131-140.

Turbille, V. P., & Marguis, J. G. (2001). Father participation in early education programs. *TECSE, 21:4*, 223-231.

于曉平

第十二章

資賦優異學生的
生涯發展與輔導

第一節 資優學生的生涯發展現況

　　生涯教育是近年國人開始重視的理念，生涯探索與輔導也逐步在學校與社會各地推廣，以協助個體澄清其持有的價值體系、熟悉外在的工作世界，以及獲得適當的生涯選擇和規劃為目標。生涯發展是個體發展過程的一部分，它在個人心理、生理、社會、經濟等因素的影響下，決定一個人終生的職業、工作和地位。由此可見，生涯教育與輔導的實施以及對個人生涯發展的瞭解，有其重要的價值（引自于曉平，1998）。在臺灣，隨著升學制度的改變，自民國103學年度（2013-2014年）起，學生可依個人能力、性向、興趣及人格特質，選擇最適合自己的學校類別免試入學。其中，國中紛紛辦理各項試探及實作活動，以協助學生自我認識及探索未來進路，且為落實國中學生生涯輔導機制，培養學生生涯抉擇能力，並協助師長在輔導學生進行生涯規劃時有所依據，教育部更著手設計生涯輔導紀錄手冊，並透過生涯發展規劃書，幫助學生在進行生涯規劃時有更清晰、明確的步驟和方式。

　　生涯理論大師Super（1976）曾對生涯（career）一詞提出看法，他認為：「生涯是生活裡各種事件的演進方向與歷程，統合個人一生中所扮演的各種職業和生活的角色，由此表現出個人獨特的自我發展組型；生涯也包含人生自青春期至退休之後，一連串有酬或無酬職位的綜合，除了職位之外，尚包含任何與工作的角色，甚至包含了副業、家庭和公民的角色。」（p.4）由此可知，生涯涵蓋一個人的一生，是一個動態且連續的過程，包含一個人生活各方面經驗的整合。隨著時代的改變，知識水準提高、就業市場競爭趨於激烈、個人自我發展觀念的覺醒、價值觀重組與物質生活改善等，使個人對生涯的規劃與抉擇日漸重視，對個人的生活目標也有更為具體的想法（林幸台，1987）。

　　國內近年來，針對資優生生涯發展及其歷程的研究日漸增加，資優生十分需要生涯輔導，其需要性甚至可能超越一般學生，資優生因其本身具有的特性，可能遭遇許多生涯決定與發展上的困境，諸如面對抉擇時的高度焦慮、選擇範圍太窄難以做決定、延遲決定、經常更換決定、不易將

興趣及能力與生涯機會相連接、未能充分發揮潛能而對生活與工作缺乏滿意感等（林幸台，1994）。許多國內外學者都曾分析影響其生涯發展的因素，整體而言可能與以下原因有關（引自于曉平，2002）：

1. 資優生雖因擁有多方面的興趣與潛能，但在選擇生涯上，卻因目標過多，造成其難以決定或決定後又頻頻改變的情況。

2. 資優生因某些才能過早凸顯，太早做選擇，以致沒有全面打好基礎，而將自己侷限在狹隘的生涯型態中，限制自己後來的發展。

3. 資優生因過度的自我期望與完美主義，對個人產生極大的壓力，害怕失敗、對自我缺乏信心，而在決定生涯方向時有所偏差，資優女性甚至有害怕成功的心態。

4. 資優生因經驗過於豐富而忽略本身的理想與生涯。

5. 資優生往往只看到自己的優點，而忽略自己的缺點，造成錯誤抉擇的情形。

6. 受學科表現影響，未將個人的實際能力與未來生涯做連結。

7. 資優生因過於重視他人與社會期望，以及個人社會角色的影響，造成其無法依自己心意做選擇而產生挫折感。

8. 對於一些家庭經濟負擔較沈重的資優生，可能因社會投資觀與熱門賺錢行業的影響，改變其生涯的方向。

9. 資優生因本身具挑戰性的特質，對不能發揮自我能力的工作容易感到無聊，以致常換工作。

10.資優生因高度的抱負水準，但常因缺乏可供學習的成人角色模範，對其人格的健全發展有所影響。

　　國外調查發現資優生隨著年齡的增長，在個人生涯上更容易堅守興趣、並向高地位、高收入與成功挑戰。長期追蹤也發現資優生確實比一般孩子容易獲得學業與職業上的成功，而普通班教師亦認為資優生的生涯教育十分需要，可提供其相關訊息，以對工作世界有所瞭解，其中父母在其生涯教育中扮演重要的角色（Milgram, 1991）。

　　國內資優生的生涯發展近幾年的研究有不少，陳長益（1993）研究發現資優生在人際、興趣廣度、職業傾向、生涯取向上都和一般學生無太大

差異，但可能調查對象所選取的年齡、教育階段、性別、學業表現等變項不同，林幸台（2000）進行資優生生涯定位與生涯抉擇之研究卻發現，在自我實現、安穩、領導管理、自主、人際關係、挑戰、地位聲望與專業等八大定位向度中，資優生的生涯定位比較偏向自主、自我實現、人際關係等三個與個人和人文發展有關的定位向度，其中，領導管理、自主、人際關係與地位聲望四個向度上又明顯高於一般學生。

　　整體而言，資優生對未來職業的選擇仍以個人興趣與社會價值體系及重要他人的意見為主，其中受父母的影響最大，其中家人對其決定有較直接、絕對的影響，父母不但對子女教育抉擇有左右的力量，父母本身對某些工作積極或消極的經驗、父母過度補償的效果與個人的興趣，對子女未來工作的選擇都有重大的影響。而資優學生的職業選擇比較偏向於從事發明研究的工作，現況調查中，也顯示資優生的職業生涯以從事具長期發展的性質與教育工作居多，且是能符合個人興趣、學以致用的工作（王文科，1992；林幸台，1993；陳昭儀，1991；陳長益，1993）。

第二節　資優學生生涯發展相關理論

　　生涯一詞，或稱為生計，是指一個人一生所從事的工作，以及其所擔任的職務、角色，但也同時涉及其他非工作或職業的活動，其發展是一生當中連續不斷的過程，經此過程中塑造出個人獨特的生活型態與人生目標，並包含各方面生活目標的選擇與安排的過程，即為生涯發展的歷程（林幸台，1987）。有關生涯發展的理論眾多，且每一個學派的生涯發展理論都各具特點與強調之處，從相關理論所採取的研究取向可包括：強調個人所擁有特質因素的特質取向、注重發展歷程的發展取向，以及以個人對生涯的認知為主的認知取向（林幸台，2007），以下分別就此三個取向之重要理論家，以介紹並說明其與資優學生生涯發展的關聯。

一、發展取向：D. Super的生涯發展論

　　最早提出以生涯發展為取向、強調以人生不同發展階段的特徵與發

展任務來描述生涯發展的情形，即是Super在1960年代所提出的生涯發展理論，此理論融合了心理學、社會學以及心理治療等角度，強調個人在興趣、能力、價值觀以及個人特質的差異，強調生涯發展的過程是發展和完成目標和自我觀念的重要因素，所以個人自我觀念與價值觀的實現，可以透過對職業的認知、試探、選擇、適應與發展而趨於成熟（林幸台、田秀蘭、張小鳳、張德聰，1997；張添洲，1993）。

Super將人的生涯分成五個主要階段，分別是：成長期、探索期、建立期、維持期和衰退期，各個階段的區別與主要的工作任務各有不同，以0到14歲的成長期為例，主要是發展自我形象、發展對工作世界的正確態度與瞭解工作的意義，此階段為家庭與學校和重要他人的認同過程，逐漸發展自我概念。隨著年齡的增長、學習行為的出現，社會參與與接受現實考驗的強度逐漸增加，興趣與能力也逐漸發展。其中成長期又可以分為以下三個時期：

1. 幻想期：0-10歲，以需求為主，嘗試各種經驗。

2. 興趣期：11-12歲，以喜好為主，形成自我概念、能力態度與興趣。

3. 能力期：13-14歲，選擇職業以能力為考慮因素，瞭解工作的意義和目的。

Super認為生涯發展是眾多個人因素和社會因素交錯且互相影響的歷程，此一歷程決定了人在不同發展階段所扮演的生涯角色，包括：兒童、學生、休閒者、配偶、公民、工作者、家庭照顧者等，個人在工作和生活角色中的選擇，影響其一生發展至為深遠，所以Super曾利用「生涯彩虹圖」來說明人的生涯發展中各階段的主要角色變化。從Super的生涯發展階段與生涯彩虹圖來看，生涯發展涵蓋人的一生，在生涯發展的過程中生涯成熟度會隨著年齡增長而增加，個體隨著年齡的增加以及生活範圍的擴大來接觸不同的人、事、物，並配合自己的興趣、能力試探適合自己的職業目標，透過生涯發展階段來完成目標獲得成就。

Super生涯發展理論的核心是發展性的「自我概念」，自我概念的發展，是指個人如何看待自己及所處的環境，以及個人與環境之間的互動和

互動之後所產生的看法，自我概念與人一生中所扮演的角色，交錯變成生涯發展，所以自我概念理論衍生出「拱門模式」（archway model）理論。在拱門模式中，底層最基礎的部分有三：左邊是生理基石，是個體的遺傳部分，右邊是地理基石，是個體的成長環境，中間是左右兩基石交錯的地基。生理基石包括：個人的需求、價值、興趣、性向、智力等，支持了個人心理特質理論；地理基石包括：社區、學校、家庭、經濟資源、就業等，這些因素影響了社會政策與就業實況，連結左右兩大基石的拱門則是由生涯發展階段與自我概念組合而成，主導個人的生涯選擇與發展（吳芝儀，2000；金樹人，2011）。

Super的生涯發展理論強調「自我概念」對於生涯發展的重要性，自我概念即個體看待自己與環境互動之後的看法，即個體要有充分的自我覺察，對自己有充分的認識與瞭解，才能扮演好自己在發展階段中的角色，進行良好的生涯規劃。而對資優學生而言，透過對自我的瞭解與覺察，以及在生涯發展歷程中透過後續的教育與輔導，進行更多的探索、瞭解與抉擇。

二、特質論：J. L. Holland的生涯類型論

Holland認為個人職業選擇是人格在工作世界中的表露和展現，即人格在學業、嗜好、工作、休閒活動等的偏好表現，可以反映出個人的自我概念、生活目標和價值等。個人基於過去的經驗加上人格特質的影響，形成其職業抉擇。個人會被某些能滿足其需求的職業所吸引，所以可以根據個人對職業的印象和推論，把人們和特定的工作加以歸類。

Holland認為選擇一種職業是一種人格的表現，職業興趣則可以透過職業興趣測驗來呈現，用以瞭解從事相同職業的人，有相似的經驗與人格特質，對於各種情境與問題的反應模式大都相同，個人的職業滿意程度、職業穩定性與職業成就，取決於個人的人格與工作環境之間的適配性。而職業與個體是相互影響的，其將人分為以下六種類型，六種類型之間存在著程度不同的相互關係，因此又稱為「結構互動式」或是「類型互動式」理論，其中六種類型及其個人人格特質說明如下（金樹人，2011）：

1. 實際型：實際型的人喜愛具體明確、可以動手操作的工作環境。常以具體的行動解決工作上面的問題，擅於操作機械，較不喜歡社交、與人互動。

2. 研究型：研究型的人擅長運用心智能力去觀察事物，分析推理，喜歡抽象思考有關的活動，喜歡以研究方面的能力解決工作方面的問題，擁有科學與數學方面的能力，但較缺乏領導能力。

3. 藝術型：喜歡自由自在、富有創意的工作環境，喜歡藉著文字、聲音或是色彩來表達內心的想法，重視審美價值與美感經驗，樂於獨立思考，不喜歡受人支配，喜歡從事音樂、舞蹈、戲劇、美術等方面的工作。

4. 社會型：社會型的人喜歡從事與人互動的活動，他們關心人勝於關心事物，喜歡以社交方面的能力解決工作的問題，具有幫助別人、瞭解別人的能力，但較缺乏機械與科學能力。

5. 企業型：企業型的人喜愛冒險、競爭，通常精力充沛、個性積極，他們社交能力強，具有語言溝通、說服的能力，是溝通協調的高手，在工作上表現出強烈的野心，希望擁有權力、受人注意，成為團體中的領導者。

6. 傳統型：傳統型的人個性保守謹慎、注意細節，有責任感，喜歡安定、不喜歡改變，奉公守法，喜歡在別人的領導下做事，具有文書處理與數字計算能力。

　　Holland進一步提出四項主要概念來檢驗其理論，個人在職業上的適應、穩定、滿足及成就，取決於其人格與該工作環境的和諧程度，此四項概念包括：一致性、區分性、認定性與適配性，包含：類型間在心理上的一致性、各類型間良好的區分狀況、個體對目標與興趣的明確穩定性，以及各類型與學術表現、堅持度、工作滿意度間所需的高度相關性（曾心怡，2011；蘇鈺婷，2002）。對資優學生來說，由於多方面的興趣與潛能，透過對自我職業興趣的探索與瞭解，可以協助其確認其生涯方向。

三、認知取向：A. Bandura的自我效能理論

　　生涯自我效能源於社會學習論大師Bandura的自我效能理論，強調個

體對完成特定作業或行為所持信心或把握的程度（Bandura, 1986），高自我效能的人會用積極的自我語言增強自己的信心，而獲致成功的機會也比較大，由此可知，個人對自我效能的覺知，與實際行為表現有明顯的關聯。而生涯自我效能即針對生涯方面的應用，也就是一個人在生涯發展過程中，對自己估計能成功地完成一項任務所具有的能力、信心、信念及期望的看法（Hackett & Betz, 1981），高生涯自我效能的人會盡可能發揮其潛能，追求自己感到自信的職業，實現自我理想，甚至影響一個人的生涯發展。

　　一個人生涯自我效能的發展可能會受到個人與環境因素的影響，前者如：個人的教育程度、興趣、職業、性別、年齡、認知、成就表現、人格特質等背景因素與性別角色、工作價值、控制信念等心理因素，後者如：父母支持、重要他人影響、教育環境、文化差異等，而生涯自我效能又會影響個人的生涯抱負、生涯定向與工作適應等。

　　Betz（1992）根據Bandura的自我效能理論探討增強自我效能的方式、效能訊息的來源所形成的自我效能覺查，除可瞭解與預測生涯行為，並可進一步探討與生涯選擇、行為表現與持續性的關聯。從效能訊息來源分析，可以增進生涯自我效能包括四種（于曉平，2007；孫志麟，1991）：

　　1. 成就表現：指個體在生涯發展過程中的親身體驗，若發展狀況好，可提高個體對本身生涯自我效能，提供個體可以獲得更多成功經驗的機會，利用辦理如：工作坊或營隊活動，增加實作經驗，讓個人的能力有機會獲得肯定而有成就感。

　　2. 替代學習：有意義的角色楷模（role models）能使其增加自我效能，可以透過書籍、影片、採訪等方式提供個體接觸與其相近背景的學習榜樣，讓其從中觀察並學習如何成功發展與克服阻礙或困難，協助個體建立正向的學習典範。

　　3. 情緒引起：與行為相關的情緒反應，可能會降低生涯表現的水準，而情緒管理對提升自我效能有所助益，如：放鬆訓練或自我對話，以自我對話為例，讓個體覺查個人的自我對話，把焦點放在問題本身，多用

正向的自我對話，減少負向的自我責備或情緒，以減低焦慮，提升自我效能。

　　4. 口頭說服：透過重要他人或輔導人員的口頭說服，讓個體常感受到支持，多鼓勵個體藉由成功的經驗來強化自我效能信念，建立自信，相信自己的能力，有時可以對增進個體生涯自我效能產生很大的作用。

　　有關資優生自我效能的研究，過去比較偏向學業部分，強調資優生的學業自我效能明顯高於一般學生（Zimmerman, 1990），Kelly（1993）研究發現，性別與成就是影響資優女生的生涯自我效能主因，其中成就又大於性別的預測力，所以提供其學習機會與成功經驗是很重要的，可幫助其面對非傳統的生涯發展。邵俊德（1995）針對高中音樂資優生自我效能與生涯決定進行探討發現，成就是影響其自我效能的關鍵因素。

第三節　資優學生生涯發展輔導

　　影響一般人生涯發展的因素，可能來自個人、家庭、學校與社會等個人與環境因素（于曉平，1998；陳長益，1993）：

一、個人方面

　　1. 人格特質：包括：自尊心、幽默感、自我概念、自我瞭解、自我效能、價值觀與社會化的程度。

　　2. 性別。

　　3. 興趣與性向：包括：喜好、能力、才能與興趣。

　　4. 認知與發展：包括：對成長歷程與工作世界的看法。

　　5. 抱負水準：包括：自我期望、成就動機。

　　6. 教育程度：教育程度高低影響其日後職業的選擇。

　　7. 工作價值與經驗：目標、工作價值、工作承諾、生涯準備度與就業經驗。

　　8. 社會適應與情緒穩定：社會適應力、焦慮與模糊容忍力。

　　9. 婚姻狀況：婚姻穩定與和諧度影響其情緒成熟度與生活滿意度。

二、家庭方面

1. 父母：父母的教育程度、期望、在家中所扮演的角色、親子關係與互動。

2. 社經地位：經濟狀況、父母職業、家庭資源。

3. 手足：兄弟姊妹的關係與互動情形。

三、學校方面

1. 老師：教師教學引導、對學生的期望與態度。

2. 同儕：人際關係與互動。

3. 教室情境：學習氣氛、支持系統與資源運用。

4. 教育措施：安置方式、教育方案、制度與行政支持。

四、社會方面

1. 角色典範：認同與仿效的典範人物。

2. 性別角色的衝突。

3. 重要他人的期望。

4. 社會傳統價值。

5. 職業結構與就業市場現況。

6. 社區與相關資源。

7. 不同文化的差異。

至於其他相關因素，如：生涯適應、生涯探索意願、生涯決策型態、生涯抉擇能力與滿意度，也會影響其生涯發展。一旦有了初步的職業性向、教育或工作選擇等生涯抉擇，個人會企圖維繫先前的選擇，因而調整自己，而這時對工作與環境的適應情形，以及其他生活經驗，反而影響接續之生涯發展（Super, 1990）。

透過以上這些可能影響生涯發展的因素之瞭解，Swain於1984年提出有關的生涯規劃金三角模式（金樹人，1997），涵蓋個人在家庭、學校和社會與工作有關的經驗，因此形塑個人獨特的生活方式，其中包括：協助學生針對自我、環境與資訊等三部分的瞭解與輔導：

1. 個人因素：包含學業表現、性向、興趣、工作價值觀、人格特質與健康狀況等的瞭解，相關主題可為學習態度與方法、認識自己的性格、性向興趣測驗的認識、我的價值觀等。

2. 個人與環境的關係：包含家庭經濟狀況、家人期望、社會潮流與評價等的評估與瞭解，相關主題可為壓力調適、人際關係、親子溝通等。

3. 教育職業資訊：包含生涯試探結果、學校入學管道與方式、學校多元社團及發展特色、未來升學就業管道等的瞭解與分析，相關主題可為升學管道面面觀、生涯規劃與發展等。

因此有關資優學生的生涯輔導，透過團體課程、專題演講、議題討論、傳記閱讀、影片欣賞、參觀、訪問、實作／實際體驗、生涯探索、生涯決定與相關能力訓練等，以協助資優學生進行生涯輔導。

其中，良師典範制（mentorship，或譯「師傅制」）是在資優生生涯輔導常用的方式，所謂良師，係指有經驗、專業能力，能夠引導個體學習成長且值得信任的師長，過去許多名人傳記中曾提及在其生命中，對其日後成功有重要影響的人，不乏是博學多聞、健談、願意分享的人物透過其人生經驗幫助個體激發潛能，進而拓展學生對於興趣及生涯之視野與展望，並協助資優生發展正確的自我概念，可見良師對培育優秀人才的重要性（于曉平，2015a）。

第四節　協助資優生生涯發展之課程或方案設計

有關國外生涯輔導與教育方案有許多，1971年美國職業與技能教育中心設計以職業教育、輔導課程發展及個人成長發展為理論基礎的綜合生涯教育模式（Comprehensive Career Education Model, CCEM），設定八項教育經驗為生涯教育的基本概念，包括：生涯覺察、自我覺察、鑑賞與態度、決策的技能、經濟覺察、初始能力、就業能力及教育覺察等八項。其中阿拉巴馬州引用聯邦生涯教育的內容，規劃從幼稚園到12年級的連續生涯教育模式，從覺察、探索到準備，以達到自我認同、教育認同、生涯認同、經濟瞭解、生涯決定、求職技能、生涯安置，以及自我與社會實現；

緬因州南波特蘭生涯發展模式也發展了一套小學階段學生的生涯教育目標，包含：自我覺察、人際關係技巧、作決策、工作意願、操作技能、經濟意識、工作價值與教育適切性等能力的培養與瞭解。

而臺灣現行之國中生涯輔導課程，由具備專業知識之輔導教師於綜合活動領域中之輔導課程裡進行生涯輔導，分為：認識自我、生活經營、社會參與、保護自我與環境等四大主題軸進行；另外，由其他領域教師進行主題融入式教育或由學校規劃潛在教育，從自我覺察與探索、生涯覺察與試探，以及生涯探索與進路選擇為重點內容，其實施策略包括：生涯發展教育議題的教師研習、教學活動、專題演講、參觀活動、宣導說明會、座談會、成長營、影片欣賞、博覽會、刊物、展覽活動、生涯檔案及其他相關活動等。而高中階段也因普通高中99（2010）年高中課綱之規範，訂有生涯規劃課程學分，協助學生具備瞭解個人成長歷程與生涯發展的關係、澄清個人特質與生涯態度及信念、探索個人價值觀與生活角色間的關係、連結高中教育學習內涵與生涯進路、瞭解大學生涯與職業生活間的關係、認識人力資源供需與職業生活相關資訊、統整生涯資訊以完成生涯評估、運用決策技巧以規劃生涯行動方案、實踐生涯抉擇等九項核心能力（教育部，2000）。

其後，國內推動十二年國民基本教育，在「成就每一個孩子」的願景下，設有學生生涯規劃與國民素養提升之配套措施，為調整窄化的升學觀念、增加學生對自我與職場的探索與決策能力、銜接教育歷程與社會需求，讓學生適才適性的發展，因此以國高中學生為實施對象，協助其瞭解生涯發展的意義、探索與認識自我、認識教育與職業環境、培養生涯規劃與決策能力、進行生涯準備與生涯發展等，透過「學術試探」及「職涯試探」的課程及活動，提供社區內國中學生生涯探索的機會，讓學生在當地高中職的就學環境中能有適性學習的機會，落實就近及免試入學的目標（行政院，2015）。

有關於資優學生部分，根據國內特殊教育新課綱中情意課程之規劃，其中有關「個人發展」對應心理健康的「行為」向度，著重在資優生對內在資優特質、能力、期待、壓力、興趣、動機與利他等情意發展的覺知、

接納乃至行動之外顯行為。其中生涯試探與規劃的項目內涵係指協助資優生認識生涯發展之特殊管道（如：跳級與加速），試探與擬定生涯發展目標與方向，充分發展潛能與生命的價值。其分段能力指標包括（教育部，2008）：

一、國小五、六年級的能力指標

1. 能列舉資優生生涯發展之多元管道（如：跳級、加速、保送等）。
2. 能運用資優生生涯發展相關資訊與來源。

二、國中一到三年級的能力指標

1. 能透過角色楷模反思自己的任務與角色。
2. 能試探適合自己的生涯發展方向。
3. 能主動參與資優生社群或團體之活動。
4. 能依優勢能力與興趣傾向適切調整生涯發展目標。

三、高中一到三年級的能力指標

1. 能綜合多元角度進行評估並說明自己未來生涯發展方向與目標。
2. 能考量自己資優特質擬定適合的生涯發展計畫。
3. 能執行、監控與評估調整生涯發展計畫。
4. 能建立發揮生命意義與價值的生涯目標。
5. 能覺察並避免性別對資優生生涯發展目標的影響。

有關良師典範制在臺灣的實施中，苗栗縣為提供更豐富的人力與社區資源，豐富資優班學生的學習與生命，於99年起長期推廣包括：畢業資優生進行座談分享與對話、校外專家駐點指導與演示、團體主題課程、假日營隊、專家個別指導、良師典範師徒制度、團體國際課程等具有當地特色的良師引導方案並針對其建構與實施歷程進行探究，包括：良師典範如何有效提升資優生多元智能的發展，並從學習內涵、學習動機、情意發展、學習情境與生涯規劃等具體效益，並研究其具體行政規劃和策略，研究結果發現，資優學生與家長的滿意度都很高，學生提到老師會適時引導

學生，提供新的點子或更周延的想法，對以後自己可以努力的方向有更多的啟發，甚至對自己的未來有更多的期許。家長則表示，孩子對於事物的看法更寬闊，更主動、專注、活潑、開朗，更有想法，較能獨立思考，也瞭解團隊合作的重要，即使在面對失敗的受挫力也更強，甚至對於自己的興趣領域、性向發展及人生方向更為明確，充滿對此制度與協助人員的感謝，並提出對此制度的期許（于曉平，2015b）。

其中針對特定的資優學生，如：女性資優學生、障礙資優學生、文化殊異資優學生等，其生涯輔導方案也應有所不同。根據國內外學者的研究發現，性別是影響資優生生涯發展的因素之一，資優女性受傳統的角色期待與工作機會的限制，生涯發展的過程比一般人更為複雜，在成長過程中因性別角色社會化與學習歷程影響其自我概念，使資優女性無法依照自己的興趣與能力選擇自己的生涯，在發展中仍處於傳統女性角色與生涯抱負的衝突而必須妥協。Lee、Olszewski-Kubiliu與Thomson（2012）指出，很多青少年階段的資優女性在智能上的成熟度快於社會的成熟度，因而產生不同步情形，也使得他們在自己的未來上較難以自主作決定而需要協助其抉擇，並提供更有挑戰的課程。Byrnes、Miller與Schafer（1999）的研究也指出，資優女生因為不擅承擔風險，不像資優男生一樣選擇較具挑戰的學術課程。

國外針對數理領域女性所進行之生涯輔導或良師引導方案之相關研究，以加拿大Operation Minerva組織透過研討會的舉辦以鼓勵女性往數理領域為例，其主要目的包括：給予想進入數理領域的女生一些正向的刺激與經驗、提供在數理領域的角色楷模與良師、增加學生學習數理的興趣、建立良師網絡、提供教育單位支持等，活動設計以「Job-Shadowing Day」與研討會為主，內容包括：討論、與良師座談、生涯之夜、深入探索、工作坊等，透過一天與良師的互動與觀察學習、一天實際的實驗操作，包含一些良師傳記呈現與論文競賽的活動安排，對其澄清職業目標上有很大的幫助。

Kerr與Robinson-Kurpius（2004）提出以良師引導為主的TARGETS（Talented At Risk Girls: Encouragement and Training for Sophomores）生涯介

入方案與追蹤，過程包括：自我介紹、價值觀、自我信念調查，十年後理想人生的生涯幻遊練習、生涯興趣調查、人格量表、可能阻礙發展的討論等全天活動，以評估其自我價值與興趣、加強生涯認定與探索、建立學習與生涯自我效能等，配合學者專家對其的支持等，讓其願意朝非傳統生涯投入與努力，結果發現，這群學生的自尊與教育自我效能有明顯的進步，自我概念變得更成熟，也更能認定其未來在數理方面的發展。

于曉平（2015b）有鑑於資優女性角色楷模建立的重要性，因而提出以角色楷模為主、性別角色覺知、生涯規劃為輔的課程，其涵蓋性別角色刻板印象突破與其生涯發展或規劃等議題的探討，也藉由正式的課程規劃與執行，協助學生覺察社會對兩性不同的觀感，在價值分歧的社會觀下，協助建立正向的角色典範，透過訪談觀察、認同，此提升資優女生的生涯自我效能，以協助其生涯發展更為順利。

有關文化殊異或社經地位不利的資優學生，美國亦曾執行一項從1990到1993年為期三年的服務系統介入方案（STEP UP），由來自四個州、12個學區學校與三個大學共同合作設計與執行，這個方案針對216個在資優與才能方案甄選中被忽視的少數族群、低社經兒童，其以Guilford的智力結構模式和Gardner的多元智能理論取向為基礎。除了訓練教師外，這個方案也發展適合於當地的教學方法，另外加入社區成員來作為導師、角色典範與教學者，並讓這些學生的父母也能參與他們孩子的教育（Cline & Schwartz, 1999）。Callahan、Tomlinson、Moon、Tomchin和Plucker（1995）亦曾實施文化殊異資優學生之START（Project Support to Affirm Rising Talent，簡稱START）良師引導方案，發現方案的實施有助於學生展現高度的學習成就，並可引導其正向人格發展。

整體而言，有關角色楷模建立、參觀實習、工作坊、營隊活動、傳記閱讀、生涯探索等活動，對學生生涯興趣的提升與選擇都有相當的助益。資優班教師針對資優學生常見的生涯發展現象與可能遇到的困境，透過相關的生涯輔導課程或方案，可有益於資優學生認識自我的能力與興趣、培養積極正向的價值觀、認識未來的工作與職場、培養規劃生涯與作決定等能力，開展個人的生涯。

參考文獻

一、中文部分

于曉平（1998）。**雙親在資優生生涯發展上角色之研究**（未出版之碩士論文）。國立臺灣師範大學。臺北市。

于曉平（2002）。雙親在資優生生涯發展中的角色之研究。**特殊教育研究學刊，23**，141-162。

于曉平（2007）。**高中數理資優女生性別角色、生涯自我效能與生涯發展之關聯及角色楷模課程實驗之影響研究**（未出版之博士論文）。國立臺灣師範大學，臺北市。

于曉平（2015a）。角色楷模課程設計與運用實例。載於郭靜姿（主編），**資優教育課程設計與教學模式應用**（13-1～13-18頁）。臺北：華騰。

于曉平（2015b）。**苗栗縣資優教育良師典範制之探究**。苗栗縣資優教育行動研究報告（未出版）。

王文科（1992）。**資優生成年後之社會成就水準、生活適應及其他相關因素之研究**。彰化縣：國立彰化師範大學特殊教育系。

行政院（2015）。**國中與高級中等學校學生生涯輔導實施方案**。檢索自 http://12basic.edu.tw/Detail.php?LevelNo=776。

吳芝儀（2000）。**生涯輔導與諮商—理論與實務**。嘉義市：濤石。

林幸台（1987）。**生計輔導的理論與實施**。臺北市：五南。

林幸台（1993）。高一資賦優異學生生涯發展歷程之研究。**特殊教育研究學刊，9**，191-215。

林幸台（1994）。資優學生的生涯輔導。載於中華民國特殊教育學會（主編），**開創資優教育新紀元**（215-230頁）。臺北：教育部教育研究委員會委託。

林幸台（2000）。高中資優學生的生涯定位與生涯抉擇。載於中華資優教育

學會（主編），資優教育的全方位發展（283-308頁）。臺北市：心理。

林幸台（2007）。**身心障礙者生涯輔導與轉銜服務**。臺北市：心理。

林幸台、田秀蘭、張小鳳、張德聰（1997）。**生涯輔導**。臺北市：國立空中大學。

邵俊德（1994）。**高中音樂資優生自我效能與生涯決定之研究**（未出版之碩士論文）。國立臺灣師範大學，臺北市。

金樹人（2011）。**生涯諮商與輔導**。臺北市：東華。

孫志麟（1991）。自我效能的基本觀念及其在教育上的應用。**教育研究雙月刊，22**，47-53。

張添洲（1993）。**生涯發展與規劃**。臺北市：五南。

教育部（2000）。**普通高級中學99年課程綱要**。檢索自https://www.sanmin.com.tw/learning/public/data/course/%E6%99%AE%E9%80%9A%E9%AB%98%E7%B4%9A%E4%B8%AD%E5%AD%B899%E8%AA%B2%E7%A8%8B%E7%B6%B1%E8%A6%81%EF%BC%88%E5%90%84%E7%A7%91%E5%AE%8C%E6%95%B4%E7%89%88%EF%BC%89.pdf。

教育部（2008）。**特殊教育課程發展共同原則及課程綱要總綱及配套措施**。臺北市：教育部特殊教育工作小組。

陳長益（1993）。臺北地區中學資優學生生涯發展之調查研究。**特殊教育研究學刊，9**，215-232。

陳昭儀（1991）。我國傑出發明家之人格特質創造歷程及生涯發展之研究。**特殊教育學刊，7**，211-229。

曾心怡（2011）。**女性高中數理資優學生生涯抉擇之研究**（未出版之碩士論文）。國立彰化師範大學，彰化縣。

蘇鈺婷（2002）。**在學青少年生涯發展之相關因素研究**（未出版之碩士論文）。國立成功大學，臺南市。

二、英文部分

Bandura, A. (1986). *Social foundations of thought and action: A social cognitive theory*. Englewood Cliffs, NJ: Prentice-Hall.

Betz, N. E. (1992). Counseling uses of career self-efficacy theory. *Career Development Quarterly, 41*, 22-26.

Callahan, C. M., Tomlinson, C. A., Moon, T. R., Tomchin, E. M., & Plucker, J. A. (1995). *Project START: Using a multiple intelligences model in identifying and promoting talent in high-risk students.* Charlottesville: University of Virginia, National Research Center on the Gifted and Talented.

Cline, S., & Schwartz, D. (1999). *Diverse population of gifted children: Meeting their needs in the regular classroom and beyond.* New Jersey: Prentice-Hall.

Hackett, G., & Betz, N. E. (1981). A self-efficacy approach to the career development of women. *Journal of Vocational Behavior, 18*, 326-339.

Kelly, K. R. (1993). The relation of gender and academic achievement to career self-efficacy and interests. *Gifted Child Quarterly, 37*(2) 59-64.

Kerr. B. A., & Robinson-Kurpius, S. E. (2004). Encouraging talented girls in math and science: Effects of a guidance intervention. *High Ability Studies, 15*(1), 85-102.

Milgram, R. M. (1991). Career education for gifted and talented learners. In R. M. Milgram (Ed.), *Counseling gifted and talented children* (pp. 121-138). Norwood, IL: Ablex.

Super, D. E. (1976). *Career education and the meaning of work. Monograph on career education.* Washington. D.C.: The Office of Career Education. U. S.

Super, D. E. (1990). A life-span, life-space approach to career development. In D. Brown, L. Brooks, & Associates (Eds.), *Career choice and development: Applying contemporary theories to practice* (2nd ed, pp. 235-280). San Francisco, CA: Jossey-Boss Publishers.

Zimmerman, B. J. (1990). Self-regulated learning and academic achievement: An overview. *Educational Psychologist, 25*(1), 3-17.

國家圖書館出版品預行編目資料

資賦優異教育概論／謝建全，于曉平，王木
榮，侯禎塘，蔡桂芳，李偉俊，賴翠媛，胡
永崇，黃世鈺合著；王文科主編. -- 二版.
-- 臺北市：五南圖書出版股份有限公司，
2024.12
面；　公分
ISBN 978-626-393-909-7(平裝)

1.CST: 資優教育

529.61　　　　　　　　　113016847

1IJG

資賦優異教育概論

著作主編 ─ 王文科

作　　者 ─ 謝建全　于曉平　王木榮　侯禎塘　蔡桂芳
　　　　　　李偉俊　賴翠媛　胡永崇　黃世鈺

編輯主編 ─ 黃文瓊

責任編輯 ─ 李敏華

封面設計 ─ 姚孝慈

出 版 者 ─ 五南圖書出版股份有限公司

發 行 人 ─ 楊榮川

總 經 理 ─ 楊士清

總 編 輯 ─ 楊秀麗

地　　址：106臺北市大安區和平東路二段339號4樓

電　　話：(02)2705-5066　　傳　　真：(02)2706-6100

網　　址：https://www.wunan.com.tw

電子郵件：wunan@wunan.com.tw

劃撥帳號：01068953

戶　　名：五南圖書出版股份有限公司

法律顧問　林勝安律師

出版日期　2016年 6 月初版一刷（共二刷）
　　　　　2024年12月二版一刷

定　　價　新臺幣450元